高等院校工商管理类创新课程体系教材

韦明 李杨 主编

品牌管理

Brand Management

（第二版）

东北财经大学出版社
Dongbei University of Finance & Economics Press
大连

图书在版编目（CIP）数据

品牌管理 / 韦明，李杨主编．—2版．—大连：东北财经大学出版社，2022.10

（高等院校工商管理类创新课程体系教材）

ISBN 978-7-5654-2979-8

Ⅰ.品…　Ⅱ.①韦…②李…　Ⅲ.品牌-企业管理-高等学校-教材　Ⅳ.F273.2

中国版本图书馆CIP数据核字（2022）第176466号

东北财经大学出版社出版

（大连市黑石礁尖山街217号　邮政编码　116025）

网　址：http：//www.dufep.cn

读者信箱：dufep@dufe.edu.cn

大连雪莲彩印有限公司印刷　东北财经大学出版社发行

幅面尺寸：185mm×260mm　字数：290千字　印张：12.75

2022年10月第2版　2022年10月第1次印刷

责任编辑：王　莹　责任校对：周　晗　孔利利

封面设计：张智波　版式设计：原　皓

定价：39.00元

教学支持　售后服务　联系电话：（0411）84710309

如有印装质量问题，请联系营销部：（0411）84710711

“高等院校工商管理类创新课程体系教材”

第二版前言

受新冠肺炎疫情影响，经济社会原有的运行节奏被打乱，实体企业步履艰难。对于很多企业而言，如何在疫情的冲击下继续保持原有的市场竞争力是一个非常现实的问题，而品牌管理与建设能够为企业持续赋能，提升企业的经营能力。品牌在当今社会不只是帮助消费者区分产品的标志，它的内涵正在不断充实，成为企业重要的无形资产，在企业价值的自我超越中显示出独特的地位。越来越多的中国企业开始认识到品牌管理的重要性，并把品牌管理作为企业发展战略的核心组成部分。虽然近些年中国品牌的世界影响力日渐增加，但是与企业规模和实力比较并不相称，未来仍有巨大的提升空间。品牌管理作为兼具理论性和应用性的学科领域，通过总结实践中的经验来丰富与完善自身的理论体系，有助于孕育管理科学、品牌影响力卓越的企业，这正是本书的写作目的。

本书第一版自2017年5月出版以来，得到了高校同行、企业及社会各界的认可，受到了广大读者的欢迎，编者在此深表感谢。此次再版，在保留第一版教材基本框架的基础上对部分内容进行了完善，主要体现在以下三个方面：

（1）更换和增加了新案例。从企业品牌管理实践中搜集并整理了一些新的典型案例，替换陈旧的案例，并增加了一些阅读材料，帮助读者更好地理解教材的相关知识，进而提高品牌管理理论水平和实践能力。

（2）增加了“思政课堂”栏目。在专业教学与思政教学相结合的大趋势下，以习近平新时代中国特色社会主义思想为指导，选取符合立德树人培养要求的思政材料。本书的每一章均增设“思政课堂”栏目，助力学生实现德才兼备的成长目标。

（3）丰富了学习资源。为便于教学，本书配备了教学资料，包括教学课件、课程大纲以及案例分析思路等。

本书由青岛理工大学商学院韦明老师和李杨博士任主编。全书共10章，其中，韦明编写第1、2、3、9、10章，李杨编写第4、5、6章，孙嘉编写第7章，彭鹏和丁志慧编写第8章。孙宜甲和文诗君为本书编写了部分案例。在本书编写过程中，我们参考了同类教材、相关文献和一些网络资源，在此向其作者表示诚挚的感谢。

由于时间紧迫和作者水平有限，书中难免存在不足和不妥之处，敬请各位专家学者、广大读者批评指正。

编　者

2022年9月

第一版前言

近年来，随着市场竞争的日益加剧，产品同质化的倾向愈加明显。越来越多的企业已经认识到，比起拥有更多的工厂，拥有更多的市场才更能为企业带来持久和稳定的利润，而能够帮助企业拥有市场的重要途径之一就是通过对企业品牌的有效管理打造出在市场上具有统治力的品牌。因此，企业的管理者纷纷将关注点从产品转移到品牌身上，寄希望于将品牌打造成支撑企业成长与发展的核心竞争力，品牌管理也相应地成为国内外企业界和学术界共同关注的焦点话题。

本书在深入研究品牌管理的理论和实务的基础上，结合作者多年的教学与科研经验，构建了品牌管理的整体知识体系。本书具有以下特点：

（1）结构合理，内容精炼。本书按照品牌管理的基本活动流程来编写，涵盖了品牌管理的理论精华，将品牌设计、品牌塑造、品牌推广、品牌资产运营和品牌保护等内容进行了有机整合，以一个完整的理论框架为读者展示了品牌管理的内容精要。

（2）结合案例，易于理解。本书在每章开始部分设置了引导案例，在章节中涉及某些具体知识点时穿插了供读者延伸阅读的案例，在章节最后还有结合案例的分析题。结合案例进行分析有助于读者加深对相关知识点的理解，可以批判性地学习企业在品牌管理实践中的经验与教训。

（3）突出前沿，中西结合。本书在编写过程中参阅了近些年来最新的品牌管理应用和研究成果，融入了移动互联和经济全球化时代背景下品牌管理的新思路和新举措，对国外和本土代表性企业的品牌管理进行了深度剖析，还设置了专门章节来介绍品牌的国际化营销，有利于读者深入理解品牌管理的中外实践差异和未来发展方向。

本书由青岛理工大学商学院韦明和李杨博士任主编。全书共10章，其中前6章由韦明编写，后4章由李杨编写。许湘悦和范婷婷为本书编写了部分案例，并对统稿的工作提供了相关帮助。

在本书的编写过程中，编者参考及借鉴了国内外学术界诸多前辈和专家的著作，在此一并致以最诚挚的谢意。同时，编者在进行案例编纂时也引用了大量的文献著作和网络资源，对其资料来源已尽可能列出，如有不慎遗漏，在此深表歉意和敬意。

由于本人水平有限，加之时间仓促，书中瑕疵在所难免，真诚欢迎广大读者批评指正、不吝赐教！

编　者

2017年2月

目　录

第1章/ 品牌与品牌战略

学习目标：熟知品牌的定义，洞悉品牌的内涵；准确理解与品牌有关的概念；认识品牌对企业、消费者以及经济活动的重要性。

引导案例

字节跳动履行企业社会责任

2020年伊始，来势凶猛的新冠肺炎疫情，把每个人、每个家庭、每个社区、每个城市甚至整个国家都困在了危局之中。这场突如其来的“黑天鹅”事件给社会经济带来了巨大冲击，一些企业的善举善为使其品牌一夜之间家喻户晓，品牌美誉度飙升，企业形象更加光彩亮丽。

新冠肺炎疫情发生后，北京字节跳动于2020年1月25日向中国红十字基金会捐赠2亿元，发起设立“医务人道救助基金”，截至当年年底共资助3735名一线抗疫医护人员。与此同时，今日头条紧急上线的“抗击肺炎”频道为大众提供疫情资讯和防治知识；今日头条、抖音、西瓜视频联合发起的“战疫助农”活动帮助销售农产品价值5.33亿元；飞书向公众免费开放，帮助近4万家企业实现远程办公；巨量引擎推出的“中小企业复苏扶持计划”，采取企业号免费认证、广告赠款、流量扶持等措施，全年补贴金额超5亿元，助力100万家企业复产；抖音带动的直接及间接就业机会超过3600万次。

作为一家将人工智能应用于移动互联网场景的科技企业，字节跳动的一波波暖心行动让人们不断被感动，正在实现用户体验、商业价值、社会责任三方面目标的统一，品牌知晓度、美誉度由此得到快速提升，市场影响力大大加强。

资料来源：字节跳动. 字节跳动发布企业社会责任报告：资助3735名抗疫医护，带动25万贫困人口增收［EB/OL］.［2020-01-25］. https：//www.bytedance.com/zh/news/605da4e4053cc102d640c04a.有删改.

1.1 品牌观念的形成与发展

1.1.1 品牌定义

市场经济不断发展，产品种类持续增加，交换时空常常变换，加之信息不对称等客观因素的存在，使得企业在争取顾客、赢得市场竞争的过程中，必须重视企业形象建设，设计并完善企业标识，以彰显优异的产品和服务质量。于是，在经济活动的诸多领域，品牌应运而生，并被广泛运用。

"品牌"一词的英文"brand"，源于古挪威语"Brandr"，意指"烙印"，形象地表达了品牌作为标识的基本含义。尽管在不同时期，不同学者对品牌定义的表述不尽相同，但都强调了品牌的这一重要含义。"现代营销学之父"菲利普·科特勒教授认为，品牌是一种名称、术语、标记、符号、设计或这些要素的组合使用，其目的是用以辨识某个制造商或者销售者的产品或服务，并使之与竞争对手的产品和服务区别开来。

1.1.2 品牌要素

通常情况下，品牌是指有形产品的品牌，由以下三个基本要素组成：

1）品牌名称

它是品牌中可以用语言文字表达出来的部分，如"华为""小米""海尔"等。

2）品牌标记

品牌标记大多是符号或图案设计，并与不同的色彩相结合。虽然难以用语言准确、完整地表达出来，但是能起到极好的视觉识别效果，帮助消费者分辨出满意的产品，如华为的太阳花图案、小天鹅洗衣机的天鹅图案。

3）商标

商标是品牌组成要素中品牌所有人依照法定程序注册并获得批准，受法律保护的品牌名称或图案。商标注册人拥有商标的专有权，独自获取商标权益，且具有排他性。

随着市场经济活动的深化，交换的对象可能从有形产品扩展到无形产品，因此，服务型企业建立服务品牌势在必行，如零售业的京东、沃尔玛，餐饮业的全聚德、麦当劳，运输业的中远海运、南方航空，通信业的中国联通、中国移动，金融业的中国银行、农业银行等。服务型企业以整体活动和形象元素为基础，塑造品牌在市场中的形象。服务品牌的构成要素与实体产品的品牌要素相同，由服务型企业的名称、显著的标识（logo）、固定的颜色或建筑风格构成。

1.1.3 品牌观念的形成与演变

1）无品牌

在自给自足的自然经济条件下，生产能力低下，没有过多的可供交换的剩余生产物。在简单的商品经济活动中，商品交换的地域范围小，交换的商品品种单一，具有偶然性、不固定性，无须用品牌来区分不同产品，品牌可有可无。

2）品牌的普遍运用

随着市场经济的迅速发展，商品交换几乎渗透到世界的各个角落。过去无品牌生产、经营的做法已被市场无情地淘汰，取而代之的是品牌产品的生产和经营。一方面，社会分工越来越精细化，商品交换的范围迅速扩大，交换的商品品种日益繁杂；另一方面，企业争夺市场的竞争如火如荼，顾客被不断地细分，顾客需求和产品之间的对应关系需要借助品牌来连接。可以说，品牌是市场竞争的产物，它既是企业争夺顾客、维系市场的需要，也是消费者识别产品、实现消费的需要。纵观市场经济活动，品牌认知与应用经历了以下三个相互联系又有不同意蕴的阶段：

（1）品牌符号与识别阶段。在这一阶段，品牌通过产品和服务的名称，运用符号表达、颜色区隔，起到促进企业加强管理、增进与消费者有效沟通的效果。符号品牌的作用见表1-1。

表1-1　**符号品牌的作用**

品牌使用者	品牌消费者
简化交接，便于追踪	确认产品的来源
成为产品管理的有效抓手	降低找寻成本
为用户区别质量水平提供便利	辨识质量水平

（2）品牌关系与象征阶段。随着企业、消费者品牌观念的进一步加强，品牌不再是仅用于产品区隔的符号。大多数情况下，品牌是一种象征，赋予人们更多的联想，有助于品牌使用者获得更多的心理认知，构建品牌与消费者之间的联系。对于消费者而言，品牌产品所带来的不仅是消费本身的满足，而且是一种欢快的身心体验，乃至他人的尊重和赞赏。象征性品牌的意义见表1-2。

表1-2　**象征性品牌的意义**

品牌使用者	品牌消费者
确定产品制造商的责任归属	体现消费观念成熟
拥有独特的法律保护手段	赋予更多的联想
拥有比较竞争优势	成为心理愉悦与满足的介质

（3）品牌资产与竞争阶段。优秀的品牌能为品牌使用者带来较多的市场份额，因而品牌是企业重要的无形资产。在产品同质化现象越来越明显的市场内，品牌差异凸显了产品差异以及用户差异，品牌溢价成为品牌使用者获取更多收益的重要手段，品牌资产属性表现得更加突出。表1-3表明了品牌资产属性的意蕴。

表1-3　**品牌资产属性的意蕴**

品牌使用者	品牌消费者
无形资产	降低风险
可积累资产	获得产品制造商的承诺
投资回报的来源	彰显自我价值

1.1.4　品牌的作用

随着品牌实践的发展，品牌的功能不断释放出来，品牌对于消费者和制造商都具有重要的作用。

1）品牌对于消费者的作用

首先，品牌具有辨识作用，消费者可以通过品牌将其与其他厂商的产品区分开来。其次，品牌有助于降低消费者的信息搜寻成本与消费风险。最后，品牌有助于塑造产品形象，给用户带来更多的象征意义，譬如青春、华贵、健康、权威等，使消费者在获得产品的实质性功能之外，也满足了自我表达与社交需求。

2）品牌对于制造商的作用

制造商借助品牌，可以简化厂商实体分配、产品推广与管理，便于产品运销、存货盘点、退货与售后服务等。品牌有助于企业建立商誉，提升形象，取得消费者的信赖。品牌的价值、个性、品质等特征能为企业的产品和服务带来溢价，并转换成超额收益。利用品牌的知名度与所赋予的产品特色，企业可以取得产品差异化的效果，创造差别定价的机会，规避价格竞争，从而增加销售额，拥有竞争优势。

1.2 品牌的内涵

1.2.1 关于品牌内涵的理解

在人们生活水平普遍提高的背景下，消费者在消费品牌产品的时候，也在消费品牌包含的文化，品味品牌给自己带来的诸多利益。比如，品牌代表的产品或企业的特有品质，可以使消费者联想到在接受这一品牌的产品或企业时所能获得的利益和服务。品牌的文字和图案本身所具有的文化内涵也会使人们产生某种联想。

好的品牌给使用者带来的利益远远大于产品本身的效用。世界著名的品牌营销专家大卫·奥格威认为："品牌是一种错综复杂的象征，它是品牌属性、名称、包装、价格、历史声誉、广告方式的无形总和。品牌也因消费者对其使用者的印象以及自身的经验而有所界定。"

1.2.2 品牌内涵的具体内容

1）品牌的自然属性（attribute）

品牌首先带给人们的是某些特定的使用价值属性，也是关于供给方所提供产品的质量与用途的表述。例如奔驰牌汽车，意味着汽车制造精良、耐用性好、加速快等。

2）品牌利益（benefit）

不同的品牌给予消费者的利益是不同的，要么是品牌具有的功能，要么是品牌承载的情感价值，或者兼而有之。近几年，消费者对国产品牌的接受度越来越高，凸显国产品牌在功能价值和情感价值方面的提升。

3）品牌的消费价值（value）属性

品牌反映或倡导某种消费价值观，影响消费心理，引导消费行为。比如，节能家电品牌主张低碳消费，新能源汽车品牌倡导环保出行，绿色农产品品牌引领健康生活。

4）品牌的文化（culture）属性

品牌是文化的载体，不同程度地反映了产品生产与营销活动中的文化元素，而文化是品牌的灵魂，是凝结在品牌上的物质文化和精神文化的统一。成功的品牌都有丰富的文化背景，如奔驰汽车凝聚着强调组织性、效率性、高质量和先进技术的德国企业文化。

5）品牌的个性（personality）特征

品牌具有人格化特征。个性鲜明的品牌好比具有突出性格特征的人，能够给他人留下深刻的印象。品牌个性使得品牌不易被忽视和忘记，赋予消费者一定的联想，使其在需要的时候首先想到该品牌并进行购买。

6）品牌的使用者（user）属性

品牌暗示着购买或使用该产品的消费者类型，反映品牌的用户形象。如七匹狼的消费者定位于商界男士，太太口服液明示其消费者为家庭主妇，大宝为男士护肤用品。

7）品牌的资产属性

品牌是企业的无形资产，超越企业产品和服务本身的价值。国际品牌咨询公司Interbrand发布的“2021中国最佳品牌排行榜”显示，腾讯以7 467.99亿元位列第一，中国建设银行、中国平安、中国工商银行、中国银行、中国移动、中国人寿、中国农业银行等榜上有名。由此可见，品牌资产是一种与品牌、品牌名称标识物相联系的资产，它能增加顾客的产品和服务价值。品牌资产价值要素如图1-1所示。

图1-1　品牌资产价值要素

贝壳找房：做一个有温度有内涵的品牌

1.3　产品与品牌的关系

1.3.1　产品与品牌

1）产品整体认知

产品是指能被提供给市场以引起人们的注意，可以让人们消费、使用从而满足某种欲望或需求的一切东西。产品所包含的五个层次不可分割且相互联系：

（1）核心利益层次，指消费者在消费产品或服务时获得满足的基本需求或欲望；

（2）类别产品层次，指仅仅包含构成产品功能的绝对必要属性或特质，体现产品的功能；

（3）期待产品层次，指消费者购买产品时正常期待的或完全同意的一组属性或特质；

（4）附加产品层次，包括额外的产品属性、利益或相关的服务，可以把该产品与竞争者的产品区隔开来；

（5）潜在产品层次，包括产品未来可能产生的附加价值与款式变化。

2）品牌与产品的关系

市场竞争并不完全是企业实体产品的竞争，与实体产品有关的包装、服务、广告、客户忠诚、财务、配销安排、仓库管理以及其他在消费者心中有价值的因素，也影响市场竞争的结果。许多市场的竞争，本质上发生在产品的附加价值这个层次，这是因为大多数企业能够生产出令人满意的产品，达到“期待产品层次”。

品牌属于附加产品层次，它可以为产品添加其他意义，使得购买者认为该品牌的产品与其他企业设计的用来满足同样需求的产品存在明显差异。这些差异可以是有形的，与品牌的产品效应相关，也可以是象征性的、情绪化的、无形的，只与品牌代表的意义相关。

产品与品牌的区别主要体现在产品的自然属性和品牌的社会属性上。品牌的社会属性主要有两种功用：一是制造差异，品牌之间的差异性比起同类产品之间的差异性要更加突出；二是形成价格差别，由于品牌产生附加价值，因此不同品牌的同类产品价格相差悬殊。表1-4列示了产品和品牌的区别。

表1-4　**产品和品牌的区别**

产品的自然属性	品牌的社会属性
产品依赖于生产制造	品牌存在于消费者认知
产品是具体的、具象的、物化的	品牌既是具体的，也是抽象的、综合的
产品是实现交换的基础	品牌是与消费者沟通的工具
产品与原料、工艺、生产、技术、质量等密切相关	品牌源于标记、形象、个性、理念等
产品对应特定的功能和效用	品牌不局限于特定的功能和效用
产品有功能意义	品牌有象征意义
产品自身独立存在	品牌具有鲜明的个性
产品注重价格	品牌注重价值，追求高附加值
产品是有形资产	品牌是无形资产
产品容易被模仿	品牌独一无二
产品具有生命周期	品牌可以经久不衰
产品归属于某种使用价值类型	品牌可以延伸、扩展使用
产品资产价值难以积累	品牌资产价值可以不断积累

1.3.2　品牌营销实现产品消费与品牌效用的完美统一

品牌因市场竞争而生，因消费者需求得以更好满足而盛。品牌是以消费者为中心的经营理念的体现，品牌的价值体现在与消费者的关系中。品牌不仅可以为消费者创造价值，带来利益，而且有助于消费者处理产品信息，降低购物风险，使购买决策更容易做出，也更容易达到满意，是快捷消费的有效工具。品牌还确认了产品的来源或制造者，从而明确了经销商或制造商的责任归属。消费者了解、研究品牌，将品牌定位与自身需求进行比对，也就使得品牌与消费者成功建立起了心理连接。

1.3.3　从产品到品牌是市场营销活动的关键

品牌的号召力、凝聚力可以帮助企业维持较高的市场份额，获取较多的市场机会，实现从商品到货币的转换，因此，从产品到品牌是企业开展市场营销活动的关键。

1）产品必须具备符合市场需求的功能

品牌以产品为依托，离开了产品实体，品牌就失去了存在的意义。只有符合市场需求的产品，才能支撑起品牌。

2）产品必须满足顾客的预期

企业所设计开发的产品是否符合市场需求，必须接受市场的评判。市场是检验企业产品是否为顾客所需的试金石。

3）品牌必须赢得顾客的信赖

在品牌产品的质量、价格、服务赢得顾客信赖的前提下，品牌文化、品牌象征、品牌形象才能维系顾客的感情，使顾客对品牌产生热情和持续偏好。

4）品牌必须与时俱进

品牌名称、标识、符号、商标一旦确立，就会在较长时期内保持不变，而品牌的内涵应当随着时间的推移不断丰富。品牌只有与时俱进，才具有鲜活的特征、独特的个性和强大的市场吸引力，品牌忠诚度和美誉度才会不断得到提升。

5）品牌必须重视自身的形象设计

从产品设计、包装设计、色彩装潢到产品通路的选择与建立、广告创意与品牌形象代言人的选择，这些点点滴滴的元素都在勾勒着品牌轮廓，绘制品牌在消费者心目中的形象。企业只有重视品牌形象元素的打造，才会使得品牌的市场亲和力不断增强。

思政课堂

乡村振兴背景下“丁家里”品牌成长之路

在向第二个百年奋斗目标迈进的历史关口，在巩固和拓展脱贫攻坚成果、全面推进乡村振兴、加快农业农村现代化进程中，品牌化建设不仅将提升农业和农产品附加值，促进农民增收，也将推动我国从农业大国向农业强国和品牌强国转变。具体举措是，要发展优势特色产业，发展适度规模经营，促进农牧业产业化、品牌化，并同发展文化旅游、乡村旅游结合起来，增加农牧民收入。

大村镇是山东省青岛市西海岸新区面积最大、农业资源最丰富的乡镇。该镇人文历史悠久，其中西南庄的丁氏家族文化最为典型。

21年前，西南庄村是一个负债40余万元的经济薄弱村，没有乡村产业，村民收入来源单一。2000年起，西南庄村党组织以“党建领航、产业领跑、文化领军、服务领先”为导向，营造“丁家里”品牌成长氛围，精心布局“丁家里”品牌产业，聚焦“丁家里”品牌成长要素，整合村镇资源，开启乡村全面振兴之路。

为了把老百姓从土地中“解放”出来，2002年成立大村果蔬协会，在此基础上组建了青岛龙马经济服务中心。通过协会把分散在各家的农产品集中起来，开拓市场销路，让农产品卖上好价钱，增加村民收入。

2006年，青岛市第一家农业专业合作社——龙马农产品专业合作社成立。合作社把本村和周边村庄的农户组织起来，集中管理、统一收购，促进经济增收。经过合作社的推动，西南庄村的特色农产品小有名气，村民收入稳定了，日子有了起色。同时，西南庄村依托当时推行的产权制度，大力发展“花果茶”产业，打造“龙马石锅”等产业品牌。

2016年，西南庄村引进的占地千余亩的青岛城发国际牡丹产业园项目，将村庄发展与城发国际牡丹产业园嫁接融合，采用“企业+村庄”“企业+农户”的双加模式，成立丁家大村旅游开发公司，积极吸引村民入股，引导村民全员参与，盘活村民闲置房屋，打造村庄文化休闲、民宿体验等乡村旅游新业态。践行绿色生态发展理念，将生态经济融入村庄发展，打造占地200亩的村西“南荷北竹”景区、“茶园”小区、“生态菜园”小区，逐步形成花、果、竹、茶围村生态产业观光长廊，实现村庄与城发国际牡丹产业园在发展空间上的无缝融合，构建起“村在园中，园村共生”的发展格局。

随着村庄规模的优化调整，西南庄村与周边的河外村、前尧村、大尧村、大石岭村、小石岭村等优化整合为西南庄新村。未来，大村镇将依托西南庄村所拥有的丁家里文化、红色村史文化，把几个村的乡村旅游资源“连点成片”，用“一票通”模式让不同项目错位发力，吸引各个取向定位的游客，打造利益共同体，协同发挥土地资源优势，吸引更多优质生态农业项目，打造集文化、教育培训、旅游、康养于一体的基地，让村民过上“望得见山，看得见水，闻得花香，听得乡音，吃得农饭，记得乡愁”的美好生活。

2004年，大村镇被授予“青岛市文化工作先进单位”“山东省文化工作先进单位”称号，也是青岛地区范围内唯一被授予“山东省文化工作先进单位”称号的乡镇。2018年7月3日，农业农村部公布“前六批全国一村一品示范村镇监测合格名单”，大村镇在列。猕猴桃、葡萄、木材、琼花、林木、茶叶、食用菌、山鸡、鸡蛋、板栗、苹果、绿茶都是当地特产。这些荣誉的背后，有着大村镇党委的领导与主持，有着“丁家里”上至村党委下至村民的不懈努力与追求。

“丁家里”已成为大村镇西南庄村靓丽的金字招牌。植根于村镇文化，典型的创业事迹与故事，村党委及模范党员的坚持与执着，以及不断成长、优化的产业与生产力，都成为“丁家里”品牌丰富的内涵，不仅激发了“丁家里”人旺盛的创业斗志，而且吸引了游客并带动了乡村旅游产业，还吸引了更多的投资项目。产业发展、生态旅游、百姓受益的乡村发展格局正在形成。

资料来源：李晓哲．从负债40万到村美人富　青岛西海岸新区西南庄21年振兴路［EB/OL］.［2021-03-17］. http：//news.bandao.cn/a/476216.html.编者根据实地调研资料整理而成.

1.4 名牌经济与名牌战略

1.4.1 从一般品牌到名牌的飞跃

1）名牌影响消费行为

建立品牌是市场营销的必然要求，是产品从工厂走向市场、进入消费者视野的有效手段。然而，并不是所有的品牌都能够在消费者的心中占据有利的位置，留下长久的记忆。通常情形下，只有名牌才能从众多的品牌中脱颖而出，成为影响人们消费行为的重要因素。

2）名牌具有相对性

名牌是指在同类产品中质量好、价格合理、服务及时、符合消费者需求、取得较大市场份额、为广大消费者所喜爱并接受的品牌。许多企业都会生产同类产品，并建立属于自己的品牌，但在激烈的市场竞争中，那些质次价高、不能很好满足市场需求的产品会渐渐淡出消费者视野，其品牌形象会越来越模糊甚至被人们忘记。

名牌总是需要一个较长的发展过程。现实生活中，不少品牌先是成为地方性名牌，然后成为全国性名牌，最终经过不懈的努力成为知名国际性品牌。在开放的世界市场中，地方性名牌甚至全国性名牌都在经受来自他国品牌的挑战，名牌经济效应的持久性有缩短的可能。

3）名牌的特征

国内外知名品牌具有与一般品牌不同的特征：

（1）高质量的品质。这是构建名牌的基石。没有一流的品质，就不可能造就真正的名牌。海尔从“砸冰箱”事件开始，始终严把质量关，把海尔品牌一步步推向名牌的巅峰。

（2）与众不同的影响力。名牌的影响力表现在影响消费者的心理和购买决策。良好的口碑、市场认同的形象、较高的知名度和美誉度，是名牌在与同类产品进行市场竞争时制胜的重要砝码。曾有人说，如果在一个陌生的地方享受快餐，最好去肯德基或麦当劳。名牌的信誉让你放心，不必考虑质量、服务等问题。

（3）优秀的品牌文化。一个被消费者广泛认同的品牌，既在向社会提供产品，也在向社会输出一种文化，倡导积极的价值观念，推崇良好的行为。拥有300多年历史的同仁堂，一直崇尚着不变的“药德”，即“炮制虽繁必不敢省人工，品味虽贵必不敢减物力”。

1.4.2　从名牌产品到名牌经济

1）名牌对企业的作用

名牌能够给企业带来更多的经济利益、更广泛的社会影响力。名牌的作用有以下几点：

（1）扩散作用。名牌通过各种传播渠道迅速扩大影响，使得越来越多的人们成为其忠实的消费者。

（2）持续作用。名牌形象一旦建立起来，就会在较长的时间内为企业带来经济效益。

（3）放大作用。企业可以将名牌这一重要的无形资产用于其他产品，使名牌的经济效用发挥乘数效应。

（4）激励作用。名牌的象征性与价值有利于挖掘市场潜力，激发更多的消费者使用名牌。

（5）资产增值作用。企业可以通过资产运营最大限度地发挥名牌这项无形资产的增值功能。

2）名牌与区域经济

名牌经济是以名牌企业为依托、以企业间的产业联系为纽带，以名牌为载体进行品牌延伸，放大品牌效应，通过企业与企业间关联产业发展，打造产业集群化发展的特色经济。市场是造就品牌产品、推动名牌经济的孵化器。100多年以来，以消费工业品为主导的市场经营活动，使得名牌产品层出不穷，名牌经济成为经济活动中的新亮点。名牌经济的形成具有正的外部效应，可以为地区经济乃至整个国家经济的发展带来积极的因素。

（1）经济领域的名牌具有普遍性。不仅在工业消费品和工业生产领域存在大量的名牌，而且在农产品的生产经营及服务领域，名牌的覆盖率及影响力也越来越大。青岛、宁波、深圳等城市荣列“中国品牌之都”，在这些中国名牌的聚集地，名牌的示范效应、集聚效应凸现，形成了以名牌企业、名牌产品为主导的经济增长模式。

（2）经济活动中的名牌具有持续性和长久性。自从经济活动中引入竞争机制以来，名牌作为竞争的产物不断推陈出新，从未间断过。因为名牌企业具有超凡的管理能力、营销能力、适应并驾驭市场的能力，以及对资源的整合与运用能力，所以，名牌企业的寿命都在十年以上，而非名牌企业的平均寿命约为五年。

（3）以名牌企业为主体的名牌经济具有相对稳定性。在一定时期、一定的地域范围内，名牌是一个相对集中的经济集合体。尽管在这个集合体中个别品牌的影响力会发生变化，但是集合体内部的此消彼长会使名牌经济保持相对的稳定性，使名牌经济具有旺盛的生命力。

（4）经济领域的名牌具有内在联系。名牌是具有横向联系和纵向联系的品牌群落。一个或几个具有强大生命力的名牌，往往会带动一个产业、一个地区甚至一个国家整体经济的发展。这是因为，以核心企业为中心、由相互关联的经济活动构成产业链，并进一步发展为跨行业、跨部门、跨所有制的产业集群，由此使得名牌企业与名牌产品、名牌服务共生，与优势产业融合。

（5）经济活动中的名牌具有导向性。品牌只有牢牢把握市场需求，迎合消费潮流，才能不断壮大，成长为名牌。与此同时，企业必须分析潜在的市场需求和未来的经济发展趋势，开发新技术、研制新产品、开拓新市场，引导消费并创造新的需求。超前的品牌理念、卓越的品牌文化、全新的品牌内涵，是企业持续把握机会、占领未来市场的先决条件。因此，现实性与超前性的完美结合塑造了名牌，使名牌经济根基永固。

拓展阅读1-1

名牌支持青岛经济可持续发展

从改革开放至今，青岛从名牌产品、名牌战略走向发展品牌经济、创建品牌城市的道路。多年以来，青岛始终高度重视名牌战略的实施，通过做大做强现有品牌、恢复挖掘历史品牌、积极培育新品牌，形成了多梯次、多元化的品牌体系。

当前，青岛正经历从名牌产品到名牌企业、从名牌企业到品牌经济并向各领域延伸辐射进而打造品牌城市的发展之路。2005年青岛荣获“中国品牌之都”称号。截至2015年年底，全市拥有的中国驰名商标总量达到123件，列全国副省级城市第二；省著名商标459件，列全省第一；市著名商标505件。青岛啤酒、海尔、海信、双星、澳柯玛、即发、金王、天一集团、海诺生物、三元集团、泰德轴承、崂山电子等制造业品牌，青岛交运集团、青岛市爱心大姐服务社等服务品牌，不仅在国内同行业具有举足轻重的地位，在国际上也具有广泛的影响力。品牌经济总量占据青岛经济总量的半壁江山，成为青岛经济的特色。在全国16家具有国际竞争力的企业中，青岛的海尔集团、青啤集团名列其中；世界品牌实验室评出世界最具影响力的

100个品牌，海尔成为唯一入选的中国本土品牌。在青岛，明星企业的品牌效应带动了地方经济的发展，对新生的民营企业产生了很强的感召力。近年来，青岛涌现了喜盈门、英派斯、红领、巴龙、好事中、天泰、金王等一批民营企业名牌，为了增强竞争力，树立现代企业形象，不少民营企业家自觉地向青啤、海尔、海信等大企业学管理、学创新，然后结合实际消化吸收，寻找适合自身企业发展的新路径。

青岛市正发挥知名品牌的示范导向作用，激活中小企业创新活力，着力建设品牌梯队，通过“以牌扩业”“以牌聚群”“以牌成链”等方式有效推动“名牌产业集群”的发展。青岛将以大批新锐制造业品牌崛起为目标，以“新旧动能转换”为动力，持续推动制造业升级，进一步拓宽品牌经济领域，夯实品牌经济基础。

资料来源：任俊峰. 今天“青岛制造”亮相央视 这些品牌全国瞩目［EB/OL］.［2019-03-05］. http://news.qingdaonews.com/qingdao/2019-03/05/content_20295957.htm.有删改.

1.4.3　品牌战略及其目标

1）品牌战略

品牌战略作为企业发展战略的有机组成部分，旨在提高产品竞争力，塑造品牌形象。企业应当制定品牌战略，对品牌的长远发展进行谋划。

2）品牌战略的目标

品牌战略的目标是创立和发展名牌。名牌是经济实力的象征。是否在品牌发展的基础上形成了名牌经济、名牌数量的多少以及名牌经济在整个国民经济中发挥作用的大小，被看作衡量一个国家经济实力强弱的重要指标。我国作为一个发展中大国，为了发展经济，提高经济的运行质量和经济效益，必须实施品牌战略，发展名牌经济，这是国富民强的必由之路。

2021年亚洲品牌500强

1.5　绿色品牌的兴起

1.5.1　绿色品牌意识的觉醒

人类消费行为的本质是对精神快乐和身心健康的追求，最终实现社会福利水平的提高。社会福利水平与经济发展、社会公平、可持续性密切相关。其中，可持续性是社会福利水平不断提升的前提和保障。强调可持续性的绿色消费突出体现了社会对生态环境保护的诉求，要求人与自然和谐共生，减少碳排放量。可以说，绿色品牌是品牌发展的机会与挑战。

1.5.2　绿色品牌的内涵

1）何为绿色品牌

随着绿色营销理论与实践的深化，绿色品牌已不再局限于生态环境保护的层面。绿色营销要求企业在市场营销活动中，把经济效益和环境效益结合起来，尽量做到人与环境的协调，生产有利于人类生存和发展的健康产品，生产能够造福子孙后代的生态环境。绿色品牌包括四项相互联系的内容：第一，产品的生产与消费对资源和能源的消耗较少；第二，产品在消费过程中产生的废弃物和污染物较少；第三，产品的消费结果不危害消费者本人或他人的健康；第四，产品的消费结果不会危及人类后代。

2）绿色营销的基本特征

绿色营销既有一般市场营销的共性，又有其自身的特殊性。其基本特征表现为：

（1）绿色性。绿色性是指绿色营销所具有的改善生态环境和社会环境的功能。绿色营销强调生态意识，反对环境污染；强调合理配置营销资源；倡导文明消费，净化社会风气，促进可持续发展，实现人类社会、经济、人口、资源、环境等方面的共赢。这是绿色营销的本质特征，也是其他特征的基础。

（2）持续性。正是基于绿色营销的绿色性，企业的营销资源才能得到合理、有效的配置，营销活动才能得以持续进行，企业寿命和产品生命周期才能得以延长，整个社会才能在资源保护与利用的过程中实现可持续发展。这就是绿色营销的持续性。

1.5.3 绿色营销与经济社会的可持续发展

1）绿色营销活动是构建环境友好型社会的必然选择

在经济飞速发展之前，社会生产规模较小，产品营销活动较少，自然环境净化能力较强，环境质量良好。在产品大量营销阶段，社会经济活动的碳排放量相应增加，环境污染开始出现并日益严重，人们在饱受污染痛苦后爱护自然、保护自然、优化环境的意识与能力持续增强，使得绿色营销活动拥有广泛的社会基础和高度的群众认同。

2）绿色营销活动是创建环境友好型社会的载体

绿色营销活动是在消费者日趋成熟、生态环境保护意识日益高涨的特定市场营销环境中，企业为满足消费者现实和潜在的绿色需求所实施的以绿色产品、绿色价格、绿色渠道、绿色促销为主要内容的市场营销活动过程。绿色营销主要解决三个问题：一是消费者行为，即消费者绿色需求的形成、影响因素、满足方式等；二是供应商行为，即供应商如何满足消费者的绿色需求，并影响其购买行为；三是市场营销机构行为，即市场营销机构如何通过绿色促销促成供应商和消费者完成交易。绿色营销在市场营销理论的基础上把满足消费者需求与满足社会发展的整体要求结合起来，积极协调企业利益与社会利益，并针对二者利益的不一致性寻求结合点。

3）绿色营销活动是促进人与自然和谐共生的有效手段

绿色营销活动是对资源不断优化配置的过程，是建立节约型社会、实现可持续发展的有效机制。从长远看，政府、企业、社会成员的消费必然会受到资源稀缺性的约束。经济运行过程中的生产、分配、交换和消费，对应着营销活动的产品、价格、渠道和促销等营销活动。在生产阶段，供应商应当避免资源的盲目消耗；在分配阶段，供应商开发并维护产品和服务的流通渠道，保证已经使用的资源得以分配到消费者手中，避免资源的浪费；在交换阶段，市场通过价格调节确定收益水平，作为对供应商消耗资源的经济补偿；在消费阶段，供应商可以从消费意识和消费方式等方面影响消费者，使其对资源的利用有正确的认识。

4）绿色营销活动具有创建环境友好型社会的能力

大兴机场绿色智慧卫生间

绿色营销活动以自然资源和环境的保护与利用为前提，兼顾经济效益、社会效益和生态效益的需要。绿色营销活动的外部经济性可以减轻生产经营活动对生态的破坏和环境污染的程度，提高环境的自我修复能力，而环境质量的改善会减少生产损失、提高居民健康指数、降低发病率、节约医疗费用等，这些积极因素可以间接地转化为经济效益，增强环境治理能力。

学习与思考

1.在市场经济活动中，建立品牌的意义何在？

2.品牌发展经历了哪些阶段？在品牌发展的不同阶段，品牌的功能与地位有何不同？

3.品牌的内涵有哪些？为什么说“越是优秀的品牌，其内涵越丰富”？

4.品牌和产品的区别与联系主要体现在哪些方面？

5.你是怎样理解“市场竞争归根到底是品牌的竞争”这句话的？

6.从企业品牌战略到区域品牌集群，再到民族品牌工程，足以彰显品牌的重要性。请谈谈你的体会。

7.请结合绿色品牌的兴起，谈谈品牌观念的演化及未来趋势。

案例分析

微信品牌的强势崛起

提起微信品牌，首先想到的是其应用于消费领域的强大能力。其实，微信在企业经营活动中还有着巨大的服务能力，可以为企业创造更多的商业机会。

2020年新冠肺炎疫情发生后，很多企业员工不得不居家办公，线下产品的销售也被迫停滞，而微信在为企业纾困的过程中充分展现出自身便捷、高效的应用场景。其中较为突出的是企业微信等数字化办公软件，很好地解决了企业员工远程办公的问题，受到了外界高度关注。

除数字化办公之外，微信平台上的小程序、企业微信、微信社群等工具在线下销售几乎完全停摆的情况下，成为大量零售企业的重要营销手段，帮助企业获得了极为宝贵的现金收入。在此期间，每日优鲜、永辉生活、钱大妈等生鲜企业的小程序商城订单相比去年同期大幅增长。除了消费者日常生活所需的生鲜零售，绫致集团、太平鸟、歌莉娅、江南布衣、茵曼等服饰企业也通过微信平台实现了业务的止损甚至增长。太平鸟旗下品牌“矩阵”利用微信线上会员专场、社群营销裂变、小程序分销、不同区域轮流直播等形式实现了半数暂停营业的门店有销售额，日均零售额超过800万元。此外，企业微信连接顾客个人微信的能力也让餐饮企业西贝受益匪浅。

除“小程序商城+企业微信+社群运营”之外，腾讯还为零售企业提供了“圈层咨询+腾讯有数+物流助手”等其他辅助工具。其中，圈层咨询是腾讯智慧零售基于其大数据能力，以热力图的形式集中显示潜在消费者集中的区域，可以帮助商家更快、更准确地确定“卫星仓”“前置仓”的选址，并根据潜在消费者数量规划货架数量，还可以帮助商家高效地找到合适的地面推广场地。例如，永辉生活就利用了圈层咨询功能，准确的选址让永辉生活的“卫星仓”从接到来自小程序的订单开始到触发拣货、流转、打包，平均仅需3分钟，包括配送在内的流程也只需要30分钟。

微信品牌的功能不断被深度挖掘并被进一步释放，微信品牌的知名度持续扩大，品牌用户从消费者扩展到企业，从社交功能扩展到商务功能，融商贸、金融、社群于一身，品牌内涵极为丰富，影响力持续增强。

资料来源：刘学辉．微信平台崛起的智慧零售：正成为零售企业“战疫”的主阵地［EB/OL］.［2020-02-21］. https：//www.123.com.cn/kline/211517.html.有删改.

【案例思考题】

1.阅读案例资料，说明微信品牌不断成长并持续增强的原因。

2.根据微信品牌强势崛起的案例资料，分析品牌成长与品牌产品的关系。

3.结合案例资料，说明品牌成长与品牌内涵的关系。

第2章/
品牌管理组织与管理过程

学习目标：了解品牌管理观念的演变，加深对品牌管理的理解；理解不同的品牌管理模式的优缺点；熟知品牌管理的流程与内容。

引导案例

蒙山龙雾茶品牌的嬗变

山东蒙山龙雾茶业有限公司成立于2002年5月，位于著名生态旅游之乡山东沂水院东头镇，是一家集“有机高山绿茶”的种植、加工和流通于一体的企业。

该公司实施名牌战略，打造名牌产品。2003年，蒙山龙雾商标正式注册；2006年，蒙山龙雾标志被认证为山东著名商标；2008年，蒙山龙雾茶通过山东省“有机绿茶”认证；2009年，公司通过沂水高山绿茶专业合作社对“沂水绿茶”进行地理标志认证保护。蒙山龙雾茶先后荣获“山东名牌产品”、首届“国饮杯”一等奖以及“中国林交会金奖”“山东省著名商标”“山东省特优绿茶”“山东茶及茶制品行业十佳品牌”“临沂十大名茶”“沂蒙优质农产品十佳品牌”等荣誉。通过品牌建设，蒙山龙雾茶不再默默无闻。

基于对蒙山龙雾核心基地研究和独特资源价值的认识，公司发掘品牌资源价值，明确提出了打造“山东高山绿茶”的市场定位，为“蒙山龙雾”的产品开发指明了方向。蒙山龙雾品牌将沂蒙山中的“蒙山”作为品牌名称的一个要素。一看到“蒙山”，就会联想到蒙山龙雾茶产自沂蒙山，属于内陆高山绿茶，与地域特色相结合，暗示了产品属性，强化了品牌印象。

公司还设计了具有亲和力的品牌口号——“大山深处来，蒙山龙雾茶”。从语言上看，结构简洁，文字讲究，对仗工整，读起来朗朗上口，易于记忆；从设计内容与情感上看，寓意深刻，情感丰富，既强调了蒙山龙雾茶的产地——大山深处，让人有一种隐居山水、闲情淡雅的悠然感，也体现出蒙山龙雾茶的属性以及无农药危害的特点。

蒙山龙雾茶之所以能走出蒙山，走出临沂，成为北方茶叶品牌的新秀，得益于清晰的品牌战略，得益于融名牌创建与企业经营于一体的管理活动。

资料来源：编者根据实地调研资料整理而成。

2.1 品牌管理观念的发展与品牌管理组织的演变

2.1.1 品牌管理的重要性

1）品牌竞争成为市场竞争的制高点

随着经济的发展，市场在变化，企业的市场观念也相应发生着变化。从19世纪末到现在，企业市场观念的演变依次经历了生产观念阶段、产品观念阶段、销售观念阶段、市场营销观念阶段、社会营销观念阶段。未来企业间的竞争将是以先进的经营理念为导向，以知识、信息、文化为基础，以品牌综合实力为标杆的竞争。

品牌的魔力与诱惑

以品牌竞争力提升为核心的营销活动，是现代企业按照社会经济的发展所做出的必然选择。在科学技术不断发展、产品质量差异化越来越小的今天，企业要想在竞争激烈的市场中生存，就必须努力塑造和传播品牌的独特形象，让众多的消费者感受到该品牌产品与同类产品相比具有鲜明的特点、符合目标消费者的个性和审美情趣，从而使该品牌产品从同类产品中脱颖而出，建立起忠实的顾客群，这就是品牌营销的基本原理。

2）品牌营销是企业市场营销的关键

品牌营销的主要任务，就是企业以目标市场的需求为中心，努力塑造和传播品牌形象，最终产生品牌价值。在品牌营销过程中，企业需要运用科学的营销方法，从品牌基础入手，对品牌的成长、飞跃、扩张、保护进行系统规划、精心运作，使之成为名牌。显然，品牌营销是企业市场营销的关键，是企业市场营销活动围绕品牌营销进行的整体谋划和有效实施。

拓展阅读2-1

青岛啤酒品牌魅力从何而来

青岛啤酒始建于1903年，是基业长青的百年啤酒制造厂商。青岛啤酒于1993年在上海和香港两地上市，企业规模和市场份额居啤酒行业领先地位。青岛啤酒是国际市场上知名度很高的中国品牌，2021年品牌价值达到1 985.66亿元，位列品牌五百强，是世界第五大啤酒厂商，产品远销美国、加拿大、英国、法国、德国、意大利、澳大利亚、韩国、日本、丹麦、俄罗斯等100多个国家，是出口最多的中国啤酒品牌，也是一张海内外广泛认可的中国品牌名片。

青岛啤酒的精心管理与对“做好啤酒”理念的执着追求，使其几乎囊括了啤酒质量评比的所有金奖，并在各类国际评比大赛中多次荣获金奖。2017年、2021年两度荣获中国质量奖提名奖；2018年，获“欧洲啤酒之星”和“世界啤酒锦标赛”金奖等殊荣；2019年，再获“世界啤酒锦标赛”金奖；2020年，荣膺“最具竞争力企业”；2021年，再获“欧洲啤酒之星”金奖。青岛啤酒十六度上榜“最受赞赏的中国公司”，十八度荣膺“中国受尊敬企业”。继成为北京2008年奥运会官方赞助商之后，青岛啤酒再度携手奥运，成为北京2022年冬奥会官方赞助商。2021年3月，青岛啤酒厂获评全球首家啤酒饮料行业工业互联网“灯塔工厂”。

青岛啤酒拥有全球化的资源配置能力、领先的科研实力、不断的创新驱动、精细化的管理。比如，在质量控制上，一瓶青岛啤酒要经历1 800道关键质量控制点的锤炼。正是在所有环节上都不遗余力，才使青岛啤酒酿造出世界金奖品质，这也正是品牌魅力的基础。百年青岛啤酒以“摘金夺星”的世界金奖品质为起点，在“基础质量+特色质量”的基础上，推动青岛啤酒进入“魅力质量”新时代，只为让消费者的体验“超预期”。

近年来，青岛啤酒以啤酒产业为依托，规划了快乐、健康、时尚三大板块，注重产业链横向拓展、纵向延伸，致力于打造世界一流的，多业态深度关联、相互补充、利他共生的消费生态，为生活创造快乐。

资料来源：青岛啤酒股份有限公司. 公司简介［EB/OL］.［2021-12-11］. http：//www.tsingtao.com.cn/about.html？gsjj.有删改.

2.1.2　品牌管理的两种观点

人们常常把品牌管理说成品牌建设、品牌规划、品牌塑造、品牌运营、品牌经营等，这些说法实际上是对品牌管理某些方面或某些环节的强调。总体而言，品牌管理有两种观点，一是“资产说”，二是“过程说”，其中后者为主流观点。

1）“资产说”

持该观点的学者认为，品牌管理就是品牌资产管理。厦门大学黄合水教授认为，品牌建设实质上是创建品牌，提高品牌占有率，促进消费者品牌忠诚度的增加，就是积累品牌资产。上海大学陈祝平教授认为，品牌管理的对象是品牌资产，品牌管理是以提升品牌所代表的无形资产和市场价值为目的的。

2）“过程说”

持该观点的学者把品牌管理作为贯穿企业营销活动的始终、包含诸多内容的过程来看待。代表性观点有：（1）品牌管理是企业管理者以企业战略为引导，以品牌资产为核心，围绕品牌创建、维护和提升这一主线，综合运用各种资源和手段增加品牌资产、打造优势品牌的一系列活动；（2）品牌管理是建立、维护、巩固品牌的全过程，涉及品牌管理策略、品牌管理组织及品牌管理支持；（3）品牌管理是品牌管理者针对企业的品牌，运用内外部资源，有效监控品牌的建立、维护和巩固，并协调其与消费者关系的全方位管理过程。

“过程说”包含了“资产说”的核心内容，更加强调品牌管理的过程性、动态性和整体协同性，明示了品牌管理的主体、核心任务及其目标，因而被广泛认可。本书所说的品牌管理即为品牌过程管理。

2.1.3　品牌管理的主要内容

1）构建科学的品牌组织架构与流程

品牌管理包含品牌创建、维护、推广等环节，需要企业综合协调、各部门支持配合才能得以有效实施。如果没有一个强有力的组织体系和严格的制度保障作为前提，品牌建设工作流程难以有效运行。

2）明晰品牌核心价值

品牌核心价值是品牌存在与持续发展的强大基石。品牌必须让顾客产生信赖，让顾客知道能够给他们带来什么，从而感受品牌的价值所在。

3）明确品牌定位

品牌定位是依据市场竞争来确立品牌独特之处和激励顾客购买的重要因素。不同品牌的定位有所不同。品牌定位要清楚表明品牌的服务对象是谁，品牌能够提供什么。品牌定位的策略很多，诸如产品利益定位、情感利益定位等。

4）确立品牌识别体系

品牌识别体系是品牌管理者期望通过一系列相互关联的元素构建的，有助于消费者辨认、联想并做出消费决策的信息系统。这个系统将会告知消费者以下信息：品牌所属企业的理念、文化、价值观和使命；品牌产品的品质、特色、用途、档次、包装；品牌的个性、气质、特征。

5）有效进行品牌运用与推广

企业只有明确运用什么品牌，如何运用品牌，才能构建清晰合理的品牌体系。品牌推广是品牌建立与维护的重要环节，包括产品、渠道、广告、公共关系、促销、事件营销等要素相互配合的过程。

6）塑造品牌形象

品牌形象是消费者借助一系列接触点获得相应的信息，并由此对品牌产生的总体感知。消费者往往从品牌的功能和象征性两方面形成对品牌的形象认知。

7）积累品牌资产

品牌资产是消费者关于品牌认知的总和。品牌资产的价值并不取决于企业为品牌建设支付的费用和付出的努力，而是由消费者对品牌的感受和态度决定。从品牌实践来看，品牌资产是品牌管理研究的重点，而品牌的感知质量、品牌知名度、品牌忠诚度、品牌联想是品牌资产的重要内容。

2.1.4. 品牌发展各阶段的管理重点

在从无到有的品牌创建阶段，品牌管理者在对企业资源进行完整分析的基础上确定恰当的品牌命名、新颖的标志设计，塑造生动的品牌形象与品牌个性，进行准确的品牌定位与整体性品牌传播。这些是品牌创建阶段的管理重点。

在品牌维护与提升阶段，品牌管理者需要不断进行品牌市场调研，分析品牌现状以及品牌运用中可能存在的问题，不断完善品牌管理机制，重视对品牌经营的控制和调节。

随着品牌营销实践的增加，品牌会依次经历品牌认知期、品牌成长期、品牌成熟期、品牌老化期。在品牌认知期，品牌管理的主要任务是品牌定位与推广；在品牌成长期，品牌管理的主要任务是让顾客满意，增加品牌美誉度；在品牌成熟期，品牌管理的主要任务是维护品牌，增加品牌忠诚度；在品牌老化期，品牌管理的主要任务是品牌更新与再定位，使品牌年轻化。

2.1.5 品牌管理的组织类型与设计

品牌管理的组织形式根据品牌成长阶段、企业规模等因素而有所不同。当企业规模较小、品牌单一时，品牌管理的组织形式相对简单；当企业规模较大、品牌较多时，就需要专设机构协调品牌经营有关事宜，负责品牌管理。以下是几种常见的品牌管理组织形式：

1）业主负责制

处于创业阶段的企业，往往规模较小、品牌单一，管理人员也较少，业主通常直接负责品牌决策、品牌沟通、品牌定位和传播工作。这是一种高度集权的品牌管理组织模式。我国的中小企业多采用这种品牌管理形式。

业主负责制的优点是：（1）业主能根据市场状况和消费者需求有效整合各种资源，实现品牌管理目标，决策效率高；（2）业主的执着、热情、诚信等个性往往成为品牌特征的重要来源，使品牌具有更多的企业家色彩。

业主负责制的缺点是：随着企业规模的扩大，业主个人的精力难以适应品牌管理的新要求，品牌管理的权限改革势在必行。

2）职能管理制

职能管理制是将品牌管理的职责分配到职能部门的组织形式。例如，企划部负责品牌规划工作，市场部负责品牌调研工作，宣传部承担品牌推广工作等。职能管理制是企业发展到一定规模的情况下管理职能分化的必然结果。

客户经理负责制也是职能管理制的重要形式。企业首先按照客户需求、购买行为或偏好划分客户类型，针对不同类型的客户，由客户经理负责分析客户动向，提出新产品开发计划，协调各职能部门，实现品牌管理目标。

职能管理制的优点是：（1）专业的职能分工和科学管理，使品牌营销能够适应复杂的市场环境；（2）高级别的管理者不必管理品牌的具体事务，可以专心做品牌战略规划工作。

职能管理制的缺点是：（1）各职能部门平行设置，协调难度大；（2）各职能部门在协调不力的情况下，不一定把品牌运营当作本部门的重要工作来看待，对市场反应迟滞，在服务消费者的过程中，衔接不及时、贻误时机的可能性大大增加。

3）品牌经理制

宝洁公司在1931年推出了品牌经理制，为每一个品牌设置一名经理，全面负责品牌创建、维护和提升工作。品牌经理是品牌管理业务的主要负责人，负责协调企业各职能部门之间以及职能部门与消费者之间的关系。

品牌经理的主要工作包括：（1）分析消费者、竞争者和市场环境，制订品牌管理具体方案；（2）制订品牌年度营销计划、预算和计划销售额；（3）确定广告和销售代理商，共同策划广告方案和宣传活动；（4）激励品牌销售队伍和经销商，激发他们的兴趣；（5）收集客户、经销商、竞争者等各方面的信息，捕捉市场机会，及时发现问题并加以解决；（6）组织产品改进，提出产品创新计划，以适应不断变化的市场需求。

品牌经理制的优点是：（1）为每一个品牌设置专职管理者，负责品牌分析、规划和执行工作，为品牌成长提供制度保障；（2）品牌经理针对品牌建设制订详尽规划，有助于提升各个部门的协调性；（3）品牌经理制可以加强企业内外部沟通，有利于形成以消费者为中心的品牌运行模式；（4）有助于企业培养高素质复合型管理人才。

品牌经理制的缺点是：（1）对品牌管理人员的素质要求很高，品牌经理要能够应对品牌管理的各项工作；（2）为使同一家企业的不同品牌独立运行，投资较大，资源分散，品牌管理费用高，企业运营效率较低。

4）品类经理制

20世纪80年代以来，一些企业规模扩大，品牌数量急剧增加，品牌经理制的弊端逐渐显现，于是以宝洁公司为代表的一些企业开始探索新的品牌管理组织形式，品类经理制随之产生。

品类经理制也称品牌事业部制，把多个品牌划归一个类别，设置一名经理，由其负责该品类的运营，品类经理制与品牌经理制的本质是一样的，都是由专人负责品牌管理、各部门共同参与的矩阵式管理组织形式。不同之处在于品牌管理负责人具体负责的品牌产品数量存在差别。

品类经理制的优点是：（1）能够协调品类内部各品牌之间的关系，整合资源，发挥资源配置优势，解决了品牌经理制的资源耗费过大和机构重叠的问题；（2）充分发挥品类经理的专业优势，提高管理效率。

品类经理制的缺点是：企业各部门整体协调难度大，存在企业形象和品牌形象不一致的问题。

5）品牌管理委员会

21世纪初，跨国公司的品牌管理组织形式发生了新的变化，出现了由企业高层管理者担任品牌负责人，由各职能部门负责人、品类经理、技术人员、营销人员、财务人员等组成的品牌管理委员会。品牌管理委员会的具体职责包括：（1）制定品牌管理战略，明确品牌管理、运作的原则；（2）确立品牌的核心价值及清晰的品牌定位，并使之适应公司的文化及发展需要；（3）确立品牌架构与沟通组织体系，规划整个品牌系统，使每一个品牌都有鲜明的个性；（4）明确品牌延伸、提升策略，安排品牌资产评估、品牌传播、品牌监控等重大事项。

品牌管理委员会的优点是：（1）能有效协调各品类之间的关系，统一企业整体形象；（2）能够有效协调各职能部门之间的关系，汇聚整体力量；（3）有助于企业建立全员品牌导向机制，弥补了品牌经理制和品类经理制的不足。

品牌管理委员会的缺点是：（1）高层管理者身居高位，对各类产品市场了解不足，对品牌的有关决策存在主观倾向；（2）对高层管理者的管理水平要求较高，需要避免非专业性的决策失误。

2.2 品牌管理过程与内容

2.2.1 深入市场调查，分析市场机会

1）了解消费者的品牌消费心理特征

在进行品牌营销之前，企业首先要进行市场分析，了解消费者内心想法，准确把握消费者对品牌的心理需求，然后在此基础上明确品牌的核心价值是什么，能给消费者带来什么利益，如何体现公司的企业文化和产品特点。只要把握住消费者的心理需求和品牌的核心价值，就可以明确品牌营销的关键所在。

2）找准品牌与目标市场的结合点

发现和评价市场机会是品牌营销人员的首要任务，也是企业品牌营销管理的重要任务，这对于处于成长期和成熟期的企业尤其重要。由于市场上的同类产品往往很多，竞争通常也非常激烈，有些企业已经具有很强的品牌优势，因此，进行市场细分，找出特定市场，明确品牌与特定市场的关系，赋予品牌特色，让品牌个性更加鲜明，是非常重要的。

李维斯牛仔裤的诞生

3）认清并确信品牌的市场机会

首先，企业要分析品牌所置身的宏观环境和微观环境。宏观环境包括经济环境、政治与法律环境、科学技术环境、社会文化环境、技术环境等。宏观环境的变化既可能为企业的品牌发展提供更多的机会，也可能对其造成威胁。微观环境主要是指企业自身的竞争实力，包括人力、物力、财力、科研开发能力、营销能力以及由这些因素综合而成的管理能力。

其次，企业要充分研究消费者的需求。消费者的需求差别较大，分析品牌的市场机会就是要及时洞悉消费者需求的变化趋势，开展有针对性的品牌营销活动。

4）选择品牌的目标市场

在发现市场机会之后，企业要对品牌的发展目标、产品的需求量和市场结构作进一步分析，逐步明确市场范围，清晰勾勒出品牌的市场边界，即品牌的目标市场。

如何从众多的市场机会中选择品牌的目标市场呢？首先，要预估市场需求，对不同的市场机会进行比较；其次，要分析不同市场机会的特点，结合企业的营销能力进行系统评估；最后，要考虑企业的发展战略和营销任务，选择最有利于实现战略目标、体现竞争优势的市场。

2.2.2　恰当的品牌定位

1）品牌定位的内涵

市场定位是指企业通过市场细分确定目标市场，然后根据目标市场的要求来确定企业及其产品在目标市场上的位置，包括产品定位、价格定位、服务定位、品牌定位等。随着产品同质化现象的出现和市场竞争的日益加剧，通过产品定位、价格定位、服务定位的不同形成产品差异的效果大打折扣，企业迫切需要寻求新的制造差异化的手段。于是，利用品牌定位塑造品牌形象、彰显个性，就成为强化差异性的抓手。

品牌定位是在产品定位的基础上对特定的品牌在文化取向及个性差异上所作的商业性决策，是塑造与目标市场有关的品牌形象的过程与结果。品牌定位的目的是使品牌与目标消费群体建立起一种内在的联系，也就是使品牌在消费者心中占有一席之地，形成与众不同的印象，当消费者有需求时，就会很自然地想到某种品牌，进而产生购买行为。

2）品牌定位的重要性

（1）通过品牌定位创造差异。企业可以通过品牌定位，将品牌的差异性告诉消费者，从而引起消费者注意并使其产生联想。

（2）品牌定位有助于消费者正确认识品牌，把握品牌特征。在消费者注意力被竞相争夺的时代，企业只有率先实施品牌定位，简化信息传播内容，才能使消费者在最短的时间内记住最有用的信息。这是企业品牌信息为消费者所接纳的一条便捷通道。

（3）品牌定位是制定各种营销策略的前提和依据。只有确定品牌定位，才能对产品策略、价格策略、分销策略、促销策略等各项营销策略进行有效组合，使品牌在目标市场上占据一定的位置。

（4）品牌定位有利于竞争优势的培养与形成。市场上的品牌比比皆是，要想从众多的品牌中脱颖而出，关键在于成功的品牌定位。

3）品牌定位的原则

品牌定位是企业综合多种因素所做出的理性选择，因而必须从企业实际出发，与产品特征、市场需求相结合。

（1）品牌定位要结合产品本身的特点。产品是品牌的载体，品牌依附于产品，这就决定了品牌定位必须考虑与品牌不可分割的产品性质、使用场合、使用者、技术含量等相关因素。受产品自身因素的制约，不同产品的品牌定位自然有所不同。比如，耐用消费品和日常生活用品的品牌定位有所不同，技术密集型产品和劳动密集型产品的品牌定位也有所不同。同类产品的品牌定位也可以有所差异，比如汽车品牌，但农产品很难体现出这种定位差异。

（2）品牌定位要结合企业的资源条件。品牌定位并不是空穴来风，既不能好高骛远，也不能妄自菲薄，要与企业的资源结合起来。如果把品牌定位于技术领先，就必须有相应的技术实力作后盾；如果把品牌定位于高档，就应具备保证产品优质的能力。否则，品牌的市场信誉就会荡然无存。

（3）品牌定位还要考虑竞争者的品牌定位。在市场竞争十分激烈的情况下，几乎所有细分市场都存在多个竞争者。因而，企业在进行品牌定位时应考虑竞争者的定位，力求体现与竞争者品牌不同的风格、特色，否则难以让消费者对本企业的品牌有一个清醒的认识。处于发展初期的蒙牛曾在考虑竞争因素及企业资源与能力的基础上，提出“做内蒙古乳业第二品牌”的口号，把品牌发展目标确定为位列伊利品牌之后，就是一个鲜活的例证。

4）品牌定位恰当与否的判断标准

品牌定位并非一项简单的营销管理工作，需要反复斟酌、全面审核，力求定位准确、信息明了。恰当的品牌定位应符合以下标准：

（1）品牌定位要能让消费者从中切实感受到品牌特性，要么是品牌的实用价值，要么是品牌所蕴含的情感因素，从而在产品和消费者之间架起一道沟通的桥梁。如果消费者无法理解品牌定位信息，或者品牌定位无法满足消费者需求，那么这种定位就是没有任何意义的。

（2）品牌定位一定要突出产品的优势。品牌竞争是产品竞争的深化，但是仍然离不开产品实体的支持。不能彰显优势的品牌定位，不会为品牌竞争带来任何好处。比如在通信品牌竞争中，中国移动强调“不掉线”，中国联通则凸显资费优势。

（3）品牌定位要清晰、新颖，不宜复杂、晦涩难懂，更不能产生歧义。

5）品牌定位要避免的问题

大多数企业会对自己的品牌进行定位，但并不是所有企业的品牌定位都是准确的，它们可能存在以下问题：

（1）品牌定位过低。品牌定位过低会使消费者认为某种品牌不具备特定的使用属性，或者不适合在特定方式下使用，因此，消费者可能不会把该种品牌当作消费的首选。比如，高科技产品如果定位过低，消费者往往会怀疑该产品不具备某种性能。

（2）品牌定位过高。品牌定位过高会给消费者造成一种高不可攀的感觉，导致失去一部分潜在购买者。比如商场内的装修、精品屋的门头，如果过于富丽堂皇，就会让一部分消费者望而却步。

（3）品牌定位不清晰。就一些品牌而言，消费者能记得广告语，但很难准确把握品牌的特性。如“永远的绿色，永远的秦池”“长城电扇，电扇长城”，虽然朗朗上口，但没有精准传递品牌信息。

（4）品牌定位杂乱。企业总是希望把品牌的所有好处、性能、特点都一一告诉消费者，似乎只有这样做才能让消费者喜欢，殊不知这种宣传会使消费者感到不知所云。不管什么产品，只要宣传的内容过多，就显示不出品牌的优势，反而会引起消费者的怀疑。

6）找准价值点，满足消费者的核心诉求

（1）准确界定产品概念。确定产品概念是品牌定位的重要工作。产品概念就是能给消费者带来利益的产品功能，品牌则更多地体现企业价值观、产品个性和特色。品牌定位不能离开产品概念，品牌定位必须跟产品概念有某种联系。比如宝洁公司的洗发水“飘柔”，其产品概念是使头发更柔顺，品牌给我们的感觉是“自信、飘逸”，二者之间彼此呼应。

（2）找准目标市场，建立起品牌与目标市场的关系。品牌定位其实就是针对目标市场上的消费人群进行的定位，品牌和目标人群的有机结合会极大地丰富品牌联想，所以说，产品的目标人群决定了品牌的定位，进而决定了企业战略和营销策略。

（3）品牌定位要着眼于潜在市场。不少企业在进行品牌定位时，只看到目前的市场需求状况，没有考虑3年、5年乃至10年后市场需求的变化，这样的品牌定位往往会最终失去对市场需求的引领作用，留给品牌成长的市场空间不足。

7）品牌定位策略

（1）第一定位，即追求品牌成为行业中领导者的市场定位。在品牌定位信息传播中常使用“正宗的”“第一家”“市场占有率第一”等口号。这种定位策略抓住人们对“第一”印象深刻的记忆特征，力求从同类品牌中脱颖而出。但并不是所有企业都可以运用第一定位策略，只有那些规模巨大、实力雄厚的企业才有能力这样做。大多数品牌需要对自身进行全面分析，用心提炼出某方面的独特优势，并准确地加以表达，如七喜汽水定位为非可乐类饮料，迪阿牌香皂定位为除臭香皂。如此这般，方能使品牌特性深深印刻在消费者心中。

（2）比照定位，即与已有的同类产品品牌进行比照，强化自己在消费者心目中的位置。比照定位可以避免与强势品牌的正面冲突，为品牌发展争取有利的市场空间，如美国阿维斯出租汽车公司强调“我们是第二，我们要更加努力”。

（3）空档定位，即寻找为许多消费者所需要但又没被市场开发利用的空白点进行定位。尽管市场细分越来越细，显而易见的市场机会越来越少，但是任何企业都无法生产出能满足所有市场需求的产品。谁善于观察市场，谁就会发现市场机会，成为新秀。只有精准定位，方可成就品牌。露露集团开发的杏仁露开创了保健饮料的先河，很快赢得了市场，这就是成功的空档定位。空档定位是中小品牌崛起屡试不爽的策略，得到品牌经营者的广泛认同。品牌经营者可以从时间空档、年龄空档、性别空档、用途空档等几方面去分析并运用空档定位策略。

（4）对比定位，即企业通过与竞争品牌的比较来确定优势并昭示于市场，达到改变竞争品牌在消费者心目中已有位置的目的。但是，对比定位不是竞争性广告，要通过对比找出不同。比如，农夫山泉通过对比明确了“有点甜”的定位特色。

（5）类别定位，即企业将自己的品牌和某名牌共同划归声誉卓著的类别，或者把自己的品牌划归对某一市场有一定影响力的类别，以提升品牌形象和品牌地位。美国的克莱斯勒汽车公司宣布自己是美国“三大汽车公司之一”，无疑缩小了克莱斯勒品牌与位居第一、第二的汽车品牌之间的距离，收到了意想不到的效果。

以上几种定位策略各有其适用性，企业在品牌定位实践中可根据具体情况，或单一使用，或结合使用。

拓展阅读2-2

七匹狼品牌定位与个性塑造

七匹狼选择具有拼搏力和奋斗精神的狼作为品牌标识。图像设计为奔狼，充满动感，寓意不断开拓、勇往直前；图案底色为墨绿色，象征着青春、活力，既显示出与奋斗相关的勃勃生机，也让人联想到与休闲相关的大自然；英文专用词“SEPTWOLVES”与中文“七匹狼”象征着公司以一个团结的整体面向未来的经营作风及企业凝聚力。

七匹狼在积极挖掘博大精深的中华传统文化的同时，将时尚流行元素融入自身设计理念，并致力于推动中国传统文化与现代时尚创意的契合，形成以品牌为核心的现代企业经营体系。掌握品牌精髓，把握品牌个性，是成功进行品牌资产建设和运营的关键所在。

（1）刻画品牌性格，规划品牌地位。品牌个性的提升，使七匹狼能对品牌进行全面的梳理与整合，提出“JUST FOR MAN”的理念。七匹狼作为一个纯粹的男性品牌，将其涉足的服装、香烟、酒类等产业蕴涵在“男性文化”之中，重新打造个性鲜明的“男士精神”，最终取得中国男性群体时尚消费生活的代言人地位。

（2）探求市场区隔，创造品牌利基。品牌地位决定了品牌的利基点。“80/20”法则和十多年来在中高档市场打拼中与消费者缔结的关系，决定了七匹狼的品牌运作和市场运作必须保持品牌的中高档形象，这是七匹狼的市场利基点。所以，七匹狼把目标消费者牢牢地锁定为20～50岁的社会主流消费群体，核心群体为28～35岁已经成功和正在走向成功的男性。他们购买的是成熟、热情、个性、品位、男子汉气。他们也是忠诚、稳定的品牌消费群体。

（3）重新阐述品牌名称和标识。正是因为有了个性，品牌标识不仅有助于品牌的识别，而且可以提供准确的市场定位，孕育深厚的品牌文化。七匹狼的标识是一头向前奔跑的彪狼，整体呈流线型，充满动感与冲击力，给人奋勇直前的感觉，象征着企业不断开拓的进取精神。这款金黄色的奔狼设计是七匹狼的外显标志。"七"是一个吉祥数字，既代表一个由奋斗产生的团队，又蕴含着创业者的美好愿望，寓意胜利、吉祥，代表生命力和活力。"狼"既与"郎"同音，又有狼的极具拼搏力和顽强奋斗之意。"SEPTWOLVES"是英文"七"和"狼"的组合，寓意一个团结的整体，象征着创建品牌的七个人，他们的故事就是七匹狼文化的精神内核。

（4）整合传播，无限延伸主题。在统一的品牌文化和主题的指引下，品牌的传播需要有高度整合的态势，能够全面整合产品的核心利益（适用于正式、休闲、拼搏的场合，使人无须为着装问题而烦恼）、品牌规划（狼的精神）和目标消费心理（仍在与团队一起拼搏），创造沟通的独特符号和高维空间，创造一个可无限延伸的主题。

（4）明确品牌代言人标准。为表现坎坷奋斗的特质，七匹狼在选择品牌代言人时采用了六条标准：①代言人不能是年轻时尚的；②代言人应是消费者脑海中的第一联想；③代言人应是常人眼中的成功者，但他仍在不懈奋斗；④代言人的性格应与七匹狼的品牌个性和文化内涵相符；⑤代言人的元素应该能够将目标消费者带回旧日奋斗的时光，能够引起认同感；⑥代言人相似的艰难奋斗经历能够触动目标消费者心中最柔弱的部分。齐秦曾出任七匹狼的品牌代言人，皇马的七大"巨星"也曾集体出镜，通过媒体、专卖店、公关事件、促销活动等，共同传播七匹狼所倡导的"永无止境的生命运动哲学"。

（5）差异经营，创造品牌价值。差异创造价值，差异创造品牌的"第一位置"。品牌个性传播的关键在于造就崇拜和忠诚。只有整体性地掌握并积极运用有利因素，形成差异性优势，才能在消费者心目中占据与众不同的位置。这种差异性的创新智慧体现在产品行销传播和通路选择等具体执行策略中，力求实现企业的价值链和经营模式的完美结合，使企业精心挑选客户群体，并为之提供独特的、不可替代的产品和服务。

资料来源：蔡清毅. 从七匹狼品牌管理案例看品牌个性的塑造[J]. 厦门理工学院学报，2006，14（1）：58-62.有删改.

2.2.3 制定品牌生命周期战略

"战略"一词源于军事术语，系指战争中将军的智谋、筹划以及军事力量运用的谋划。普鲁士军事理论家克劳塞维茨认为，战略是为了达到战争的目的对战术运用的总体设计。这一定义从军事战略领域拓展到其他活动。20世纪60年代，美国著名管理学家安索夫率先将战略运用于企业管理领域并卓有成效。战略对于企业的生存与发展具有引领和指导作用。

品牌战略是企业为了提高自身的竞争力，围绕品牌形象、品牌知名度、品牌美誉度制定的一系列长期性、根本性的总体发展规划和行动方案。企业的品牌战略包括品牌化决策、品牌使用者决策、品牌名称决策、品牌定位策略、品牌经营决策。显然，品牌经营战略是品牌战略的重要内容之一，它包括品牌生命周期战略和品牌资产运营战略。此处仅从狭义的角度探讨品牌生命周期战略的有关内容，有关品牌战略的其他内容将在后面章节中进行分析。

产品有经济寿命和市场寿命，而品牌附着于产品之上，因此，品牌同样有其生命周期。品牌从进入市场到最后被市场淘汰，大体上要经历导入期、成长期、成熟期、衰退期四个阶段。企业可以在品牌生命周期的不同阶段采取不同的营销策略，不断提升品牌的市场影响力，以保持品牌生命力经久不衰，甚至可以使老品牌重新焕发新的活力。比如老字号同仁堂、全聚德，经过产品的不断完善，在当今的市场上，品牌的魅力有增无减。

1）导入期的品牌营销策略

这是品牌生命周期的第一阶段。为确保品牌的声誉与日俱增，企业必须在品牌的载体上下功夫，向市场提供优质产品，做好售后服务。这一时期品牌营销的主要任务是打造品牌的市场声势，尽早地让品牌家喻户晓，为品牌进入成长期作准备。

（1）提供具有优良品质的产品，同时做好提供良好售后服务的思想准备。这是因为，在刚刚推出新品牌的时候，产品各方面的性能尚未完全稳定，需要便捷的售后服务克服来自产品本身缺陷对品牌的冲击，换取消费者对新品牌的认同与好感。

（2）开展必要的促销活动。一是对消费者促销，即通过产品的包装设计、广告、试用、品尝、展示等多种业务推广手段，介绍产品的功能，加深消费者对新品牌的印象，培养消费者对新品牌的情感，促使消费者接受新品牌并做出购买决策；二是对中间商促销，目的是建立渠道合作关系，保证新产品源源不断地进入市场，促销手段以广告为主，即借助广告对新品牌的宣传引发经销商的兴趣。

2）成长期的品牌营销策略

新品牌在被成功导入市场以后，便进入了成长期。在成长期，品牌有了一定的知名度，影响力逐步加强。这一时期品牌营销的主要任务是不断提高品牌美誉度，使品牌由众人知晓发展为名扬天下。

（1）促销策略。在成长期，促销的目的是促使消费者再次购买。为此，企业除了要继续提高产品质量、完善售后服务，以提高顾客的满意度、维系早期顾客群外，还有必要通过折扣、赠品、返利、联合广告等促进销售的形式，吸引更多的中间商经营本企业的品牌，同时吸引一部分其他品牌的消费者，促使他们进行品牌转换。

（2）广告策略。成长期广告的目标是吸引顾客，培养他们的品牌偏好，稳固品牌的市场根基。此时广告宣传的重点是突出品牌产品的特色，勾勒品牌形象，使消费者在需要时能够从众多的同类产品品牌中选择该品牌的产品。

（3）情感策略。品牌不仅是商品名称，而且可以体现出产品质量、工艺、服务、企业的文化与历史，以及市场对这些方面的理解、认同和由此产生的情感、态度。所以说，消费不单是对物品和服务的消费，其中还蕴含着消费主体对品牌及产品生产商、经销商在价值观、审美、经营道德等方面的认同。比如，万宝路品牌“刚强、有力”，深得男士的喜爱；飘柔“漂亮、柔顺”，赢得女士的芳心。品牌一旦与消费者建立起某种情感联系，便拥有了生命，品牌联想无时不在引导消费者做出购买决策。因此，品牌经营者在进行品牌塑造的过程中需要适时地为品牌加入情感元素，促使消费者产生共鸣。

（4）其他策略。在品牌进入成长期之后，一方面，产品的市场占有率提高、销售量增加，使得企业的生产规模扩大，成本降低，利润增长提速；另一方面，品牌竞争加剧，销售价格下降，利润逐渐摊薄。因此，企业要根据消费者的需求，不断进行产品创新，为品牌增添活力，以应对市场挑战，增强竞争力。与此同时，企业还要完善销售网络，提高售后服务质量，培养高素质的营销队伍，为长久地占有市场、维系消费者信得过的品牌形象创造更多的条件。

3）成熟期的品牌营销策略

在成熟期，产品的市场占有率接近最大值，市场需求增长缓慢，潜在的消费者很少，大多数顾客已经了解或使用过产品。成熟期是品牌知名度和忠诚度最高、影响力最强的时期。这一时期的营销目标是稳住现有顾客，阻击来自竞争者的反击，保持市场占有率，营销重点是保持品牌现有的市场地位，尽量延长成熟期。

（1）强化产品的功能特征。在成熟期，企业要严抓质量管理，以优质的产品、良好的服务赢得消费者对品牌的忠诚，同时开发新产品，增加产品的市场覆盖面，扩大品牌与市场的接触面。

（2）降低成本。在成熟期，品牌的市场地位已基本确立，消费者关注的焦点由品牌认知向价格转移。降低成本既是成熟期市场竞争的需要，也是企业保持较高市场占有率的重要手段。

（3）重视组合营销策略。成熟期是增加品牌价值的关键时期。能否抓住成熟期市场营销的特点，对于能否延长成熟期至关重要。首先是做好市场细分工作，扩大产品的销售量；其次是尽可能利用多种媒体组合宣传，突出产品的差异特征；最后是采取更为灵活的价格策略，调动市场需求。运用组合营销策略，既可以稳住原有的消费群体，也可以吸引更多的消费者，延续品牌生命周期，提升品牌的市场地位。

（4）维护现有的消费者。“二八”法则告诉我们，企业80%的利润来自20%的优质用户。由此可见，企业维持现有消费者非常重要。企业可以通过提高产品等级、增加产品系列、提高服务质量等手段来维系顾客，增加顾客忠诚度。具备一定忠诚度的消费者会对企业及其广告宣传抱有好感，而大多数消费者一旦对某一品牌产生好感，就不会轻易转换品牌，这是因为品牌转换具有一定的风险。

4）衰退期的品牌营销策略

在衰退期，品牌的影响力逐渐下降，消费者开始把注意力投向同类产品的其他品牌或替代品，销售增长率降低为零甚至负数，企业的利润越来越薄，品牌经营者往往要花费大量的时间和精力。若固守衰退期产品的市场经营，就会影响到企业形象和新产品开发，错过市场机会。因此，就大多数企业而言，应该当机立断，弃旧图新，及时进行产品更新换代。

（1）缓慢退出策略。如果产品还具有一定的市场占有率，能够使品牌保持一定的竞争力，品牌还能继续为企业服务，赚取利润，就有必要采取缓慢退出策略。

（2）快速退出策略。如果产品已进入穷途末路，无法适应市场的需求，那么，采取快速退出策略不失为明智的选择。不过，企业往往很难做出快速退出的决定。这是因为，影响产品销量的因素很多，既有市场因素，也有非市场因素，很难准确判断产品销售不畅到底是什么原因引起的。企业只有综合各种因素进行充分的论证，才能做出合理的决策。当采取快速退出策略时，企业的首要任务就是推出新产品，以抢占原来的市场，并充实品牌内涵，赋予品牌新的活力。

思政课堂

持“质”以恒　打造家居行业品牌标杆

品牌建设事关经济社会发展、国家综合实力和人民品质生活，要推动中国制造向中国创造转变、中国速度向中国质量转变、中国产品向中国品牌转变。

家居行业应如何打造品牌标杆？每个优秀企业都有自身经验和答案，殊途同归的是，要摒弃脱实向虚的倾向，回归制造业本质和初心。恒洁集团秉承“恒于心，专于质”的品牌精神，肩负“专注品质、持续创新、倡导环保，通过产品和服务致力于提升消费者生活品质”的品牌使命。恒洁集团“坚持以创新技术引领”，“加强与主流消费群体的沟通与情感链接”，“积极践行社会责任”，打造家居行业中国品牌标杆。

打造品牌标杆，如何从一时走到永续？恒洁集团首席执行官丁威认为，一方面，要通过持续创新，提升综合实力并驱动产业升级；另一方面，离不开企业文化和价值观的具体引领。恒洁集团提出“客户满意、员工满意、股东满意、社会满意”的价值观，并通过“四个满意”的切实落地，推动恒洁集团整个体系的融合和协同，推进全新战略实施，赋予恒洁集团更强大的综合竞争力。

恒洁集团一直坚守“打造家居行业中国品质代表”的初心，视品质为生命。目前，恒洁集团已拥有实现协同一体化的全品类智能制造生产基地、完备的质量管理体系，系统管控生产全过程，确保高质量出品。在行业内较权威的“沸腾杯”质量测评中，恒洁集团不仅是唯一斩获卫浴五大品类“沸腾杯”质量金奖的卫浴品牌，更荣获了“卫浴质量长青奖”。

恒洁集团一贯坚持以创新技术引领产业发展，如今已建成全品类研发中心。总面积大于4 000平方米的恒洁研发中心实验室，已得到国家CNAS实验室、国家水效实验室、国外知名第三方测试机构ITS的“卫星计划”实验室等诸多权威资质认可。依托创新研发平台，恒洁集团已掌握近千项卫浴核心专利技术，仅Q9智能一体机一款产品，就集合了47项专利技术。

资料来源：人民日报客户端．恒洁成“品牌强国计划”家居新国货唯一代表［EB/OL］．［2020-12-09］． https：//baijiahao. baidu. com/s？ id=1685589250908601278&wfr=spider&for=pc. 有删改．

学习与思考

1.为什么说品牌管理是企业营销过程管理？

2.怎样理解品牌经营者对品牌资产的管理？

3.品牌管理的组织形式有哪些？

4.不同品牌管理组织形式的适用性如何？

5.产品品牌的成长和品牌生命周期的相关性是什么？

6.品牌定位和产品定位有何不同？

7.如何做好品牌定位工作？

案例分析

高露洁品牌整合营销显奇效

高露洁棕榄公司是全球领先的日用消费品公司，拥有200多个国家和地区的40 000多名员工，销售额达94亿美元，在口腔护理、个人护理、家居护理和宠物食品等方面为大众提供高品质的消费品，其中有很多是广大消费者耳熟能详的全球著名品牌。高露洁棕榄公司在100多年的发展历程中不做多元化的跨行业经营，只关注核心业务。其核心产品分为五大类：口腔护理品、个人护理品、家居护理品、织物护理品和宠物食品。

高露洁品牌标识采用英文字母搭配汉字的设计手法。英文字母“Colgate”的处理与汉字“高露洁”的结构设计非常到位。其中，英文字母采用国外品牌惯用的处理手法，首字母大写、其他字母小写，好处在于让整个标识显得更加有整体感。徽标的红白配色让人眼前一亮。

高露洁的品牌核心价值是关怀备至、团队合作和不断改善。这些价值不仅反映在产品质量和企业文化上，也是高露洁服务社会、奉献社会的体现。高露洁棕榄公司多年来在世界范围内倡导口腔健康教育活动，旨在帮助人们提高口腔健康意识。

高露洁在营造全球顶尖健康消费品牌的同时，把中国市场的培育工作放在首位。在品牌推广过程中，高露洁努力影响中国消费者护齿品牌的消费观念。在高露洁推广全效牙膏之前，中国消费者对牙膏消费的认知处于一个相对多元化的阶段，比如中草药牙膏、抗敏感牙膏、氟钙牙膏、抗菌牙膏等。但是，高露洁全效牙膏的诉求直指牙齿病理根源——蛀牙。高露洁选择了一个覆盖面广泛的产品性定位，成功切割竞争对手的市场蛋糕。“我们的目标：没有蛀牙”几乎是所有牙膏共同的产品主题，但高露洁率先提出来并作为自己的产品主张，实际上已经起到区隔作用。在品牌情感诉求上，高露洁抓住了消费者的心，说出了消费者的价值追求。

围绕这一品牌定位，高露洁不仅在影视传播方面充分展现出创意执行力，而且在平面视觉展示上精彩纷呈。此外，为了深化传播主题，高露洁还设计了许多栩栩如生的海报，使其在终端市场上收获了非常好的销售业绩。在广告投放策略上，高露洁选择流量明星杨幂、杨洋为品牌代言人，从最初电视平台的口腔健康教育式营销向数字化营销转变，赢得了新一代年轻人的关注。

公关一直是高露洁娴熟的品牌塑造方式。早在1994年，高露洁棕榄公司就与世界卫生组织签订了一项协议，在全球推广“甜美的微笑，光明的未来”口腔保健教育计划，通过与各国政府及专业组织密切配合，在世界范围内开展口腔健康教育活动。这一活动已在80多个国家和地区实施，每年获益的在校儿童超过5 000万人，而这一活动的深入开展也让千万人把高露洁品牌牢牢记在心中。在2008年北京奥运会开幕前，高露洁以奥运知识为题材推出了《千秋奥运》栏目，该创意将“奥运热”提前数月带到中国，获得了非常好的市场效果。

在精准定位的基础上开展全方位传播、强终端运营和高立意公关，当然离不开高露洁雄厚的资本实力，但也演绎出其聚焦战略在阶段性营销中的具体运用。

资料来源：百度百科．高露洁［EB/OL］．［2020-10-09］．https：//baike.baidu.com/item/高露洁/529597？fr=Aladdin.有删改．

【案例思考题】

1.通过对本案例资料的研读，你认为产品定位和品牌定位的区别和联系是什么？

2.从高露洁品牌传播案例中，你发现整合传播的主要措施有哪些？对于这些举措，你是如何评价的？

3.通过对本案例资料的研读，你发现高露洁的品牌战略是什么？

4.你对高露洁品牌在中国市场上的营销过程与内容有何看法？

5.你认为高露洁在品牌运作方面值得借鉴的做法有哪些？

第3章/
品牌质量管理

学习目标：正确理解产品质量与品牌质量的关系；深刻认识品牌质量塑造的内涵与重要性；把握品牌质量塑造的原则与途径。

引导案例

品质决定品牌高度

作为一个“00后”新晋品牌，广汽传祺从GA系列轿车到现在的SUV、MPV等车型全面均衡发展，近十年来不断创造出符合市场需求的热销车型，成功跻身中国汽车品牌排头兵阵营。

中国汽车工业协会统计数据显示，2017年中国品牌乘用车共销售1 084.67万辆，同比增长3.02%。相比过去，国内汽车市场增速整体放缓，但可喜的是国产汽车品牌的市场份额仍在进一步扩大。广汽传祺在国内市场上表现不俗，2017年全系累计销量达50.86万辆，同比增长37%，远高于行业平均增速。作为一个全面发展的中国汽车品牌，广汽传祺展现了汽车行业里的“传祺速度”，品牌影响力和产销数据在中国家用汽车企业中名列前茅。

成功的背后离不开广汽传祺缜密的制造体系。广汽传祺集合全球顶尖汽车研发团队和资源，引进欧洲、日本先进造车技术，采用精细、高效的汽车生产方式。

在设计开发过程中，广汽传祺以“平台化、系列化、模块化”为开发策略，坚持市场导向，以产品、工艺、信息、管理四大模块为支撑，运用高精度的工艺装备和自动化设备，对每一个产品都进行上百种严苛验证，模拟各种真实环境，确保产品质量耐久、稳定、可靠。

在生产制造方面，广汽传祺坚持标准化作业，采用多种高效质量管理手段，按照“不接收、不制造、不流出”不良品的原则完成每个工序，成就行业领先的制造水平。

经过多年探索，广汽传祺建立了先进的智慧工厂和完善的质量控制体系，满足智能制造的需求。尤其是在品质控制层面，广汽传祺以供应、制造、市场三大品质管控为支柱，构建常态化的“6520质量管理体制”，不间断开展六大特色活动（即从标准化作业出发，实施“自工序完结”，运用关卡前移的方法使问题点远离顾客，注重变化点的管理，对顾客疑虑速断速决，持续改善和创新），以五大监查（即对供应商的商品监查、产品监查、市场服务监查、体系监查、第三方监查）和两大关口流防（在流入、流出关口防止不良件的流转）为主要手段，达成“零不良”目标。广汽传祺的质量管控全面渗透到从研发、生产直至市场的各个环节，目的是为用户创造更多的价值。

正是这种精细、高效的质量管理与创新，确保了广汽传祺产品质量的高度稳定，使其稳居领先水平。也正是对质量的孜孜追求，让广汽传祺赢得了国内外市场良好的口碑。广汽传祺致力于推动“中国制造向中国创造转变，中国速度向中国质量转变，中国产品向中国品牌转变”的担当，值得尊重与支持。

资料来源：冯业斌．品质决定高度 深度解读广汽传祺领跑中国品牌质量背后故事［EB/OL］．［2018-04-23］．https：//www.sohu.com/a/229123615_403944.有删改．

3.1 质量与品牌质量

3.1.1 关于产品质量的理解

1）狭义质量观

狭义质量是指产品质量，即产品的性能及其满足需求的水平和能力。它有两个衡量尺度：

（1）产品的质量级别，即产品的性能质量，包括产品的耐用性、可靠性、精密度、使用和维修的便利程度以及其他有价值的属性。

（2）产品质量的一致性，即产品符合某种质量标准。目前，质量认证已成为国际上评定经济主体活动状态的通行方式，它包括产品认证和质量体系认证。产品认证又包含合格认证和安全认证；而质量体系认证又称为质量体系注册。质量认证有以下特点：①认证的基础是标准或技术规范，如ISO 9000标准系列；②认证的对象涵盖产品、软件、硬件、流程性材料和服务；③认证由第三方来进行；④通过证书或认证标志表示产品的质量状况。

国际公认的三大质量认证体系

2）广义质量观

广义质量是包括产品质量、工程质量、服务质量、工作质量在内的总和。20世纪60年代，美国的质量管理专家朱兰提出“质量就是适用性”的基本定义，指出企业应该更多地从用户或消费者的立场看待质量，不能仅仅把质量看作“产品或服务达到某种规定性要求”。

国际标准化组织（ISO）对质量的定义作了多次修改，并在实践中加以完善。1983年7月，ISO DP 8402文本中提出质量是“产品、服务或过程满足明确或潜在需要的能力的特性总和”。1986年6月，ISO 8402正式文本中提出质量是“产品、服务满足明确或潜在需要的能力的特性总和”，删去了“过程”一词。1994年，ISO对质量定义做了进一步完善，引进了实体的概念，用“实体”代替了“产品、服务”，质量被定义为“反映实体满足明确或潜在要求（或需要）的能力的特性总和”。其中，“实体”可以是产品、服务，也可以是活动过程的结果（例如服务、计算机程序、设计、使用规范等有形产品和无形产品），还可以是活动或过程、组织、体系、人员或者上述要素的结合；“要求”是指以契约形式体现的要求或组织内部的要求，如顾客的要求、维修要求、质量要求；“需要”，本意是感受到贫乏状态而引起的期望，在市场经济条件下，它是指消费者对实体的要求，包括性能、合用性、可信性、安全性、环境、经济性和美学等；“满足需要”不只是符合顾客需要，还要符合社会规范；“能力”是指一个实体进行指定的活动并获得符合规定要求的结果；“特性”即质量属性，能帮助识别或区分各种实体的特性，常用定量指标加以度量或用定性指标加以描述，确定合格与否，或者孰优孰劣。

因此，广义的质量不仅包括最终产品的质量，而且包括最终产品形成和实现过程中的质量；质量不仅要满足顾客的需要，还要满足社会的需要，并且能够使顾客、厂商、社会都受益；质量不仅存在于工业生产活动中，而且在服务业中广泛存在；质量不是一成不变的，而是随时间变化的动态变量。

3.1.2　品牌质量

1）品牌质量的内涵

品牌质量是品牌产品的质量和品牌体现的质量的统一。品牌产品的质量是品牌依附的产品质量，是建立品牌信誉的基础，而品牌体现的质量是消费者心中感受的质量。因此，品牌质量比产品质量有更多的含义，它是以产品质量为基础，扩展到消费者心中的感受和综合评价。产品质量和消费者感受的质量二者结合得好坏关系到品牌质量的高低。

高质量标准推动“好孩子”品牌建设持续发力

2）影响品牌质量的因素

（1）出色的产品设计。企业要树立一个好的品牌并期望其具有较强的竞争力，首要的事情就是设计出好产品。产品设计包括产品的功能、结构、组合方式、造型色彩、包装等。比如海尔整体厨房，它以“橱柜家电一体”为设计导向，采用嵌入式设计，充分利用有限空间，整合厨房设备，得到国内消费者的青睐。

（2）优质的原材料。品牌质量的基础是产品质量，产品质量来源于原材料的品质。优质的原材料是高质量产品的重要保障，也是构成品牌质量的基本因素。若要稳固或提高品牌质量，就必须对原材料有严格的要求。创建于1702年的同仁堂历时300余年不衰，原因之一就是始终坚持选料上乘的原则，药材选用精良保证了其炮制的成药质量优良。麦当劳为了保证薯条香脆松软，聘请专家研究，运用特殊方法不断改进马铃薯质量，并精心挑选优质马铃薯作为炸薯条的原料。

（3）先进的技术与设备。只有将先进的技术与设备和优质的原材料结合起来，才有可能生产出质量上乘的产品。我国智能家电生产企业由于采用新技术、新工艺、新方法，更新设备，使得产品性能不断提高，市场竞争力日益增强。

（4）优秀的人才队伍。无论是管理者还是普通员工，都必须拥有前沿的思想、丰富的科学技术知识、娴熟的工作技能。唯有他们才能把先进的技术与设备、优质的原材料充分利用起来，生产出高质量的产品。因此，企业应重视人才队伍建设在创建名牌过程中的作用。

（5）严格的管理。人才、技术、设备、原材料都是品牌建设的重要元素。如何把它们有机结合起来，形成综合竞争力？问题的关键在于管理。科学的管理制度、严格的规范与流程、清晰的权利与义务、不折不扣的落实与执行能力，是保证品牌质量稳定提高的必要条件。

（6）消费者的心理认同。产品的质量高低取决于消费者对产品质量的感受与认同程度。产品的质量如何，最终还是消费者说了算。因此，企业必须深入细致地进行市场调研，详细了解消费者的需求，这样才能设计并生产出消费者需要的产品，才能使市场营销活动更贴近用户，才能使产品真正转化为消费者愿意接受的产品，才能使品牌在消费者心中的位置更加突出，从而全面提升品牌质量。

3）加强品牌质量管理的措施

品牌质量管理涉及企业经营活动的许多方面。产品的商业化过程一般要经历三个阶段：一是生产前阶段，即产品设计开发；二是生产阶段，即产品生产制造；三是进入市场阶段，即销售与服务。在各个阶段，企业运营活动的内容和特点不同，面临的具体问题各异，品牌质量管理的举措也应当随之进行相应的调整。

（1）产品设计开发过程中的品牌质量管理。立足于消费者需求是产品设计开发的前提。为此，要在广泛而深入地进行市场调查的基础上了解消费者需求，并根据不同的消费者需求，结合新技术、新材料的运用，设计出不同品种、不同档次、不同规格、不同款式的细分产品，以满足多样化的消费需求。产品设计开发过程中的质量管理重点是产品功能设计质量控制和产品外观设计质量控制，两者不可或缺，必须统筹兼顾。

（2）产品生产制造过程中的品牌质量管理。产品生产制造是产品设计方案由图纸变成实物，由样品试生产变成经常性地大批量生产，从而形成产品的重要阶段。产品生产制造过程应按照产品设计开发的要求进行。该过程中的质量管理重点包括两方面的内容：一是生产技术准备质量控制，这是生产制造质量和最终产品质量的重要保证，主要包括人员准备、物资能源准备、装备准备、工艺准备、计量仪器准备、设计组织生产方案、质量控制系统设计、验收工艺及装备；二是生产过程质量控制，主要包括科学生产管理、生产工序管理、质量检查、工序审核、不良处理、内控标准等。

（3）销售与服务过程中的品牌质量管理。服务是一种无形资产，是维系品牌与顾客关系的纽带。完善的服务可以增加顾客的利益，提升品牌形象和公司声誉。曾在《哈佛商业评论》上发表过的一项研究显示，公司只要降低5%的顾客流失率，就能增加25%～85%的利润，而在吸引顾客再度光顾的众多因素中，首先是服务质量，其次是产品本身，最后才是价格。完善的服务可以减少顾客的消费风险和损失，有利于培养顾客的品牌忠诚度。弗雷德里克·莱希赫尔德在《忠诚的价值——增长、利润与持久价值背后的力量》一书中指出，消费者之所以会对企业不满意而进行品牌转换，同行竞争者的行动是次要原因，主要原因是服务商的服务存在问题。

3.2 品牌质量塑造

3.2.1 品牌质量塑造的内涵

日益激烈的市场竞争使人们清楚地认识到品牌质量塑造对品牌顺利进入市场有着重要

作用。这是因为，高质量的品牌容易在消费者的心目中留下深刻的印象，能迅速打开市场，增强市场竞争力。反之，品牌质量不好，就会使消费者产生反感，从而大大影响品牌的市场前景。

品牌质量塑造是通过一整套相互协调的营销策略，整合各个要素资源，对品牌的成长、飞跃、扩张、保护等进行科学的管理运作，使其成为消费者喜欢、信赖的品牌的活动过程。品牌质量塑造是一系列复杂而又艰苦的工作，具有长期性、挑战性、系统性，因而，需要企业各个部门通力协作，深入研究市场，在科学原则的指导下，从创立名牌的战略高度出发，统筹开展企业营销活动。人们所熟悉的国内外名牌都是通过一代又一代企业家持续开展卓有成效的营销活动才从众多品牌中脱颖而出的。

拓展阅读3-1

海尔品牌质量的惊险跨越

海尔是中国家电行业家喻户晓的品牌，在国内外市场上享有盛誉。然而，今天的海尔是由一家资不抵债、濒临倒闭的集体小厂发展而来的。1984年，这家集体小厂的亏损高达147万元。1985年，面对76台质量不合格的冰箱，张瑞敏抡起铁锤砸毁了这批产品。从此，海尔确定了做家电行业强势品牌的目标，开始狠抓质量管理。砸冰箱事件既让海尔员工拥有了强烈的质量意识，又在消费者心目中树立了海尔一丝不苟、值得信赖的品牌形象。

1999年，秉承着严格质量管理的海尔迈出了国际化的步伐。2004年，海尔全球营业额突破1 016亿元。同年，海尔蝉联中国最有价值品牌第一名，品牌价值高达616亿元，这种用实实在在的行动“砸”出的品质之“名”，成为成就企业做大做强、不易流失的竞争力。海尔的产品线从创立之初的单一冰箱产品发展到拥有白色家电、黑色家电、米色家电在内的96大门类、1.5万余个规格的产品群，相关产品已出口到世界160多个国家和地区。到2020年，海尔已发展成为全球营业额超3 000亿元、利税总额超400亿元的全球化企业。

在创业创新的过程中，海尔持续建设高端品牌、场景品牌与生态品牌。海尔连续13年稳居“欧睿国际全球大型家电零售量排行榜”第一名，连续3年作为全球唯一物联网生态品牌蝉联“BrandZ最具价值全球品牌百强榜”，连续18年入选世界品牌实验室“世界品牌500强”，旗下共8大品牌入选世界品牌实验室“中国品牌500强”，子公司海尔智家连续多年入选《财富》世界500强、《财富》全球最受赞赏公司。

资料来源：叶碧华，冯畅．舵手张瑞敏：中国制造的符号人物［N］．21世纪经济报道，2021-11-05.有删改.

3.2.2　品牌质量塑造的基本原则

企业在依据自身的资源和外部的市场环境，通过采取一系列有针对性的营销活动来创造品牌形象、激发品牌活力的过程中，应当遵循品牌成长规律，把握品牌质量塑造的基本原则。

1）科学性原则

品牌质量塑造不是随心所欲、毫无目标的活动，而是要求企业深入进行市场调研，了解需求变化趋势，在此基础上采用科学的方法制订可行的行动方案，只有这样才能取得良好的效果。假如不对市场进行严谨的调查分析，或者一厢情愿地认为，只要投放大量的广告，品牌价值就会不断提高直至成为名牌，那么结果只能是事与愿违。“巨人”品牌的倒下、“旭日升”品牌的陨落、“秦池”品牌的枯竭，都有力地证明了品牌塑造需要实实在在的真功夫，来不得半点虚假，否则，终究是昙花一现。

2）个性化原则

针对产品的同质化现象，品牌的个性化可以起到区隔作用，形成品牌差异，促使个性鲜明的品牌脱颖而出。品牌的个性化是通过企业的品牌定位、发掘和塑造形成的。品牌塑造可以丰富品牌的内涵，突出品牌的个性化特征，从而更好地吸引消费者。著名品牌策划大师奥格威认为，决定品牌市场地位的最终力量是品牌的个性特征，而不是产品之间微不足道的差异。品牌的个性特征使产品或服务这种无生命的东西变得具体、形象，赋予其人格特征。消费者对品牌的接受，源于消费者对品牌的感知和理解，并由此产生了喜欢的理由。

3）全面、系统原则

全面是指品牌质量塑造涉及企业经营活动的方方面面，而且与社会层面有着分不开的关系。诸如产品、包装、广告、社会舆论，它们都与品牌在市场上的表现有着种种联系。企业在进行品牌质量塑造的过程中要综合考虑这些联系，并注意处理好与这些相关因素的关系。

系统是指品牌营销活动不能割裂进行，任何单打独斗的营销活动与系统组织、有机协调的营销活动相比只能是事倍功半，不利于品牌形象的完美塑造，最终会延误品牌崛起的有利时机。

4）持之以恒原则

品牌是一个与时间有关联的概念，但并不意味着品牌建立以后，品牌影响力就会与日俱增，品牌价值就会随之增加。只有制订切实可行的品牌营销计划并付诸实施，才能使得品牌随着时间的推移最终发展为名牌。品牌塑造不是权宜之计，也不是一蹴而就的事情，而是一项艰苦、复杂的工作，需要企业常抓不懈，统筹兼顾，需要员工齐心协力，用点点滴滴的营销事例点缀品牌。在长期的品牌塑造过程中，创新是核心。海尔的氧吧空调、变频冰箱，以及海信的“信芯”，分别为这两个品牌源源不断地注入活力。由此可见，品牌的生命力在于创新，唯有创新才是品牌不断成长并发展壮大的驱动力。

3.3 产品与品牌质量创新

3.3.1 品牌产品创新的必要性

企业只有及时满足不断变化的市场需求，才能稳固品牌的市场根基。最重要的办法就是不断提供新的产品和服务，提高品牌质量。品牌产品创新的必要性体现在以下几个方面：

1）顾客需求的满足是相对的

首先，品牌产品能够满足顾客的需求，是相对于其他产品而言的。其次，企业本身的资源条件是变化的。现有的资源条件只能支持企业生产出某些产品，等到新材料问世或技术进步时，企业就有可能生产出新产品来更好地满足顾客需求。最后，顾客的需求是变化的。没有一成不变的需求，只有不断求新求异的消费者。这也就意味着，市场上常常有未被满足的需求。因此，企业唯有不断创新产品，以变应变，才是应对市场需求的取胜之道。例如，随着生活水平的提高，人们对健身的需要应运而生，企业通过研制与此相关的产品并将其投放市场，就有可能获取丰厚的利润。

2）产品创新是应对竞争的锐器

企业应当加大新产品的研制力度，尽可能多地推出新产品，用以维持市场份额，增加销售额，扩大利润空间，进而维护企业形象，提高企业声誉。一个公司如果不能推出新产品，就无法在激烈的市场竞争中生存下去。

3）产品创新可以降低企业风险

一家企业尽管经营多种产品，但大部分销售额或盈利往往来自少数产品，或者集中于某一特定市场。因此，企业必须重视那些对利润贡献大的产品疲软所引发的风险。企业可以通过综合利用各种资源研制新产品来抵御这一风险。

总之，产品创新是企业活力的表现。在瞬息万变的国内外市场上，对企业而言，开发新产品是应付各种突发事件、维持企业生存与发展的重要保证。

3.3.2　品牌产品创新的要求

品牌产品创新必须紧跟时代步伐。只有符合消费潮流的产品创新，才能赢得消费者的青睐。因此，品牌产品创新应符合下列要求：

1）个性化

随着社会的发展，人们的消费观念不断更新，消费心理日趋成熟。人们不再盲目地追赶潮流，而是讲求时尚、品位，并根据所参与的社会活动的时间、场合以及身份、气质、爱好和经济承受能力等方面选择适合自己的商品，消费需求进入个性化时代。企业只有洞察消费者心理，才有可能设计出个性化产品，从而拥有更多的市场份额。

2）工艺化

工艺是指企业利用生产工具对原材料、半成品进行加工或处理，使之成为成品的方法与过程。由于不同工厂的设备生产能力、精度以及工人熟练程度等因素各不相同，因此，对于同一种产品而言，不同工厂采用的工艺可能是不同的，有时甚至同一个工厂在不同时期所采用的工艺也可能不同。随着生活水平的提高，消费者在注重产品质量的同时，对产品工艺也有了更高的要求。早期对产品工艺的要求主要是安全、稳定、快捷、经济，现在除了这些基本要求之外，消费者还会考虑工艺设计技术的先进性和经济合理性。

3）美观性

许多消费者在选择产品时都会关注产品的外形设计是否美观。人们既注重产品的核心利益，也注重产品的附加利益。因此，品牌产品不仅要具有良好的使用功能，还要具备美化生活空间、调节生活情趣的功能。比如电冰箱，首先应具备保鲜、冷冻等使用功能，其次还应具备摆设功能，起到装饰家居、美化活动空间的功效。

青岛中德生态园
被动房技术中心
获国际大奖

4）环保性

绿色消费已成为消费者的共识。可以说，谁能把握绿色消费潮流，谁就能主宰未来的市场。随着人们绿色消费意识的增强，绿色消费群体不断壮大，国内外有远见的企业都十分注重绿色营销，力求协调生产、消费与生态之间的关系，主动调适自己的营销行为，使其更好地融入绿色消费潮流。

3.3.3 品牌产品开发的方式

在开放的市场上，企业既可以独立完成新产品的创意设计，进而生产新产品，也可以通过其他途径取得新产品。

1）立足于企业自身力量的新产品开发

（1）独立研制。企业在进行市场需求调研的基础上，结合目标市场的竞争性需要，通过自己的研究开发团队来完成产品的构思、设计和生产工作。独立研制的优势在于，企业可以对产品开发进行有效控制，在产品设计、质量要求、品牌使用等方面体现自己的意图，甚至可以通过开发流程控制来节约成本，降低新产品的价格。

（2）协约开发。除了独立研制之外，企业还可以采用协议的方式委托独立的研究开发机构为自己开发某种产品。协约开发的好处在于企业可以克服自身的技术力量在新产品开发方面的不足。

2）获取现成的新产品

（1）联合经营。一家企业可以通过联合经营的方式与另一家企业共同经营由对方开发出的新产品，从而节省新产品开发费用。通过联合经营，新产品可以借助双方的资金实力和销售力量扩大影响力、提高知名度。

（2）购买专利。企业可以向科研机构或其他企业购买某种新产品的专利权。这种方式能节省时间，有助于企业发现市场机会并尽快占领市场。

（3）特许经营。一家企业还可以向其他企业购买某种新产品的特许经营权。比如，世界各地的不少公司通过购买可口可乐公司的特许经营权来获得可口可乐产品的生产或销售机会。

（4）外包生产。企业在没有能力自行生产某种产品，或认为自己生产不划算，或生产能力无法满足市场需求的情况下，可以把新产品的生产外包给其他企业。外包生产方式可以分为两种：一是全部外包；二是部分外包、部分自制。

拓展阅读3-2

细节影响品牌在顾客心目中的形象

往往是与品牌相关的一些小细节打动了你，比如一个动作、一句话都有可能增加用户对品牌的好感。每当提及某个品牌的时候，这些小细节总会让你记忆犹新。营销是无处不在的，细节决定成败。

孩子王是一家知名的母婴零售品牌，销售的产品有奶粉、衣服、玩具、早教用品等。该公司的目标群体大多数是女性，并且孕妇和妈妈居多，对于她们而言，买东西不便以及送货时的尴尬是实实在在的“痛点”。为此，孩子王做了一个决定：为客户提供的送货上门服务一律由女性去做，最大限度地避免尴尬情况的发生，让用户安心下单购买。公司选择大费周章地去改变，只是为了解决这样一个看似小小的需求。如此尊重消费者的行为，为孩子王带来了巨大的口碑效应。

对于企业来说，提升服务质量，一直都是解决同质化难题的一剂良方。只有从细节抓起，才能更好地服务客户，从而影响客户。都说细节是“魔鬼”，其实细节也是“天使”，如何把握，最终还是取决于企业本身。

资料来源：晏涛三寿．3个百亿品牌案例：这些细节藏着魔鬼［EB/OL］．［2021-03-04］．https：//www.toutiao.com/i6935741491025363495.有删改．

3.4 包装与品牌质量创新

3.4.1 品牌质量与包装的关系

1）包装对消费者的意义

产品由三个层次组成：核心产品、形式产品、附加产品。核心产品是指产品的使用价值；形式产品是指产品的外观形态，一般通过产品的品质、特色、款式、结构及包装呈现出来；附加产品是指顾客在购买产品时所得到的额外服务或利益。

在上述三个层次中，形式产品在品牌营销过程中作用突出，有助于推动消费者做出购买决策。包装不是简单的图案设计，而是要把产品概念、销售主张转化为生动的视觉形象，促使主题思想深化，从而达到准确传递企业信息的目的。包装既具有商业价值创造能力，又兼有艺术价值提升作用。企业应当根据不同产品的具体特征，设计不同的包装技术。概括而言，恰当的包装能够使消费者产生如下感受：

（1）新鲜感。新颖别致、不易模仿的包装，会使消费者产生耳目一新的感觉。

（2）高贵感。华丽高雅的包装能够提高商品的质量档次。

（3）便利感。不同规格的包装能够满足不同的消费需要，便于消费者选择和使用。

（4）艺术感。精心设计且赏心悦目的包装能给消费者以美的享受。

（5）直观感。透过包装可以直观地看到花色、款式、质地等特点，有助于消费者准确把握商品特征，挑选心仪的商品。

（6）信任感。包装的形状、尺寸等应与商品相符，不要过度包装。包装上还应注明产品成分、使用方法、规格、生产日期及有效期等，使消费者更容易做出正确的购买决策。

拓展阅读3-3

新会明心陈皮整合包装设计

广东省江门市新会区独特的地理环境，孕育出了品质独特的新会陈皮。新会陈皮经过多年的发展，已形成一条完整的产业链。目前，新会地区很多陈皮企业在产品外包装设计上直接使用新会陈皮的地理标志，没有进行系统的品牌策划与包装设计，普遍存在着包装粗制滥造的现象。典型的问题是包装设计与陈皮特征没有任何联系，大部分品牌直接套用其他茶叶包装，完全忽略了陈皮的特性。

整合包装设计就是通过目标消费者的心理感知，向消费者明确传递“我是谁”的概念，形成消费者的独特认知。由于原材料的产地、工艺和时间的不同，陈皮产品存在品质上的差异。明心陈皮在包装定位上应突出“核心产区的高端陈皮产品”，强化差异，以形成持久的市场优势。因此，新会明心陈皮应该采用以下包装设计策略：

（1）绿色包装策略。明心陈皮应使用绿色环保、包装适度的设计，将资源浪费减少到最低。

（2）产品地域化包装策略。在包装设计中，明心陈皮应重点挖掘当地的特色元素，如三水融汇、熊子塔、柑果等自然元素，将陈皮故事情境通过手绘插画的形式展现给消费者，引起共鸣，从而提升品牌形象。

（3）产品等级化包装策略。陈皮是一种特殊的产品，年份不同会导致非常大的品相差别与价值差异。因此，明心陈皮的包装设计可以采用等级策略，将不同年份、不同地域的产品通过包装设计进行区分，让客户能够直观地识别陈皮的品质，以满足不同客户群体的需求。

（4）品牌形象化包装策略。

①通过品牌的标志、色彩、形状、图案等视觉元素，结合新工艺与新材料进行创新，给消费者带来视觉上的愉悦认知，为品牌建立独特的包装形象。

②品牌形象与IP（知识产权）跨界联合，撬动精细化市场。通过精细化的人群定位，将品牌与IP进行跨界联合，植入系列包装设计，与目标消费群体形成情感共鸣，使产品在消费者心目中拥有独特的位置。

③品牌塑造与物联网技术结合。在品牌塑造的过程中，利用物联网技术打造农产品溯源体系，让消费者能够从农产品的种植信息、施肥信息、灌溉信息、植保信息和收获信息等方面，了解农产品从种植到收获的各个环节，增加品牌产品感知价值。

资料来源：陈晓坚，袁佳琦. 新会明心陈皮整合包装设计［J］. 包装工程，2021，42（2）：223-227.有删改.

2）包装对品牌竞争力的提升作用

包装设计并不是主观臆断的或者盲目追求个性表现，而是经由对产品定位、消费群体、销售地域、销售价格、市场营销策略等进行通盘分析之后，结合品牌个性塑造的要求，运用创意性的视觉技术设计出包括包装物结构、外观功能、色彩图案等要素在内的包装整体，营造一个令消费者印象深刻的品牌形象。包装其实是企业文化、产品文化、营销思想的积淀与艺术化处理，并通过文化对消费者心理的影响，使其形成品牌偏好。

在消费者心目中，品牌形象首先表现为产品包装所呈现出来的名称、商标及外观色彩等。好的产品包装能够使消费者认知并熟悉品牌，产生亲近感，联想到该品牌所具备的美好象征。由此可见，包装文化增强了品牌的感染力，美化了品牌形象，品牌价值和品牌竞争力也因此得以提升。

包装设计文化结构可分为三个层次：一是包装设计的物质层，这是设计文化的表层；二是包装设计的组织制度层，这是设计文化的中层；三是包装设计的观念层，这是设计文化结构中最稳定的部分，处于核心和主导地位，是设计系统各要素一切活动的基础。科技发展和文化进步给包装设计带来的冲击主要表现在生产和生活观念、价值观念、思维观念、审美观念、道德伦理观念、民族心理观念等方面，这些观念存在于人的内心，也是设计文化的灵魂，最终会直接或间接地在品牌价值上得到表现。

3.4.2　产品包装设计的基本要求

企业产品包装设计是一项技术性和艺术性很强的工作，应做到美观、实用、经济，具体要求如下：

1）包装应准确传递产品信息

大多数国家对产品包装上应标注的内容做了明确的规定，如生产日期、重量、保质期、运输及储存条件等。包装物上的说明性文字应当内容完整、信息真实，色彩与图案应当美观大方、寓意积极、与产品的风格保持一致，并且符合风俗习惯与道德规范。

2）包装设计应与产品价值相符

这主要体现在包装物的价值应与产品价值相符。比如，高级珠宝可配以高档包装，以烘托商品的名贵。但是对于普通商品来说，如果包装物的价值超过商品本身的价值，则会引起消费者反感，从而影响销售。

3）包装设计应充分展示产品

（1）用形象、逼真的彩色图片展示产品。这种方式可以比较真实地再现产品的外观，在食品包装中最为流行。

（2）直接展示商品产品。全透明包装、开天窗包装在食品、纺织品、轻工制品中非常流行。

4）包装设计应符合目标市场的需求

企业在设计产品包装时要考虑目标市场的消费者偏好、分销时长、销售条件，以及当地的气候状况、储运条件、风俗习惯、审美情趣、收入水平、环境保护情况、相关法律规定等。比如，在非洲和拉丁美洲一些国家，由于道路状况不太理想，用玻璃作为包装材料不太适用；产品在分销渠道中滞留的时间有的仅为两三个月，有的长达六个多月。

5）包装设计要突出产品的形象色彩

企业可以用透明包装或彩色照片表现产品本身的固有属性，也可以使用体现大类产品形象的色调。这些认知信号既能加深消费者对品牌的理解，又能增强品牌的市场辨识度。例如，万宝路烟盒上方采用暗红色，下方采用纯白色，能够使人联想到西部牛仔的阳刚之气。烟盒上方还印有烫金的菲利浦·莫里斯公司的标志，两匹骏马护卫着一顶金色王冠，再加上黑色的Marlboro商标，更使人觉得万宝路气度不凡。

3.4.3　产品包装设计成功的要领

品牌体验始于消费者听说品牌之时，并贯穿于此后的重复消费过程。消费者的体验是全方位的，其中自然也包括对产品包装设计的感受。产品包装设计成功的要领如下：

1）包装设计要抓住消费者的心

包装作为与消费者心灵沟通的媒介，肩负着影响消费者对产品和服务价值感知的重任。在当代社会，仅仅拥有漂亮、时尚的包装设计并不意味着成功，唯有根植于消费者内心的包装设计才是成功的设计。与单纯追求美感或强调功能诉求的包装设计相比，富有情趣的包装设计更容易唤起消费者的共鸣，与消费者的情感相契合，更能以简单、直接的方式缩短品牌与消费者之间的心理距离。

2）包装设计理念要考虑目标消费者的身份或形象

消费者购买产品的动机往往是由自己的身份或形象决定的，良好的包装设计应当能把目标消费者的特征转化为产品包装元素，这些元素会使消费者产生购买冲动，迅速做出购买决策。以养生堂系列产品为例，美轮美奂的“朵而”吸引着渴望美貌的女性，俏皮的“清嘴”含片则定位于年轻有活力的都市女孩，二者都与目标市场的用户特征高度契合。当包装设计理念被消费者接受，并不断产生重复消费行为时，品牌价值自然得以累积。

3）包装设计要体现消费者最关心的利益点

任何一个知名品牌都能给消费者带来利益承诺，即能够体现消费者最关心的利益点。这种利益点既可能是精神上的满足，也可能是物质层面的享受。好的产品包装应该直观地体现消费者的利益点。以服装品牌包装设计为例，或者匠心独运以体现尊贵典雅，或者精雕细刻以体现时尚唯美，或者特立独行以体现个性特征。

4）包装设计要让消费者对产品充满信任

好的产品包装往往能起到“无声胜有声”的宣传效果。比如，透明包装策略可以让消费者看到真实的产品，从而放心消费。

3.4.4 产品包装设计创新

随着生活方式的日益变化，品牌形象必须不断更新，品牌内涵也要与时俱进。为了满足品牌建设的要求，产品包装设计也应当有所创新。尤其对于创建国际化品牌的企业来说，缺乏创新就意味着放弃了获取更多的国际市场份额的机会。强烈的市场意识和先进的设计理念是包装设计创新的重要源泉。

1）产品包装设计创新应该根植于民间沃土

包装设计的创新离不开民俗性。民俗性既可以体现包装的个性，又具有明显的地域特色。比如，汾酒品牌的包装设计采用杏花村的画面，西凤酒品牌的包装设计采用凤凰的图案，浙江舟山当地的月饼品牌使用渔民画的形式等。

2）产品包装设计应该考虑包装材料的创新

在绿色成为经济发展底色的情况下，环保包装略胜一筹。再生纸外包装、藤蔓包装以低廉的价格和健康、环保的理念引领包装材料市场，紫砂包装也开始进入人们的视野。早在2001年日本包装设计大赛中，将使用废旧杂志再生的纸张作为产品包装材料的索尼风格包装获得了金奖。这种蕴含生态学思考的包装在当时具有开拓性。印制在不同产品包装上的金奖标志，既展示了索尼公司厉行节约的经营理念，也巩固了其注重环保的品牌形象。

思政课堂

创新赋能提升青岛港品牌竞争能力

党的十九大报告指出，“创新是引领发展的第一动力，是建设现代化经济体系的战略支撑”。打造品牌强国的钥匙是什么？答案就是“创新”二字。深入实施创新驱动发展战略，推动科技创新、产业创新、企业创新、市场创新、产品创新、业态创新、管理创新等，加快形成以创新为主要引领和支撑的经济体系和发展模式，用创新不断增强中国制造的附加值和吸引力，推动中国品牌逐步壮大，在市场占有率、品牌忠诚度和全球领导力等方面取得长足突破。

青岛港位于中国环渤海港口群及长江三角洲港口群的中心地带，占有东北亚港口圈的中心位置，是西太平洋重要的国际贸易枢纽，目前是世界大型综合性港口之一。面对新冠肺炎疫情冲击、国际环境不稳定、世界经济增长乏力等多方面冲击，青岛港积极应对挑战，借力山东港口更大的平台优势，主动融入“以国内大循环为主体、国内国际双循环相互促进”的新发展格局，抢抓山东自贸区、上合示范区、新旧动能转换等发展机遇，深化港口服务供给侧结构性改革，提质增效、创新发展，实现综合实力持续提升，经营业绩稳健增长。2020年，青岛港货物吞吐量和集装箱吞吐量均位居全国沿海港口第五位，外贸吞吐量位居全国沿海港口第二位。

青岛港口集团业务的不断增加、综合竞争力的持续提升，来自其创新意识以及锐意进取的行动力，体现在不断刷新的创新性工作成就以及来自客户、行业、竞争者的认同和好评。2003年，以许振超为队长的桥吊队刷新了世界集装箱装卸的最高纪录。青岛港（集团）有限责任公司以桥吊队队长许振超的名字，将这一世界效率命名为“振超效率”。

从20世纪末开始，自动化码头逐渐崛起，成为世界强港竞相追逐的“大国重器”。作为全球港口大国，中国在世界前十名集装箱大港中占据七席，但在象征全球港口最强科技的全自动化和半自动化码头榜单上却籍籍无名。2013年，青岛港悄然启动了建设中国全自动化码头的引擎，组建了全自动化集装箱码头团队——“连钢创新团队”。该团队在探索中不断前行，用行动深深镌刻新时代“振超精神”的内涵：爱岗敬业、为国奉献的主人翁精神，艰苦奋斗、努力开拓的拼搏精神，与时俱进、争创一流的创新精神，团结协作、互相关爱的团队精神，精益求精、超越自我的工匠精神。他们不甘心，勇担当；不服输，敢拼命；不畏艰，求创新；不怕难，善钻研；不满足，争一流。他们用自强不息的奋斗创造着震撼世界的奇迹，也赋予了这座码头远超码头本身的意义。

凭借优异的发展成绩和卓越的企业治理水平，青岛港被确定为全国交通系统“三学一创”典型和全国港口行业唯一的示范“窗口”，并获得全国“创争”活动示范单位、国家环境友好企业、全国十大国家质量管理卓越企业、中国企业形象建设十佳单位、中国十大最具影响力品牌、中国行业龙头品牌、全国优秀企业家、全国优秀企业、五一劳动奖状、中国企业管理杰出贡献奖、全国创建文明行业工作先进单位、全国思想政治工作优秀企业、新世纪中国改革十大新闻人物、“2002年国家质量管理卓越企业”、中国企业五百强、中国最具影响力企业之一、全国质量管理奖等荣誉称号。2020年8月31日，山东港口集团青岛港“连钢创新团队”被授予“齐鲁时代楷模”称号。2021年6月19日，山东港口青岛港自动化码头科技创新教育基地入选“全国爱国主义教育示范基地”。

资料来源：王熠，李心歌．自动化码头从“零”到多个“世界第一”：山东港口青岛港“连钢创新团队”纪实［EB/OL］．［2020-09-03］．http：//qingdao.dzwww.com/qingdaonews/202009/t20200903_6523021.htm.有删改．

学习与思考

1.什么是品牌塑造？进行品牌塑造时要注意哪些原则？

2.品牌质量的影响因素有哪些？

3.结合实际谈谈如何塑造一个成功的品牌。

4.品牌产品创新的策略有哪些？

5.论述品牌质量与包装的关系。

6.品牌塑造的途径有哪些？

7.简述产品质量与品牌质量的关系。

案例分析

意大利时尚品牌王国的修炼

古驰（Gucci）、普拉达（Prada）、阿玛尼（Armani）、杜嘉班纳（Dolce & Gabanna）、范思哲（Versace）、葆蝶家（BV）、莫斯奇诺（Moschino）……意大利品牌几乎可以占到世界时尚品牌的半壁江山。比起高高在上的法国品牌，意大利时尚品牌拥有更亲民的价格，也更符合年轻白领们对时尚的认知。不过，在历史上很长一段时间里，意大利都只是代工大国，为以法国为主的高端品牌提供服装代工制造。从代工大国到时尚品牌王国，意大利是如何做到的？

一、建立识别符号

从17世纪开始，巴黎就被称为“世界时装之都”，整个欧洲的贵族都以穿上法国设计师设计的高级定制时装为荣。而意大利服装业的崛起，就是一个“去巴黎化”的过程。强大的纺织工业基础、精益求精的工匠精神，奠定了意大利成衣制造和时尚品牌产生的不同路径。

第二次世界大战后，美国通过“马歇尔计划”对欧洲进行经济援助，意大利的纺织品工业也由此获利。科莫（Como）、比耶拉（Biella）、普拉托（Prato）等传统纺织小镇的工厂不断更新工艺，逐渐取代法国里昂成为全球纺织材料中心。随着制造业的成熟，这些分布在特定地区的工厂达成了合作和沟通的默契，这些基础产业所构建的体系渐渐孵化出日后具有全球影响力的设计师品牌。

原材料和制造业根基都有了，接下来也是最关键的环节就是意大利品牌的“身份识别”，即摆脱巴黎的影子，建立属于意大利的时尚。意大利的设计师们很快找到了一个关键词——prêt-à-porter，也就是成衣。这个关键词填补了高级定制（haute couture）留下的空白。

二、拥抱现代

1974年，切露蒂公司的设计师乔治·阿玛尼自立门户，与朋友合资成立以乔治·阿玛尼命名的男装品牌。在成为时装设计师之前，阿玛尼是一家百货商场的橱窗设计师。乔治·阿玛尼的首个男装系列一经推出，便深受时装买手和传媒的瞩目。1975年，乔治·阿玛尼品牌增设女装线。

在前米兰时装周主席马里奥·波塞利办公室显眼的地方，悬挂着一幅拍摄于20世纪80年代的照片。阿玛尼、切露蒂、范思哲等当时如日中天的设计师和品牌创造者悉数在场，那是意大利时装品牌真正建立起全球影响力的标志性时刻。

米兰的设计师们牢牢抓住了“时尚平民化、服装成衣化”的历史潮流。从20世纪70年代开始，米兰迅速蹿升为国际时装设计与贸易的重要城市，一大批杰出的时装设计师品牌也随之出现，其中就包括大名鼎鼎的阿玛尼、范思哲和莫斯奇诺等。

由制造业起家的意大利服装，注重的是服装的“实穿性”，即剪裁精良、实用、符合现代生活习惯。从20世纪70年代开始，设计师自创品牌开始成为米兰时装界的主流趋势。

在这些品牌里，阿玛尼深刻领会了“现代审美”的精髓。阿玛尼始终遵循三个设计黄金原则：一是去掉任何不必要的东西；二是注重舒适；三是最华丽的东西实际上是最简单的。

阿玛尼的设计打破了男性西服套装僵硬笔挺、密不透风的刻板模式，去掉衬垫，推出更舒适和松弛的设计剪裁。同时，阿玛尼也把女性从高级时装的束缚中解放出来，中性化剪裁的套装，让她们可以穿得像男性一样帅气。

设计师主导下的品牌，让成衣的风格、特点有了充分展现的机会，在意大利，设计师品牌开始异军突起。

在切露蒂公司办公室和比耶拉小镇的餐馆的墙上到处可以看到索菲亚·罗兰等好莱坞明星的照片。尼诺·切露蒂最早打入好莱坞，通过为角色设计服装，让品牌充分曝光。

作为营销高手的设计师乔治·阿玛尼深知，作为现代时尚品牌，阿玛尼需要适当的商业气息，只有做更多的商业化运作，才有机会让更多人看到。他把从切露蒂那里获得的好莱坞资源运用到了极致，他从米兰飞到好莱坞，混在一堆电影明星里，为自己的服装挑选合适的着装人。1980年，理查·基尔在影片《美国舞男》里穿了一套又一套阿玛尼，以至于有评论家称，这部电影就是一场“行走的阿玛尼服装秀”。很快，阿玛尼成了全世界男性最心仪的男装品牌，也成为20世纪80年代意大利时尚的代表。

三、继承传统

拥抱现代让意大利时装品牌登上世界舞台，但让它们保有持续竞争力的，恰恰是传统。拥有几百年历史的纺织、印染等传统工艺，并没有随着工业化进程逐渐消失，相反，它们在如今的意大利依然具有活力。

这种活力的很大一部分源自工坊与奢侈品牌之间的紧密纽带。来自科莫的真丝、比耶拉的羊毛、托斯卡纳（Tuscany）的皮革，曾为古驰和普拉达等品牌提供了高品质的原材料，帮助这些品牌走向全世界。如今，上述工坊仍然是许多奢侈品品牌的合作伙伴。

“设计”这一时装行业最核心的能力也在与传统的互动中不断获得创新。意大利设计师有着多元背景，他们不像纽约和伦敦的设计师大多在精英艺术学校深造过，许多意大利设计师的家族与意大利传统的手工制造业有着或多或少的关系。乔治·阿玛尼学医出身，詹尼·范思哲的手艺是跟母亲学的。曾经有一位时装编辑这样描绘意大利时尚设计师：“这是一个神秘的圈子，他们是先行者，是发明家，是诗人，这一小部分人决定着我们对时尚的定义。”

在意大利设计中总能找到传统文化艺术的影子。比如，范思哲的设计中借鉴了西斯廷教堂穹顶，阿玛尼的设计融入了意大利建筑师安德烈亚·帕拉第奥（Andrea Palladio）的风格，杜嘉班纳不断地从西西里文化中汲取灵感。甚至连设计师的培养，都带着意大利工匠学徒式的传统。一名合格的设计师会去做很多基础性工作，包括在工厂里一针一线缝制衣服，为的就是锻炼真正的“做衣服”的能力。时装公司里的设计师大多要跟完整套流程，也就是从创意到设计，再到样衣、成衣、时装秀，通通都要负责，然后再花几十年在自己的领域里磨练，这与文艺复兴时期培养学徒的方法如出一辙。

对年轻一代设计师的扶持也成为意大利时装界的优良传统。在米兰，有很多由行业协会、时装媒体和主流品牌开办的展厅。这些场所既展示年轻设计师的作品，也帮助他们与买手沟通，还帮助他们进行商业运营和品牌传播。

时至今日，意大利的艺术积淀仍然滋养着设计。遍布罗马、佛罗伦萨的雕塑、壁画和美术馆，大大小小的歌剧院，是设计师们获取灵感的场所。在这些城市里，历史和当下的生活比邻而居，正如意大利的时装，热情拥抱现代生活，但过去从不曾离开。

意大利的时尚设计与工业的无缝对接，以及政府与从业人员对市场、环境、社会舆论的联合营造成效明显，使得意大利时尚产业孕育出自己特有的气质，成为时装制造业大国转型为时尚品牌大国的卓越样板。

资料来源：刘戈. 意大利：时尚品牌王国是怎么炼成的［EB/OL］.［2020-03-28］. http：//k.sina.com.cn/article_5757066018_15725db2200100oezo.html.有删改.

【案例思考题】

1.品牌塑造的基本思路是什么？

2.关于意大利时尚品牌的创建与成功，有哪些做法值得思考和借鉴？

3.从知名的品牌案例中可以发现，优秀品牌都有其不同的基因。品牌塑造如何赋予其与众不同的优质基因？

第4章/
品牌设计管理

学习目标：掌握品牌的构成要素；知晓品牌命名的原则、策略、流程；领会品牌命名应考虑的因素；懂得品牌标志设计的相关要求。

引导案例

小罐茶成功的品牌包装设计

小罐茶的推出，对茶叶行业来说是一种冲击。传统的茶叶包装主要是纸袋、塑料袋和铁盒，这使得消费者很难区分各个品牌的产品及其外观，从而难以做出选择。而小罐茶的制作与设计强烈地表达着客户体验与产品功能，这也是它能够突出重围、快速占领市场的一大利器。

小罐茶的包装设计可以说是对功能定义运用到了极致，由此带来的特殊功能也正是小罐茶包装设计的吸睛点。小罐茶包装设计的功能诉求有两点：一是泡壶方便卫生；二是铝盒易于保存。这两点与消费者的需求是一致的。标准的高端原叶茶含水率极高，纸盒、塑料盒无法保证茶叶的质量，相对而言铝盒更容易使茶保持新鲜，而且视觉外观更时尚，携带更方便，制造方法更简单。将经常饮用的茶叶用铝罐进行封存，以达到密封、防氧化的作用，是饮茶者的共识，所以，小罐茶创新性地运用独立的铝罐封装茶叶能够瞬间征服消费者。

随着社会的进步和发展，消费者不仅追求商品质量，而且注重情感需求。设计符合消费者需求的视觉形象，对于整个品牌营销体系的创建至关重要。在以需求为导向的市场环境中，顾客成为营销策略的核心要素，消费成为一种生活方式和情感表达，满足顾客自尊和自我实现的需求是创新设计和开发的根本目标。单看小罐茶包装设计的色彩基调，就会感到黑色所蕴含的沉稳、庄重、隐秘。这种简约美学可以触动人们的情感世界，迎合消费群体对气质和品位的追求。

茶是中国传统文化的一部分。小罐茶以优质的茶叶和朴素的包装进入人们的视野，再加上独特的市场定位、符合消费者内心需求的形象设计，这比任何广告宣传都更能吸引人们的注意力，获得消费者的情感认同，并更容易让人们留下长远的记忆，从而实现品牌的价值。

资料来源：耿子淳．小罐茶品牌视觉形象设计解析［J］．商讯，2019（6）：16，18.有删改．

企业之所以高度重视品牌设计，不只是因为精心设计的品牌标志、口号等有利于产品识别，更重要的是品牌设计可以体现企业战略、企业文化等。企业可以通过视觉沟通、听觉沟通、体验沟通等一系列方式将企业形象根植于消费者心中，为品牌传播提供便利条件，使消费者在做出购买决策时能够优先考虑本企业的品牌。

4.1 品牌名称设计

4.1.1 品牌名称的重要性

品牌名称是面向消费者听觉系统开发的品牌认知符号，是品牌各要素中可以用语言清楚表达的部分。从品牌概念形成到品牌价值实现，品牌名称始终是核心要素，它是消费者认知品牌、接受品牌乃至形成品牌忠诚的前提。有调查显示，消费者在通过产品外观、产品价格和品牌名称三个要素来判断产品质量时，大部分消费者会更加依赖品牌名称。在商品种类越来越多的情况下，为品牌起一个好名字，是企业迅速打开市场的重要手段。

品牌名称不仅会对产品销量产生直接影响，而且在很大程度上影响着消费者的品牌联想，甚至会影响一个品牌的兴衰。例如，在国内市场上很有名气的“金利来”，最初的名字是“金狮”，由于粤语中“狮”与“输”的读音相同，谁都不愿意用“金狮”而“尽输”，因此，早期“金狮”产品在中国香港地区和广东地区的销售情况并不好。后来，企业将“金狮”的英文“Gold Lion”的读音和意思结合起来，即取“Gold”的意思和“Lion”的读音，合称为“金利来”。“金利来”既符合中国人的文化心理，又保持了原有英文名称的稳定性，消除了因名称引起的品牌危机。另外一个典型的例子是德国著名汽车品牌“BMW”。1992年之前，“BMW”在中国的名称不是现在人们熟悉的“宝马”，而是非常拗口的“巴依尔”。“巴依尔”这个名称让人一头雾水，完全猜不透品牌名称与品牌联想之间的关系。后来，“BMW”将中文名称改为“宝马”，既有美好的寓意，又与交易工具密切相关，在消费者中的知名度迅速提高。又如，南京长江机械厂生产的“蝙蝠”牌电扇曾经在国内市场上有一定的知名度，但当产品走向国际市场的时候却遇到了麻烦，原因是蝙蝠在许多国家被视为“邪恶”和“不洁”的代名词。再如，“白象”牌电池在东南亚国家十分畅销，但在美国市场上遭遇冷落，原因是美国人把大象看作累赘无用的化身。在营销实践中，因品牌名称不合适导致品牌市场拓展受阻的例子不胜枚举。因此，企业应当尽可能从一开始就确定一个有利于传播的品牌名称。

4.1.2 品牌命名原则

品牌名称的选择凝聚着企业决策者的管理智慧，其中蕴藏着无穷的奥妙。品牌命名应当遵循以下原则：

1）易读易记原则

品牌名称应该力求简短、发音容易，包含的文字应当易读、易懂，这样才能便于记忆。心理学相关研究显示，人们接受外界信息的主要渠道是视觉和听觉。因此，品牌名称只有简单醒目、易读易记，才能有效发挥品牌的识别功能和传播功能。

2）暗示产品属性原则

品牌名称可以暗示产品的某种性能和用途。例如，三九胃泰暗示产品可以有效医治胃病。类似的还有“捷达”“高露洁”“美尔雅”等，这些品牌名称都具有暗示作用。

3）启发品牌联想原则

正如人的名字普遍带有寓意一样，品牌名称也包含了与企业或产品相关的寓意，使消费者能够产生联想，进而形成对品牌的认知或偏好。例如，“孔府家酒”能够使人联想到悠久的历史、灿烂的文化；“海飞丝”能够使人联想到去头屑；“奔驰”能够使人联想到高性能；“博士伦”能够使人联想到高学识等。

4）与标志物相匹配原则

标志物是品牌中无法用语言表达但可以被识别的部分。当品牌名称与标志物相互映衬时，品牌的整体效果就会更加突出。例如，人们当看到麦当劳醒目的金黄色“M”标志时，便会想到汉堡包。

5）独特性原则

品牌名称应该具有独特性。雷同或者相似的品牌名称往往容易被忽视，只有新颖独特、个性突出的品牌名称才有可能被消费者记住。比如，“狗不理”包子的品牌名称在餐饮品牌中独树一帜，能够满足消费者追求新奇的心理。

6）适应市场环境原则

来自不同国家或地区的消费者由于民族文化、宗教信仰、风俗习惯、语言文字等方面的差异，对同一品牌的认知和联想可能是截然不同的。企业在品牌命名时千万不能忽视这一文化现象，否则就有可能招致灾祸。例如，泰国人钟爱荷花，而日本人却忌讳荷花。

7）符合法律法规原则

首先，企业要考虑品牌名称是否有侵权行为，要查询是否有相同或相近的品牌名称被注册，如果有，就必须重新命名。

其次，企业要注意品牌名称是否在允许注册的范围内。有的品牌名称虽然不构成侵权，但不允许注册，也无法受到法律的保护。

4.1.3　品牌命名策略

1）产品产地命名策略

用产品产地作为品牌名称，可以凸显当地独特的资源和历史文化，突出产品的唯一性。国际通用的原产地保护政策为这种命名策略的使用提供了有利条件，增强了此类品牌名称的排他性。例如，青岛啤酒来自山东省青岛市，贵州茅台来自贵州省茅台镇；依云（Evian）矿泉水来自法国依云（Evian）小镇；肯德基炸鸡来自美国肯塔基州等。

2）目标市场命名策略

这是一种以目标市场的消费者为对象，根据其特征进行命名的策略。品牌名称可以暗示目标消费者的年龄、性别、身份、优点等，如“太太”“好孩子”等，也可以迎合目标消费者的心理或品位等，如“富康”“金利来”“保时捷”等。

3）产品定位命名策略

这是一种以产品定位为出发点，让品牌名称暗示产品的特征、使用场合或所属类别的策略。例如，“海飞丝”巧妙运用了去头屑的定位；“小护士”暗示该产品能够像护士一样精心护理你的肌肤；“金嗓子”让人一听就能明白其功效。

4）创始人命名策略

这是一种以产品生产者为出发点，直接用创始人的名字命名的策略。早期的品牌命名大多使用此策略，如王致和腐乳、福特汽车、戴尔电脑、惠普电脑、松下电器、本田汽车等。这种命名策略在服装、餐饮等行业应用较多，有助于提高品牌认知率。

5）本土化与全球化的选择命名策略

随着经济全球化的不断深入，品牌命名必须考虑通用性。一个好的品牌名称应该便于世界上尽可能多的人发音、拼写、认知和记忆，在任何语言中都没有贬义，这样才有利于品牌名称在全球传播。然而，同一个品牌名称几乎不可能通行全世界，因此在现实中，企业多采用“全球化思考，本土化执行”或“全球兼顾当地”的做法。也就是说，企业往往首先考虑的是如何使品牌名称符合当地市场需求，此后在向其他国家和地区推广时，则采用另起名或翻译原有品牌名称的做法。例如，宝洁公司的飘柔洗发水在美国叫Pert Plus，在亚洲地区名为Rejoice。当企业将品牌名称翻译成其他国家的文字时，最好采用音译和意译相结合的策略。例如，“Benz”直译成中文是“本茨”，而译为“奔驰”则是一个绝佳的汽车品牌名称；“CocaCola”最初被译为“蝌蚪啃蜡”，之后才被译成“可口可乐”这个绝妙的名字。

扩展阅读4-1

麦当劳更名金拱门

2017年10月12日，麦当劳中国总部的企业名称变更为“金拱门（中国）有限公司”。金色拱门图形（金黄色“M”），其实是原麦当劳公司最早的视觉形象，也是原麦当劳公司所拥有的商标之一，而现在的“金拱门”是原麦当劳公司的新企业名称的字号。一个公司只能有一个字号，好比一个自然人只能有一个正式用名，但一个企业可以有多个商标，如可查的原麦当劳公司已经注册的商标有金色拱门图形、MCDONALD’S、麦当劳等。

“麦当劳”是英文名“MCDONALD’S”的音译，现在采用的中文“金拱门”则是对金色拱门图形商标的视觉描述。由“麦当劳”改名为“金拱门”，是从语言的音译转变为视觉的“翻译”，这是一种本土化的做法，显然是面向中国的消费市场。实际上，外国企业越来越多地采用非音译的方式，转向寻求一些符合企业经营理念等内容的文字，即抛开原有的外文名称转而给企业赋予一个新的汉语名称。例如，“IKEA”就是参照中国人起名的方式，取诗经《桃夭》中的“之子于归，宜其室家”中的“宜”和“家”。

麦当劳公司改名为“金拱门”实际采用了一种新的方式，即在麦当劳图形商标已经深入人心的情况下，选用图形商标的描述性文字“金拱门”作为企业名称，这也可能是为了跟麦当劳原有的商标在某种程度上保持一致性。在麦当劳已经成为美式快餐代名词的情况下，采用这种视觉图形描述性的名称，可能会让一部分习惯了麦当劳称呼的消费者难以接受，但也反映出外国企业进驻中国市场后入乡随俗的态度和决心，目的是给本土消费者留下更深刻的印象，进一步打开中国市场。

资料来源：杜民．麦当劳更名引发的对企业名称的思考［J］．中华商标，2017（11）：11-13．有删改．

6）地域命名策略

这是一种将与产品相关的地域名称作为品牌名称要素的策略。例如，蒙牛乳业就是将内蒙古的简称“蒙”作为品牌名称的要素之一，使消费者由此联想到“风吹草低见牛羊”的美丽景色，进而对蒙牛乳业的产品产生信赖。再如，“宁夏红”是一种以宁夏特产枸杞为原料酿制的滋补酒，其品牌名称通过突出产地来强调这种酒的正宗。由此可见，将地域名称与产品联系起来进行品牌命名的方法，有助于凭借地域特色提升消费者对品牌的认同感。

7）时空命名策略

这是一种将与产品相关的历史渊源作为品牌名称要素的策略。例如，1996年6月，锦州凌川酒厂搬迁时，工人无意中发掘出清朝道光二十五年（公元1845年）穴藏于地下的4件木酒海（古时盛酒的容器）。经国家文物局、锦州市人民政府组织考古、酿酒专家鉴定，这批穴藏了一个半世纪的贡酒，实属世界罕见。于是，企业抓住历史赋予的文化财富，将用这种酒勾兑的新酒取名为“道光廿五”。“酒是陈的香”，“道光廿五”的品牌名称会让人产生喝到祖传佳酿的感觉。因此，采用时空命名策略，可以使品牌借助历史赋予的深厚内涵获得消费者的青睐。

8）中外结合命名策略

这是一种单独运用中文、字母或两者结合来为品牌命名的策略。例如，“TCL”品牌单独用英文字母命名；“雅戈尔”品牌用音译“Youngor”作为品牌名称，增加了时尚的气息；“海信”品牌的英文为“Hisense”，发音等同于“High Sense”，即“高灵敏”“高清晰”的意思，为把产品推向世界做了很好的铺垫。同样，外国名牌在翻译成中文时，巧用中文的音译，也取得了很好的效果，如奔腾（Pentium）处理器、宝马（BMW）汽车、潘婷（Pantene）洗发水、苹果（Apple）电脑、家乐福（Carrefour）超市等。企业在采用中外结合命名策略时，切忌“为洋而洋”，或“为中而中”，尤其不能乱用“洋名”，以免使消费者感到厌烦。

9）数字命名策略

这是一种用数字为品牌命名的策略。这种策略可以使品牌借用人们对数字的联想增强差异化识别效果。例如，三九药业的“999”品牌寓意是健康长久、事业恒久、友谊永久。又如，7-11便利店是世界上著名的零售商和便利店特许商，该公司在1946年以早7点到晚11点的开店时间作为服务特色来为品牌命名。类似的例子还有001天线、三一重工等。

10）价值命名策略

企业可以通过对自身的价值追求进行凝练来为品牌命名。这种策略可以使消费者通过产品品牌感受到企业的价值追求。例如，远大集团名称中的“远大”体现了企业志存高远的价值追求；武汉健民药业名称中的“健民”突出了企业为民众健康服务的价值追求；北京同仁堂名称中的“同仁”突出了企业“同修仁德，济世养生”的价值追求。

11）形象命名策略

这是一种用动物、植物为品牌命名的策略。采用形象命名策略可以使消费者产生丰富的联想，提高品牌认知度。例如，七匹狼男装给人以勇猛、睿智的感觉，能够使人联想到

《与狼共舞》的经典情节；圣象地板能够使消费者产生一种就连大象都难以踏坏地板的感觉。类似的例子还有纤丝鸟服饰、捷豹汽车等。

12）企业名称命名策略

这是一种将企业名称（或企业英文名称的缩写）作为产品品牌来命名的策略，如飞利浦电器、索尼电器、三洋电器、IBM电脑、3M空气净化器、海尔电器、海信电器、美的电器、荣事达厨卫等。采用企业名称命名策略，有助于消费者对产品品牌形成记忆，同时提升企业形象。

总之，企业必须结合自身的实际情况和现实的市场需求为品牌命名，为使品牌走向世界创造便利条件。

4.1.4 品牌命名禁忌

人们在品牌命名实践中发现，并不是所有的品牌名称都有利于推广，因此，企业在品牌命名的过程中应当注意以下问题：

1）忌随意化

有些人认为，名称就是代号，随便起一个就行了，不值得认真研究，诸如“李家饭馆”“王家烧鸡”“便民水饺店”之类的名称在很多地方比比皆是。在这种情况下，名称仅仅起到标识作用，缺乏深层次的含义。

2）忌过分求洋

一些新开的商店，不管经营规模大小、经营何种产品、目标消费群是谁，都偏好取一个洋名，如“××曼”“××顿”，这会让人感到莫名其妙。

3）忌简单照搬

某些企业当发现外地店铺有一个比较好的名称时，就会将其用在自己的店铺上，例如“好再来”曾经就是一个被普遍使用的名称。

4）忌霸王思想

我国经历了漫长的封建社会，称王称霸的思想曾在商业竞争中留有残余，如以“王”“皇”“贵族”等字词进行命名，以为这样可以吸引人、压倒对手。其实，品牌名称不一定非要冠上这样的字眼，狗不理包子、黑妹牙膏、小米手机不是也很成功吗？

5）忌生硬模仿

我国市场上有一个著名的洗涤品牌——“白猫”，后来出现了一个叫“黑猫”的同类产品。白猫给人的感觉是干净、温顺、可爱，黑猫则恰恰相反，其产品销售情况可想而知。由此可见，只有恰当妥贴的品牌才有可能赢得消费者的好感。

4.2 品牌视觉元素设计

4.2.1 品牌标志

1）品牌标志的含义

品牌标志是企业识别系统的重要组成部分，是可以识别的、不能用语言表达的图形或记号。作为一种视觉语言，品牌标志通过一定的图案、颜色、符号、字体等元素向消费者传递某种信息，以达到识别品牌、产生品牌联想、形成品牌偏好最终实现品牌忠诚并促进销售的目的。优秀的品牌标志能够给消费者留下深刻的印象，如海尔兄弟、米老鼠等。

2）品牌标志设计的原则

通过观察世界知名品牌标志的设计，我们可以从中提炼出下列原则：

（1）简洁鲜明原则。品牌标志是消费者认识品牌的载体，它的设计空间有限，传递的信息也有限，试图让一个小小的品牌标志包含非常多的信息是不现实的。因此，品牌标志的设计特别是图案的设计要简洁醒目、新颖独特、通俗易懂，在产生视觉冲击力的同时也保留了丰富的联想空间。

（2）创意原则。从一定意义上讲，优秀的品牌标志可以被视为一件艺术品，而艺术品首先应当强调创意。品牌标志的创意性越强，就越能唤起消费者的共鸣，品牌成功的可能性也就越大。例如，苹果公司的品牌标志是一个被咬了一口的苹果，使得很多第一次见到这个标志的人都会想为什么苹果被咬了一口，从而形成非常强烈的印象。

（3）优美典雅原则。就品牌标志来说，应当从艺术设计的角度考虑色彩搭配、线条组合等，力求优美、富有感染力。例如百事可乐的圆球标志，上半部分是红色，下半部分是蓝色，中间是一根具有动感效果的白色飘带，视觉上极为顺畅，兼具动态美与静态美。

3）品牌标志设计的方法

（1）利用文字和名称的转化。这种方法是指直接运用一些文字符号作为品牌标志的组成元素。所采用的文字符号可以是品牌名称，也可以是品牌名称的缩写或代号，如李宁的品牌标志由“L”和“N”变形组成等。其优点是识别度高，便于口头传播，容易被消费者理解和接受。

（2）运用图形的象征与寓意。这种方法是指以图形作为品牌标志的设计元素。鲜明的图形容易被消费者认识和记忆，能够跨越本国语言文字的障碍。太阳、眼睛、星星等象征物在品牌标志设计中运用得十分广泛。例如，骆驼服饰采用骆驼图案作为品牌标志。

4.2.2 品牌字体、颜色与包装

1）品牌字体

品牌字体是消费者识别不同品牌的重要视觉符号，主要包括商标的标准字体、企业名称的标准字体以及品牌口号的书写字体。例如，“海尔”“同仁堂”等，字体书写特点鲜明，具有极强的识别性。

2）品牌颜色

绘画大师列宾曾经说过，“色彩就是思想”。企业选择的品牌颜色既是企业理念的反映，也是企业个性的体现。品牌色彩具有极强的视觉识别性，可以准确传达品牌的丰富内涵和独特个性。例如，可口可乐的红色能够给人们留下热情、活力、快乐的品牌印象。

3）品牌包装

品牌包装除了具有保护商品、促进销售、方便消费的功能外，还具有品牌传播价值。它是消费者认知品牌的重要载体之一。

拓展阅读4-2

安慕希创新包装设计

在春节这个重要节点，品牌想要玩得出彩，并不容易。安慕希把品牌潮流个性、创新突破精神与气势如虹的猛虎进行了完美融合，创新性推出虎年定制产品“虎范瓶”，传递了“虎起中国范”的春节祝福。

“虎范瓶”包装设计的色彩以安慕希原有的蓝色作为整体色彩基调，辅以红色与金色。蓝色是安慕希代表色，代表着品牌的引领和超越，体现了创新突破的“领者范”；红色是中华色，代表着闪耀与生生不息，是敢为人先的“国潮范”；虎啸金代表着虎年的魄力，是气势如虹的“猛虎范”。“虎范瓶”的瓶身上采用华韵红笔触对金色包装主题进行了自由的扩展，而“虎起”与“中国范”的文字错位排列打破了常规排列的固化，画面的主题张力瞬间跃然纸上。复杂细腻的虎纹大面积地铺在包装上，勾勒出老虎隐匿的场景，搭配安慕希蓝的整体覆盖设计，让整个包装视觉更具生命气息和现代活力。

用产品表达心意以及创意，让安慕希获得了极高的关注。不过，安慕希没有止步于此，而是进一步引申出虎的“精气神”。比如，安慕希与时尚媒体《T Magazine》合作，通过镜头再现了中国人骨子里的无畏和坚持，彰显出引领、超越的时代精神，在潜移默化中传递着安慕希的品牌理念，持续强化了“一起安慕希”的品牌主张，从而达到润物细无声的传播效果。

资料来源：食品饮料行业微刊．开启中国范模式，看敢为人先的安慕希如何引领“虎年”新潮流［EB/OL］．［2022-01-27］．https：//www.sohu.com/a/519470968_679193.有删改．

思政课堂

长虹引领“中国红”

企业家要增强爱国情怀。企业营销无国界，企业家有祖国。优秀企业家必须对国家、对民族怀有崇高的使命感和强烈的责任感，把企业发展同国家繁荣、民族兴盛、人民幸福紧密结合在一起，主动为国担当、为国分忧，正所谓“利于国者爱之，害于国者恶之”。

在中国智能电视发展历程中，长虹作为中国家电知名品牌，一直紧贴用户需求，走在电视技术创新与智慧生活开拓的前沿。早在2006年年底，长虹就对“中国红”进行了解读：一是源于对中国传统文化的领悟和理解，红色是喜庆、吉祥的象征；二是经历并参与科技强国、经济强国之路，既延续“以产业报国、民族昌盛为己任”的热血开拓精神，又注入快乐、时尚、知性，勇于承担民族企业重任的长虹能够很好地再现和传承“中国红”；三是在红、绿、蓝三原色中，红的色相纯度最高，对视觉的冲击力最强，也最难表现。长虹将“中国红”作为品牌颜色，正是将爱国精神与品牌建设有机联系到一起。如今，长虹依然是民族工业的一面旗帜，正在以实际行动践行产业报国，演绎“中国骄傲”，祈福“国运长虹”。

资料来源：佚名．长虹唱响“07中国红”［EB/OL］．［2007-02-27］．http：//news.sohu. com/20070227/n248372272.shtml.有删改．

4.3 品牌商标设计

4.3.1 品牌商标概述

商标是由文字、图形、符号或者这些要素组合形成的用于区别不同厂家商品和服务的标记。商标是企业的无形资产，驰名商标更是企业的巨大财富，所以企业都十分重视商标保护。

由于并非所有的品牌都是注册商标，因此企业在保护商标的同时要警惕商标被他人抢先注册和类似商标注册这两种现象的发生。在商标、品名类似的情况下，只要一家企业出名，另一家企业就会跟着沾光；一家企业做广告，另一家企业也会受益。例如，20世纪90年代，孔府宴酒仿照孔府家酒而生，在营销、品牌设定等方面都以孔府家酒为模板进行模仿，在高峰时期知名度甚至远远超过孔府家酒。因此，如何防止其他企业的商标因本企业的知名度和广告投入而受益，是企业应该关注的问题。

防止其他企业搭便车的有效手段是防御性商标注册，即注册一系列文字、读音、图形部分相同或相似的商标，以保护企业正在使用的商标和以后可能要使用的部分。例如，红豆集团对与“红豆”的中文发音相同、相似以及含义相近的文字都进行了注册，包括“虹豆”“相思豆”等。与此同时，红豆集团还在国外54个国家申请了商标注册，有效防止他人假冒、模仿红豆商标，保障企业的无形资产不受侵犯。

4.3.2 品牌商标设计原则

1）显著性原则

显著性是指商标的独创性和可识别性。显著性能够将本企业的产品与其他企业生产的同类产品区分开来。

2）遵守法律法规原则

许多国家的法律法规都包含了有关商标设计的规定，并且明确了有关商标设计的一些禁区。

（1）不得与国家名称、国旗、国徽、国歌、军旗、军徽、军歌、勋章相同或相似。之所以不允许使用类似图案的商标，一是为了体现国家主权至高无上，二是为了避免混淆视听，切实保护消费者利益。

（2）不得同“红十字”“红新月”的名称、标志相同或相似，以保证这些标志的严肃性和专用性。

（3）禁止用商品的通用名称、图形以及与商品本身特点有关的内容作为商标进行注册。

（4）严禁使用具有欺骗性、误导性的商标。在进行商标设计时，禁止使用类似于“精确”牌手表、“持久”牌摩托车、“超前”牌服装等名称和标志。

（5）禁止用地理名称作为商标进行注册。原因如下：第一，地理名称有限，如果允许企业使用地理名称作为商标进行注册，就会排斥同一地区其他企业的使用，因此具有不公平性；第二，这会使消费者难以真正区别产品来源，商标的区别作用就会失去意义。

3）遵守公共道德原则

商标的设计要符合社会共同的道德准则和行为规范，防止由于过分追求商标的新颖性和独特性，造成人们对商标的文化理解、审美感受产生偏差。

4）尊重风俗习惯原则

不同地区的历史文化和生活环境不同，由此形成的风俗习惯也有所不同，商标设计者应对此给予足够的重视，防止商标与当地风俗习惯不相容的事件发生。

4.3.3 品牌商标设计策略

1）商标文字设计策略

商标文字是品牌名称的艺术化、形象化。商标文字设计有两种方法：一是单一语种文字设计，如“六必居”“全聚德”“Sony”等；二是多语种文字组合设计，如“英雄HERO”“LUX力士”等。

2）商标数字设计策略

采用这种策略的例子有“666”“502”“101”等。

3）商标文字与数字组合设计策略

采用这种策略的例子有“活力28”等。

4）商标图形设计策略

历史文化、名胜古迹、神话故事、民间传说、名花异草、飞禽走兽等，都可以作为商标图形的素材。采用这种策略设计的商标，不仅具有艺术性，而且便于识别。

5）商标文字与图形组合设计策略

采用这种策略设计的商标兼有文字识别和图形寓意的优点，便于人们记忆。例如，澳柯玛的商标就是由“澳柯玛”、“AUCMA”和两只腾空而起的海豚图形组合而成的。

4.3.4 品牌商标的注册

1）商标注册与注册商标

商标注册是指商标所有者为了取得商标专用权，将其使用的商标，依照国家规定的注册条件、原则和程序，向商标局提出注册申请，经由商标局审核后准予注册的法律事实。商标只有通过注册，才能成为注册商标。注册商标实质上是一个法律名词，它是指在政府有关部门依法注册，受到法律保护的整个品牌或品牌中的某一部分。注册商标具有排他性、专用性，其他任何企业不得仿效或使用。也就是说，商标注册人拥有商标的专用权，他人未经商标注册人同意，不得使用该商标；商标注册人可以独享使用该商标从事经济活动带来的好处与便利；商标注册人可以通过商标许可使该商标增值。

注册商标与未注册商标的主要区别如下：（1）注册商标受法律保护，而未注册商标不受法律保护。（2）注册商标的所有者享有商标的专用权，他人未经许可不得使用，而未注册商标的所有者不享有商标的专用权。（3）注册商标可以形成独特的品牌形象，赢得消费者的信赖，而未注册商标难以获得消费者的信赖。因此，在市场竞争中，进行商标注册已经成为企业的普遍做法。

2）涉外商标与商标国际注册

由于企业跨越国界的营销活动越来越频繁，因此，商标不仅需要在本国注册，还需要在其他多个国家进行注册，这就涉及涉外商标和商标国际注册问题。

（1）涉外商标。涉外商标包括两种情况：一是外国商标所有者在我国申请商标注册；二是我国企业为自己的出口商品在外国注册商标。我国企业到其他国家注册商标，可以保护我国企业在国外经营的合法权益，防止外国企业抢注我国企业商标从而对我国企业的国际营销活动产生不利影响。

（2）商标国际注册。我国企业到国外申请注册商标有两种途径：一种是逐一国家注册，即分别向各国商标主管机关申请注册；另一种是马德里商标国际注册，即根据《商标国际注册马德里协定》的规定，成员方国民和在成员方有住所或实际营业场所的非成员方国民，只要在其所属国办理了某一项商标注册，就可以就该商标向世界知识产权组织国际局申请注册。我们通常所说的商标国际注册，指的就是马德里商标国际注册。我国分别于1989年10月和1995年12月成为《商标国际注册马德里协定》和《商标国际注册马德里协定有关议定书》成员方，因此，我国企业可以通过商标国际注册在马德里联盟成员方取得商标的法律保护。

4.3.5 正确使用注册商标

商标的价值在于商标的使用。正确使用注册商标，既是该商标受法律保护的前提，也是企业有效实施商标战略的需要。

1）将注册商标置于显著位置

企业在使用注册商标时，应将注册商标置于醒目的位置，这样能够产生很强的视觉冲击力，使消费者能够在琳琅满目的商品世界里很快看到本企业的商标。同时，企业只有处理好商标使用与商品包装的关系，才能使消费者在购买商品或者接受服务时对商标产生非常深刻的印象。在这方面，国外一些企业的做法值得借鉴。例如，麦当劳的商标由金黄色拱门形状的“M”和“McDonald's”组成，总是放置在麦当劳快餐店的醒目位置，让来往的行人远远就能看到。

2）注册商标的使用应具有稳定性

企业商标信誉的建立凝结着一代人甚至几代人的心血，是企业长期努力经营的结果。注册商标的使用只有具有稳定性，才能逐步提高企业商标在消费者心中的地位，这是商标信誉价值产生的基础。如果自行改变注册商标，或者注册商标成为其核定使用的商品的通用名称，或者没有正当理由连续三年不使用的，还会导致商标权丧失。

3）注册商标的使用应具有灵活性

注册商标使用的稳定性与灵活性并不冲突。如果产品种类较多，并且规格、品质相差较大，或者各种产品的生产技术条件有较大区别，那么企业就可以选用“个别产品、个别商标”的策略。

4）保证产品质量

商标信誉的好坏从根本上说是由商品质量决定的。一个商标在被用于某种产品后，经过长期、反复使用，就会在生产者、经营者和消费者心中形成固定的印象，而产品的质量越好，商标的价值就越大，商标在市场上的竞争力也就越强。因此，正确使用注册商标应与保证产品质量紧密联系起来。例如，企业许可他人使用自己的商标固然有许多好处，但不能为了获得眼前利益而滥施许可，因为一旦被许可方生产的产品质量不佳，就可能会使本企业辛苦创立的品牌遭到毁灭性打击。

5）严格依照法律规定使用注册商标

依据《中华人民共和国商标法》（以下简称《商标法》）的规定，注册商标的使用，是指将商标用于商品、商品包装或者容器以及商品交易文书上，或者将商标用于广告宣传、展览以及其他商业活动中，用于识别商品来源的行为。一般来说，注册商标的使用既是商标权人行使权利的体现，也是企业树立品牌形象、实施商标战略的基本路径。因此，企业使用注册商标应符合以下要求：（1）按照核定使用的商品或服务使用，不得擅自扩大核定使用范围；（2）按照在商标局核准注册的商标样式使用，不得随意更改注册商标的文字、图形等构成要素；（3）注册商标需要变更注册人的名义、地址或者其他注册事项的，应当提出变更申请。

4.4 品牌说明、品牌口号与品牌音乐设计

4.4.1 品牌说明及其设计

品牌说明一般位于品牌名称的下方，能够清晰描述品牌产品所属的行业或产品性能。例如，海飞丝的品牌说明为“3D头皮护理：持久去屑、去油、止痒”。

品牌说明的设计应该把握以下要点：（1）言简意赅，力求用最少的文字传递最多的信息；（2）反映品牌的本质；（3）加深消费者对品牌的认知。

4.4.2 品牌口号及其设计

品牌口号往往寓意深刻，主要用于向消费者展示品牌在情感及功能方面能够带来的利益。消费者不仅关心商品的实用性，而且关心商品的使用感受，而品牌口号恰好能够满足消费者的这一诉求。例如，“农夫山泉有点甜”以及海尔的“真诚到永远”等品牌口号打动了许多消费者的心。品牌口号的设计应该把握以下要点：

（1）品牌口号的诉求点应放在顾客关注的问题上。例如，塔吉特（Target）的品牌口号是“Expect more，pay less（更多的期望，更少的花费）”，顾客一想起这个口号，就会不由自主地想光顾这家折扣零售店。又如，爱普生的品牌口号“Exceed Your Vision（梦想让视野无限）”简明地阐述了爱普生品牌对顾客的承诺，即“爱普生将不断提供为顾客带来惊喜和感动的产品与服务。我们将通过技术创新，激发全世界人们的创造力，使您的梦想成为现实”。

（2）品牌口号应文字考究、对仗工整，便于记忆和传播。例如，澳柯玛的“没有最好，只有更好”、李宁的“一切皆有可能”等品牌口号既具有浓浓的感情色彩，又朗朗上口，人们只要听过，就不容易忘记，这会起到事半功倍的作用。

（3）品牌口号应能够生动展示品牌特征。例如，雀巢咖啡用“味道好极了”的口号敲开了中国市场的大门，太太口服液用“做女人真好”的口号生动地展现了品牌魅力，成为同类品牌中的佼佼者。

拓展阅读4-3

百事可乐新口号

2019年品牌营销第一役已经打响，百事可乐顺势推出了一个全新的广告口号，为品牌重塑做准备。据了解，百事可乐全新的品牌主张更改为“For the love of it（热爱全开）”，取代使用了7年的“Live for Now（渴望就现在）”。

对于此次品牌主张的换新，百事可乐方面表示，这是百事可乐自2012年以来最为重大的一次改革，新的品牌主张聚焦于对生活和产品的激情，给百事可乐注入更加流行的元素，让消费者释放对生活的热爱。

新口号将在全球100多个国家进行推广。除了新口号以外，关于百事可乐的一项全球赞助协议也正式公布。为此，百事可乐邀请了来自世界各地的14位年轻偶像演唱新的同名广告歌，为新口号宣传造势，进一步塑造充满娱乐与流行基因的品牌新形象。

为了与竞争对手可口可乐形成差异，百事可乐在品牌塑造上强调自己“年轻”，并且在娱乐营销上发力。不同于可口可乐在体育营销上的偏好，百事可乐更愿意把品牌和流行音乐联系起来。迈克尔·杰克逊、麦当娜、布兰妮等都曾担任过百事可乐的全球代言人。对百事可乐来说，这些投资是有效的，能够帮助品牌重拾雄风，时刻走在潮流文化的前沿地带，与年轻消费群体玩到一块。

如今，百事可乐以新的口号重塑品牌定位，开启了新的篇章。伴随着消费者生活方式和消费观念的变化，含糖碳酸饮料不再如同过往那般受到热捧，因此百事可乐也逐渐调整了产品布局，以适应消费者日益变化的口味。

资料来源：医美欧医生．释放激情！百事可乐全新口号“For the love of it”，重塑品牌形象[EB/OL]．[2019-01-13]．https：//k.sina.com.cn/article_6213658897_1725ce91100100d1sc.html.有删改．

拓展阅读4-4

抖音更换品牌口号，欲抢夺短视频更大份额

2018年3月19日，抖音召开线上发布会，宣布品牌升级，将原来的口号“让崇拜从这里开始，专注新生代的音乐短视频社区”更换为“记录美好生活”。

会上，抖音总经理张楠说明了品牌升级的原因。2016年9月抖音上线，彼时恰逢手机硬件的消费升级，高清屏开始普及，新的手机硬件配置可以支撑起与此前完全不同的短视频录制、分享与观看体验。因此，抖音上线后主打高清视频和高清音频的录制与分享。

对外宣传上，抖音曾经有过不少口号，比如“爱抖爱抖音”或者“让崇拜从这里开始”。不论是这种早期定位还是外界认知，抖音都意味着年轻人的音乐短视频社区。但是，随着抖音的发展，抖音团队意识到，除了音乐，在整个短视频领域，抖音也具备了一定的潜力和竞争力。这意味着，是时候去掉原有口号的“音乐”限制了。抖音的野心转向了新目标——“记录美好生活”。这句口号似曾相识。在国内

众多短视频平台里，快手曾以巨大的用户数和增长势头独占鳌头，2017年通过冠名综艺和广告的方式不断宣推“记录生活记录你”的口号。抖音升级品牌，定位“记录美好生活”，背后目标不言自明。“抖音并不是一款只针对‘先锋潮人’的应用，而是一个帮助用户记录美好生活的平台。这次启用全新口号，一方面是为了让大家更好地认识抖音，另一方面也是重申初心，希望抖音能够更好地服务用户。”张楠对于放弃“潮流”而突出“记录”的原因做出了这样的解释。

从上线到崛起再到商业化，抖音用了不到两年的时间就完成了产品的生态搭建，但这不是抖音的终点。未来，抖音很可能成为短视频版的微博。

资料来源：刘丹如．抖音品牌升级，更改口号与快手血拼，欲当短视频版微博［EB/OL］．［2018-03-19］．https：//www.163.com/dy/article/DD9HAQI00519AT9B.html.有删改．

4.4.3 品牌音乐及其设计

品牌音乐包括背景音乐、广告歌曲、专门设计的音响效果、配音、简短的音符等，具有突破视觉接触、强化品牌记忆、掀起感情波澜的作用。因此，固定化、个性化的品牌音乐成为重要的品牌元素之一。例如，几乎所有人都对广告中“Intel”极富特色的简短音乐记忆深刻，因此每当听到这段熟悉的声音时，人们就会自然而然地联想到英特尔品牌广告。随着消费娱乐化的升级，音乐营销不断流行，汇源果汁、娃哈哈等公司都使用过品牌音乐策略。

4.5 品牌抽象元素设计

4.5.1 明确的核心价值

品牌的核心价值是一个品牌具有的总价值和利益承诺，彰显了品牌存在的意义。例如，“IBM”之所以被称为品牌，不只是因为它有能够被识别的I、B、M三个字母，更重要的原因是它能够与客户和合作伙伴“携手共创”。又如，“Haier”之所以被称为品牌，也不只是因为其简单的拼音组合，更重要的原因是它道出了“真诚到永远”的理念。

4.5.2 丰富的文化内涵

凡是知名品牌，都依托于丰富的企业文化，而企业文化又是根植于民族文化的产物。例如，大众汽车体现了德国制造文化，即一丝不苟，对品质、性能永无止境的执著追求；北京同仁堂则彰显了传统中医药文化，即“同修仁德，济世养生”的价值观。

4.5.3 独特的叙事方式

品牌个性是品牌所具有的人格化气质的外化符号。正如个性使不同的人有不同的形象一样，品牌个性也是品牌形象彼此区隔的重要标志。品牌个性通常由品牌传播过程中的叙事方式形成。

中华老字号企业北京同仁堂曾这样讲述自己的历史：“北京同仁堂是全国中药行业著名企业，创建于1669年。在300多年的风雨历程中，历代同仁堂人始终恪守‘炮制虽繁必不敢省人工，品味虽贵必不敢减物力’的古训，树立‘修合无人见，存心有天知’的自律意识，造就了制药过程中小心谨慎、精益求精的精神，产品因‘配方独特，选料上乘，工艺精湛，疗效显著’而享誉海内外。”这段话描述了北京同仁堂独特的经营风格，品牌个性一目了然。

4.5.4　品牌故事

中华老字号品牌资产增值——王老吉

品牌故事，又称品牌传奇，利用故事反映的情感或者神秘色彩将消费者与品牌联系到一起，是进行品牌传播的有效手段。每个品牌背后都有与品牌成长密切相关的故事，好的品牌故事情节往往容易让消费者产生强烈的共鸣，加深消费者对品牌的印象，也为品牌的口碑传播提供了正面素材。如海尔的“砸冰箱事件”，通过媒体报道出来之后，传播效果远非广告等宣传途径可以比拟，对于巩固和提升海尔在消费者心中的形象起到了至关重要的作用。

学习与思考

1.简述品牌命名的原则。
2.简述品牌命名的策略及禁忌。
3.简述品牌命名应考虑的因素。
4.简述品牌视觉元素设计的内容。
5.简述品牌商标设计的原则。
6.简述品牌抽象元素设计的内容。
7.结合本章所学知识，选取一个品牌进行剖析。

案例分析

案例1　　汇源果汁商标自救

“有汇源才叫过年呢！”曾几何时，一到春节，汇源果汁就成为餐桌上必不可缺的果汁。不过，汇源近些年在发展上却是接连受挫。

从2011年起，汇源果汁连续6年扣除非经常性损益后的净利润均为亏损，与此同时，公司负债却不断增加，截至2017年6月底已达115.18亿元。2018年4月3日，汇源果汁发布停牌公告，原因是汇源集团违规借贷42.75亿元关联贷款。

在停牌一年后，汇源方面宣布，汇源果汁与天地壹号签订合作框架协议成立合资公司。在此次合作中，汇源拿出了其核心资产“汇源”的注册商标。天地壹号公司出资36亿元现金，汇源以资产出资的方式向合资公司出资24亿元，资产中包括“汇源”的注册商标。该合营公司成立后将以30亿元的代价向汇源果汁购买开展果汁饮料经营活动所需的资产、股权和渠道。同时，汇源果汁向合资企业提供果浆、浓缩果汁及代加工生产服务。针对“汇源”商标的归属权，有分析人士认为，这次协议的核心是商标使用权而非股权，虽然商标是汇源的核心资产，但是汇源以商标作为资产出资，并没有明确是商标的所有权还是仅为使用权。

事实上，这并非汇源果汁第一次“卖身”。2007年，汇源果汁在港交所上市，创规模最大IPO（首次公开募股）纪录，上市当日大涨66%。2008年，可口可乐宣布以总价约

179.2亿港元收购汇源果汁所有股份。为了完成此次收购，汇源果汁砍掉了历时16年建立起的销售体系，裁撤商超渠道、省级经理以及大量基层销售人员。不过，2009年商务部表示，可口可乐并购汇源未通过反垄断调查。至此，可口可乐并购汇源计划破产。但汇源果汁的销售体系已经受到破坏，后来也并未完全复原。

不久前，由于订约各方未在该60日期间订立最终协议，故合作框架协议已经自动终止。此次汇源果汁发布公告，则意味着汇源的二次"卖身"告吹。

不过，汇源的这次"商标自救"也充分说明了商标的重要性。一个企业无论多么落魄，只要有商标在，就有翻身的机会。商标网数据显示，早在1992年，也就是品牌创立之初，汇源果汁就进行了商标布局。而北京汇源食品饮料有限公司名下共有200件汇源品牌商标，且大部分均已注册成功。2002年，商标局认定"汇源"商标为中国驰名商标。汇源果汁曾用心布局和经营"汇源"相关商标，在企业陷入困境谋求出路的重要节点，这些商标发挥了巨大的作用。

在现代商战中，商标是企业开拓国内外市场的先决条件，它不仅关乎企业的品牌形象，有利于企业运营，关键时刻还有可能帮助企业起死回生。

资料来源：老刘谈知产．汇源果汁自救，1个商标卖了36亿，结果怎样了？[EB/OL]．[2020-11-24]．https：//www.sohu.com/a/433993380_120302597.有删改．

【案例思考题】

1.结合汇源果汁的"商标自救"行为，说明品牌价值与商标价值之间具有怎样的关系。

2.品牌商标注册应注意哪些事项？

案例2　　加多宝与王老吉的红罐之争

2019年11月15日，中粮包装控股有限公司发布公告称，中粮包装投资收到香港国际仲裁中心出具的《部分仲裁裁决书》，拥有加多宝商标权的子公司王老吉公司须根据增资协议将加多宝商标注入清远加多宝并完成相关的商标注入手续，而清远加多宝亦须配合相关商标注入手续。同时，王老吉公司须马上赔偿中粮包装投资约人民币2.3亿元，同时还须向中粮包装投资支付利息约人民币773.48万元。随着巨额赔偿和注入商标的裁决做出，历时一年多的加多宝和中粮包装之间的商标仲裁案终于尘埃落定。

广药集团在合法收回"王老吉"商标后又与加多宝集团互诉"红罐"产品包装装潢侵权，这也是我国包装装潢第一案。关于加多宝、王老吉红罐之争，最高人民法院判决认为，结合红罐王老吉凉茶的历史发展过程、双方的合作背景、消费者的认知及公平原则的考量，因广药集团及其前身与加多宝公司及其关联企业都对涉案包装装潢权益的形成、发展和商誉建树发挥了积极作用，所以，无论将红罐包装完全判归哪方所有，均会导致显失公平的结果，并可能损及社会公众利益，最终判归二者共同享有。

确定涉案包装装潢的权益归属，是判断是否构成包装装潢侵权的前提。"红罐"之争中，涉案红罐包装未申请外观设计或注册商标，不构成著作权法意义上的作品。两家公司在签订和履行商标许可使用合同时，也未对红罐包装装潢权益如何进行分割作出明确的约定。因此，在判断涉案包装装潢权益归属及是否构成侵权时，既要遵循一般性法律适用规定，也要考虑本案复杂的历史和现实因素。加多宝、王老吉红罐之争的焦点有两个：一是知名商品的认定，即在该案中，究竟是“凉茶”还是“王老吉凉茶”为知名商品；二是王老吉商标与红罐包装装潢是否具有可分离性。

判断一种商品是不是知名商品，一定要具有“在市场上具有一定知名度”和“为公众所知悉”这两个条件，二者缺一不可。说到凉茶，大家首先想到的就是王老吉，“怕上火，喝王老吉”等广告语朗朗上口。消费者即使不知道生产方是加多宝公司还是广药集团，但只要说到王老吉，就知道这是一款凉茶。因此，从定义角度来看，王老吉凉茶是知名商品。从市场占有率角度来看，无论是广药集团的王老吉凉茶还是加多宝公司的王老吉凉茶，都有着较高的市场份额。作为凉茶大省，广东地区凉茶品牌众多，而只有王老吉凉茶将品牌推广到全国乃至世界其他国家和地区，消费者对王老吉凉茶的知悉程度是最高的。

根据反不正当竞争法的立法精神，在确定特有包装装潢的权益归属时，应当尊重消费者基于包装装潢本身具有的显著特征而客观形成的对商品来源指向关系的认知，即是否存在混淆可能性。如果相关公众可以客观上形成区分，不存在混淆可能性，则不构成侵权。在加多宝和王老吉的包装装潢案件中，红罐包装装潢应包括标明在王老吉红罐凉茶产品罐体上的黄色字体“王老吉”等文字、红色底色等色彩、图案及其排列组合等组成部分在内的整体内容。红罐包装的产品有很多，例如消费者熟悉的可口可乐红罐包装。但是，红色底色加黄色王老吉字体的显著特点使得红罐包装具有外部可视性和显著的区别性特征，并非为相关商品所通用，应认定为知名商品特有的包装装潢，也即包装装潢与商标是密不可分的，“王老吉”三个字不仅仅作为一个商标存在。从加多宝公司的角度来看，加多宝公司是在授权范围内授权他人设计了“红罐包装”，使消费者对王老吉凉茶红罐包装印象深刻；与此同时，加多宝公司在被授权生产凉茶阶段对其进行了合理的销售和宣传，使得王老吉凉茶发展势态良好，确立了王老吉凉茶在全国凉茶市场乃至饮料市场的知名地位。从广药集团的角度来看，王老吉凉茶发展和成功的基础是凉茶的配方，因此，广药集团的“王老吉”商标和陈鸿道先生的凉茶秘方在王老吉凉茶知名度方面产生的作用不可忽视。

知识产权纠纷常产生于复杂的历史与现实背景之下，权益的分割和利益的平衡往往交织在一起。对这类纠纷的处理，需要充分考量和尊重纠纷形成的历史成因、使用现状、消费者的认知等多种因素，以维护诚实信用并尊重客观现实为基本原则，严格遵循法律的指引，公平合理地解决纠纷。

资料来源：姚媛，李佳桐．加多宝王老吉红罐之争这样收场，法官并非和稀泥，主要有以下考量[N]．北京日报，2018-09-19.有删改．

【案例思考题】

1.王老吉和加多宝为何在产品包装上寸土必争？

2.结合上述案例，思考如何发挥品牌商标和产品包装的作用。

第5章/
品牌推广与传播管理

学习目标：理解品牌推广与传播的重要性；熟悉品牌传播的工具与途径；理解品牌整合传播概念与载体；了解品牌传播理论；学会传播方式的选择。

引导案例

江小白成功逆袭

移动互联网技术正在将线上线下重新链接，营销也随之被重新定义为新营销。新营销就是通过移动互联网技术实现个性化生产、个性化传播和个性化销售，是以互联网技术为基础，利用数字化信息和网络媒体的交互性来实现营销目标的一种新型市场营销方式。“江小白”正是新营销下的产物，一切营销传播均以人为中心。

对于人为什么要喝酒这个问题，江小白找到更精准的洞察点：人喝酒是想表达，每个人都有强烈的表达欲。于是，以社交媒体为参照系，基于需要表达的用户洞察，江小白推出了表达瓶。

与其他白酒主要依赖传统媒体广告不同，江小白通过线下流量入口把消费者精准引流到线上社交平台来与品牌互动。经过筛选，江小白锁定了地铁媒体，通过“江小白体”撬动这个流量入口，把线下的受众从地铁媒介入口拉到微博上互动。江小白当年在成都地铁发布的一个广告是直接跟微博做了连接互动，“亲爱的@小娜：成都的冬天到了，你在北京会冷吗？今天喝酒了，我很想你，一起喝酒的兄弟告诉我，喝酒后第一个想到的人是自己的最爱，这叫酒后吐真言吗？已经吐了，收不回来了”。这条文案满足了人性消费的需求，因为生活压力和工作压力很大，当异地恋的人们看到这条广告语的时候，他很可能会拍下来，分享给他想念的那个人，这就给消费者制造了一个主动传播的点。就在江小白十周年之际，江小白官方在微博、抖音等平台连续发布100条娱乐化的“郑重声明”海报，引发网友热议，并登上微博热搜第一，这确实是一次精彩的营销。

瞄准了新生@代增量市场的江小白，一直秉持着“今天的文化就是明天的经济”的信念。随着全媒体的普及，越来越多的新青年文化涌入年轻人的视野——说唱、街舞、涂鸦，关于这些潮酷的流行文化，江小白一个都没有落下。早在《中国新说唱》大火之前，江小白就已经开始着手嘻哈文化的布局，“江小白YOLO青年文化节”

的演员阵容和设备质量并不亚于国内重大音乐节；主打街舞文化的“江小白Just-Battle国际街舞赛事”已成为街舞爱好者互相切磋技艺的平台，赛事还被中国街舞盛典授予“十佳街舞赛事”荣誉奖项；“江小白JOY IN BOTTLE国际涂鸦赛事”大胆地将比赛场地放在了江小白的江记酒庄进行，让选手们尽情在酒庄建筑上发挥自己的才能，同时打造了一个国际化、潮流化的中国酒庄。江小白的助力让更多小众兴趣被大众市场接受，既推广了新青年文化，也惠及了爱好者们。

不得不说，精准把握年轻群体情绪释放的江小白是成功的，它将营销传播的价值发挥到极致。

资料来源：[1] 营销数字化案例库. 江小白玩转“新营销”，一物一码3.0功不可没 [EB/OL]. [2017-11-22]. https://www.sohu.com/a/205981883_505786. [2] 风尚新潮流. 深挖文化、打造潮流、趣味联名，江小白告诉你年轻是装不出来的 [EB/OL]. [2020-05-21]. https://baijiahao.baidu.com/s?id=1667288984217230950&wfr=spider&for=pc.有删改.

选择品牌就像选择朋友，消费者往往依据品牌推广与传播过程中获得的信息来做出选择。“产品贵在质量，品牌重在传播”。有关资料显示，第一品牌中有65%的企业广告量排名第一，而广告量排名第一的企业中有90%虽非第一品牌，但成长率却远超第一品牌。品牌价值是通过全方位、多渠道的信息综合作用于消费者，使其情感、价值观发生转变的结果。品牌价值的形成过程就是品牌推广与传播过程。单一的品牌推广手段不能形成品牌价值的持续积累，企业需要综合运用各种推广手段进行整合传播。在品牌传播过程中运用何种手段、选择何种传播渠道、传递何种信息，是需要深入探讨的内容。

5.1 品牌推广概述

5.1.1 品牌推广的内涵

品牌推广，是指品牌经营者在品牌识别的整体框架下将有关本企业及品牌产品的信息通过各种方式传递给顾客，以便使市场更多地了解品牌特征，提高品牌信任度，让顾客产生品牌偏好并长期购买本企业的产品，以达到扩大市场占有率的目的。品牌推广是品牌营销与管理的重要环节，信息沟通是品牌推广的精髓。

在品牌推广过程中，企业可以采用多种方式来加强与顾客之间的信息沟通，以促进产品销售。例如，企业可以利用营业推广手段加深顾客对品牌的了解，也可以通过公共关系活动来改变品牌在顾客心目中的形象，还可以派遣推销员面对面地说服顾客，促使顾客对品牌产生好感，购买产品。品牌推广手段分为人员推广和非人员推广两大类。其中，在非人员推广中又有广告、公共关系和营业推广等多种方式。品牌推广决策，就是决定如何选择、组合、运用上述品牌推广手段，以期实现品牌推广效果最大化。

5.1.2 品牌推广的作用

品牌推广是企业整体市场营销活动的组成部分，它的主要任务是信息沟通。概括起来，其主要作用有以下几个方面：

1）提供品牌信息

在品牌产品上市之前，企业必须把产品的相关信息有效地传递给目标市场的消费者、中间商。对消费者来说，信息的作用是引起他们的注意；对中间商来说，信息的作用是为其采购适销对路的商品提供便利，调动他们的购买积极性。显然，这是营销活动的第一步。信息的传递应贯穿于品牌生命周期的各个阶段，在每一阶段，企业的战略重点及产品特色都会随着市场需求的变化及营销战略的调整而具有不同的特点，这些特点应被及时传递到目标市场。

2）引起购买欲望，增加产品需求

有效的品牌推广活动不仅可以激发顾客的购买欲望，引发他们的购买行为，而且在一定条件下可以创造需求，从而使市场需求朝着有利于产品销售的方向发展。当品牌需求处于潜伏状态或需求不振时，企业的品牌推广活动可以改变顾客的品牌态度，有效刺激需求；当品牌需求波动时，品牌推广活动可以侧重于稳定需求；当品牌需求开始衰退时，企业可以通过品牌推广活动吸引新用户，维持一定的销售势头。

3）突出品牌特点，树立品牌形象

在竞争激烈的市场环境中，对于同类产品之间的细微差别，消费者往往难以辨别。此时，企业可以通过品牌推广活动宣传产品的独特性及其给消费者带来的利益，使消费者对本企业的品牌产生好感，有利于提升企业在市场竞争中的地位，树立良好的品牌形象。

4）维持和扩大企业的市场份额

企业经常性地、有针对性地开展各种品牌推广活动，使更多的消费者了解、熟悉和信任本企业的产品，培养一批忠诚的消费者，有助于减少销售波动，维持甚至扩大企业的市场份额，从而巩固品牌的市场地位。

要使品牌推广发挥上述作用，企业营销经理不仅要围绕品牌推广目标制订品牌推广活动方案，综合运用人员推广、广告、公共关系及营业推广等开展具体的推广活动，而且要使其与营销组合的其他因素（如产品决策、渠道决策和定价决策）相配合，确定一个旨在塑造品牌整体形象、提升综合竞争力的整体营销策略，并加以有效执行。

5.1.3 品牌推广手段及其组合

1）各种品牌推广手段的特点

品牌的市场推广活动是由多种推广手段组成的，而每种手段又各有其特点。

（1）人员推广。人员推广是购买过程后期最有效的手段。人员推广有以下三个方面的特点：一是人际接触，通过直接对话，交谈双方都能觉察出对方的需要并做出调整；二是培养客户关系，通过培养感情，营销人员可以将最初的买卖关系发展为深厚的友情，从而建立起长期的业务关系；三是及时反应，这种推广方式可使顾客在听取营销人员陈述后做出明确的反应。尽管人员推广是一种费用较高的推广方式，但其对品牌的作用与影响会与品牌成长的一般规律相吻合，从一般品牌发展为知名品牌不是一朝一夕之功，而是需要众多营销人员的努力。

（2）广告。广告具有覆盖面广、渗透力强的特点，是与地理上大量分散的购买者及时沟通的一种有效方式。但是，广告媒体众多，各种媒体之间成本差异也较大，如电视广告需要大量预算。

（3）公共关系。一般来讲，新闻报道比广告更加真实可靠，因此公共关系的吸引力在于它具有较高的可信度，可以有效地构建品牌的公共形象。与其他推广手段相比，公共关系对产品销售的短期效果不明显，但对扩大品牌知名度和美誉度的作用是有目共睹的。所以，公共关系通常不被看作主要推广手段，而是其他推广手段的重要补充，国内外一些知名品牌都不遗余力地开展品牌公共关系活动，力图树立良好的市场形象。

（4）营业推广。营业推广所包含的内容相当广泛，不属于上述三种推广手段的其他手段都可以被归入营业推广，诸如奖券、折扣、演示、场景、竞赛和奖励等。通过营业推广，企业可以营造浓厚的氛围，让参与活动的消费者暂时忽视消费习惯和品牌的隔离作用，尝试性地接触、使用乃至最终接受一个新品牌。这种以让利、诱导来促使消费者立即进行品牌转换的推广活动，可以提高品牌的曝光率，增加品牌与消费者的接触机会。对于重振品牌形象、挽救处于下降阶段的品牌，这一手段的作用是明显的，但效果常常是短期的，对于建立消费者的长期品牌偏好没有显著作用。另外，某些营业推广活动可能对品牌形象存在不利影响，比如终端卖场的折扣等。

2）制定品牌推广组合策略时需考虑的因素

各种推广手段各具特点，可以相互配合，营销人员在制定推广组合策略时应综合考虑下列因素：

（1）品牌产品市场类型。一般来讲，对于消费品尤其是那些购买人数众多且分散、产品技术性不高且价格较低的日用消费品，广告的作用较大，营业推广次之，人员推广和公共关系常作为辅助手段；对于产业用品，人员推广的作用较明显，营业推广也有较强的适用性，广告和公共关系常作为辅助手段。尽管四种推广手段对于消费品和产业用品的重要程度不同，但配合使用时效果往往更好。比如，在产业用品的品牌营销中，广告和人员推广的结合使用比仅使用人员推广的效果要好得多；同样，在消费品的品牌营销中，在广告宣传的同时进行人员推广能发挥较大的推动作用。

（2）品牌推广的活动目标。企业在不同时期及不同的市场环境下所进行的特定活动都有其特定的目标。例如，在一定时期内，某企业的品牌营销目标是在某一市场迅速增加销售量，扩大企业某一品牌的市场份额；而另一家企业的品牌营销目标是在该市场树立企业形象及品牌形象，为其产品今后占领市场、赢得有利的竞争地位奠定坚实的基础。前者强调短期效益，是短期目标，为此将更多地使用广告和营业推广；后者则是长期目标，需要品牌经理制订一个较长远的推广组合方案，其中公共关系不可或缺，与之配合的广告宣传在手段和内容等方面也会与前者存在差异。这说明，品牌推广目标不同，推广组合也就存在差异。

（3）品牌产品的特征。从品牌营销整体考虑，在内部关系复杂程度不同的产品组合中，企业会选择不同的推广手段，并且在各种手段的使用力度上有所安排，以此向消费者传递相关信息。广告促销适用于简单的产品组合；对于复杂的产品组合而言，短短十几秒钟或一定版面的广告难以描述全部营销产品，如营业推广和人员推广相结合，则可以在把整个产品组合陈列于营业场所之内的同时，通过工作人员的辅助性讲解与演示让消费者印象深刻。

（4）品牌产品的生命周期。当品牌产品处于生命周期的不同阶段时，消费者对各种推广手段的反应不同，使得各种推广手段的成本效应有所不同，因此，企业在选择推广组合时应考虑产品所处的生命周期阶段。当品牌产品处于导入期时，广告及公共关系具有很高的成本效应，其次是营业推广，因而推广手段应以广告和新闻报道为主，以迅速提高产品的知名度；当品牌产品处于成长期时，需求会保持自然增长的势头，但同时应看重广告和新闻报道的相对优势，在内容和形式上以增强顾客兴趣和取得中间商的信任为重点；当品牌产品处于成熟期时，营业推广的成本效应大于广告，而广告的成本效应又大于人员推广，所以应以营业推广为主，以广告和人员推广为辅；当品牌产品进入衰退期后，营业推广的成本效应会继续加强，但广告、公共关系的成本效应却在下降，尤其是人员推广的成本效应会下降到极低，因而应通过强化营业推广手段来维持日益衰退的销售。

（5）消费者购买行为的阶段性特征。购买行为是有过程的，在购买决策的不同阶段，品牌推广手段的成本效应也有所不同。在产品认知阶段，广告很重要，比人员推广和营业推广更有效，顾客对品牌的了解主要受广告及新闻报道的影响；要取得顾客的信任，人员推广的影响较大，而广告和营业推广影响不大；买卖的成交，主要受人员推广及营业推广的影响；再次购买行为，同样受到人员推广和营业推广的影响，但提示性广告也会起到一定的作用。显然，广告和公共关系在购买决策初期效应最大，而人员推广和营业推广在购买决策后期作用较强。

（6）市场覆盖范围。不同的品牌营销手段具有不同的作用对象和范围，这种差异正是企业选择不同的推广手段并使之配合的依据。公共关系是企业与外界的全面联系，所有潜在顾客都是企业开展公共关系活动的作用对象；广告主要针对目标市场潜在的或原有的消费者；营业推广局限于营业场所以及企业的营销伙伴；人员推广只涉及某些既定的消费者和客户。

（7）“推动”与“拉引”策略的选择与运用。品牌推广策略大体上可分为“推动”策略与“拉引”策略（如图5-1所示）。“推动”策略主要是利用销售队伍及其他营业推广手段，目的在于劝诱中间商接受品牌并加以采购，借助中间商的力量把产品推向最终用户；“拉引”策略主要是针对最终用户的市场营销活动，通过相应的品牌推广活动拉动最终用户向中间商购买产品，目的是促成中间商经营企业的品牌，并向生产企业订货。

“推动”策略：生产企业→批发商→零售商→消费者

“拉引”策略：生产企业←批发商←零售商←消费者

图5-1　两种品牌推广策略

在“推动”策略中，主要推广手段是人员推广，而在“拉引”策略中，主要推广手段则是广告宣传。在品牌推广实践中，推拉结合的综合品牌推广策略效果更为明显，即一方面利用工作人员把产品推入分销渠道，另一方面配合使用广告等手段吸引顾客，营造强烈的购买氛围，迫使中间商求购企业产品，因此，大多数企业往往把这两种品牌推广策略结合起来使用。

3）品牌推广的常用方法

（1）说服教育法。企业通过介绍品牌的独特之处，如产品的生产原理、使用方法、功能效果等有关信息，使消费者认识到使用该品牌能给自己带来所需的利益，从而产生购买动机。说服教育法的适用性如下：一是适用于处于导入期和成长期的品牌产品；二是适用于文化程度较高的理智型消费者；三是适用于工业品。

（2）情感共鸣法。利用营销人员面对面的、有针对性的推广，以及广告中的情感型创意和富有想象力的色彩、音乐及画面，激发受众的潜意识，引起情感共鸣，以达到促销的目的。情感共鸣法的适用性如下：一是适用于消费品中的软性商品，如饮料、服装、小工艺品、化妆品及装饰品等；二是适用于情感型消费者，如女性消费者、年轻消费者等；三是适用于处于饱和期和衰退期的品牌产品，因为消费者对这类产品已经非常了解，企业需要运用情感刺激使他们继续保持对品牌的忠诚度和信心。

（3）新闻聚焦法。以重大的新闻事件和新闻人物为契机，及时把本企业及其品牌与之联系起来，使受众在关注新闻事件和新闻人物的同时也能注意到企业及其品牌，达到广泛宣传企业和企业品牌的目标。

4）品牌推广的常用技巧

（1）实证。运用品牌本身的实际特性来表明产品的优良性能，消除消费者的种种疑虑，是最有说服力的品牌推广技巧。例如，企业可以通过展销会宣传、现场示范、时装表演、试用、品尝，或者在广告中加入产品生产过程、使用过程和实际使用效果等方面的视频及图片，增加品牌的说服力，提高品牌的信任度。

（2）论证。企业在品牌推广时可以运用逻辑推理的办法证明品牌所具有的优势，促使消费者产生购买欲望。例如，某品牌的“AD钙奶”通过广告宣传说明其中所含的双歧因子能够改善肠道菌群，以帮助消化，增进食欲。

（3）证据。企业在品牌推广时可以列举充分的证据来证明品牌的优良品质，如权威部门的质量抽检报告、市场占有率排行榜、奖牌、奖章、奖励证书等，从而使消费者信服。

（4）权威。企业在品牌推广时可以借用专家学者的语言向消费者推荐品牌，或者由权威机构或新闻人物出面推荐品牌。例如，利用口腔专家推荐牙膏等。

（5）对比。将本企业产品与同类产品在价格、质量、性能、服务、款式等方面进行比较，以证明品牌所具有的优势。需要注意的是，在比较过程中，应使用不指明竞争品牌的对比法，避免产生法律纠纷。

5.1.4　品牌推广方式

品牌推广重在减少品牌与消费者之间的距离，争取在尽可能短的时间内最大限度地获得消费者的好感和认同。品牌推广方式主要有销售终端品牌推广、渠道品牌推广、传媒品牌推广等方式。

1）销售终端品牌推广

（1）终端陈列。为了提升品牌形象和美誉度，企业在进行品牌推广时应当注重终端的陈列位置、陈列面积大小、陈列整洁度和整体美感。

（2）店头购买点（POP）宣传。通过在商业空间、购买场所、零售商店的周围、内部以及在商品陈设区设置广告展板，可以加强终端宣传力度，对抗竞争品牌的攻击或争取竞争品牌的消费者。

（3）现场导购。通过主题活动、派送、展示、试用、优惠券、赠送礼品、价格折扣、运费优惠等直接促销活动，可以增加与消费者面对面的沟通，进而提高品牌知名度，扩大品牌影响力，增加消费者的购买数量和购买频率。

拓展阅读5-1

茶颜悦色

如今，茶颜悦色已经成了长沙的一种文化象征。很多人来长沙，都会特意去喝一杯茶颜悦色；还有一些人为了喝到一杯正宗的茶颜悦色，专门长途跋涉来长沙。

树立一个好的品牌形象，能够让消费者容易记住。然而，仅仅具备一个不错的品牌形象，还远远不够。有位消费者分享了一次奇特的消费经历：她在孕期去茶颜悦色时，店员提醒她这个时期不宜喝茶颜悦色。为何茶颜悦色这么受欢迎？因为它是真心为消费者考虑，把消费者当作亲人、朋友一样。消费者从中得到了非常好的消费体验，自然会用实际行动来回馈茶颜悦色。

很多品牌尝试过模仿茶颜悦色的服务，以便给消费者带来同样的消费体验，但是鲜有成功案例。这是因为，服务的套路易学，真诚却难求。仅仅照搬茶颜悦色的店员服务标准、门店的各种细节，是无法真正让消费者满意的。即使是同样的服务，如果缺乏真心实意，给消费者的感觉也是不一样的。事实上，消费者的需求是在不断变化的，只有真心实意地为消费者着想，才能够持续不断地发现消费者的需求，从而进一步优化服务，给消费者提供更好的消费体验。

一方面，茶颜悦色在长沙开店非常密集。它在长沙中心商圈以及人流量最密集、最繁华的地段大量开设直营店。在这些地方，每隔十米就有一家店，一条街里看到五六家茶颜悦色也不足为奇。茶颜悦色这么密集地开店自然有它的考量。首先，解决了消费者的排队烦恼，有利于消费者全身心地投入到消费体验中，以增强消费者对品牌的好感度。其次，增加了品牌曝光率。消费者在逛街的时候多次看到同一招牌的门店，自然会觉得这个品牌很火。当消费者想要喝奶茶的时候，这个品牌就会率先浮现在脑海中，这正是持续曝光的好处。从这一逻辑出发，在繁华地带更密集地开设门店，其效果比大范围撒网更好。最后，门店距离较近，便于协调和管理。任何品牌在扩张的过程中总会遇到管理上的瓶颈，密集式的开店能够让门店之间更容易协调，管理起来更便捷。

另一方面，茶颜悦色仅仅专注于长沙，还没有在其他地方开放加盟权。这也是在营造当地文化，让本地消费者有一种“只有在长沙才能喝到的茶”的优越感。就像长沙臭豆腐一样，茶颜悦色也成了长沙的一种特色。同时，这种“只在长沙才有的茶”，刺激了外地消费者的好奇心和消费欲望，进一步抬升了茶颜悦色的名气。另外，茶颜悦色的小票上都印着一句话：只要您觉得口味有异，请果断行使一杯鲜茶的永久求偿权，可在任何时间走进任意一家茶颜悦色门店要求免费重做。

资料来源：马克．不当喜茶，不做奈雪，茶颜悦色凭什么备受瞩目？[EB/OL]．[2019-05-14]．http：//www.canyin88.com/zixun/2019/05/14/72995.html.有删改．

2）渠道品牌推广

（1）给予经销商必要的培训和支持，协助或配合经销商开展经营活动，这样不仅可以提高经销商的积极性，而且可以提高渠道的铺货率，加强渠道渗透力度。

（2）加大渠道促销力度，吸引经销商主动加入品牌推广行列，这样可以削弱竞争品牌的营销力量，达到“不战而屈人之兵”的效果。

3）传媒品牌推广

（1）积极利用软性文章宣传品牌。造就名牌是长期的积淀，软性文章能起到“润物细无声”“于无声处听惊雷”的功效。只有标题有吸引力，语言有趣味性，内容有可信度，避免明显的商业痕迹，做到“在商不言商”“不求毕其功于一役”，才能称得上一篇好的软性文章。值得一提的是，文化因素在品牌和消费者之间可以起到较好的衔接作用，善用文化将对销售产生极强的推动力。

（2）媒体渗透，锁定目标市场。在选择媒体时，不要只看绝对收视率或发行量，而应考虑媒体受众与目标顾客的吻合程度，即有效覆盖率，这样才能使广告宣传更有针对性，才能有效地将品牌信息传递给潜在客户。从操作层面来看，要注意几个关键问题：一是要选择当地消费者喜欢、接受的媒体；二是要加强与潜在客户的双向沟通，可以通过设计有奖问答等方式与客户互动，增进对潜在客户的了解。

5.1.5　品牌推广的误区

1）缺乏整体策略

开展品牌推广时，如果推广手段单一，配合不力，整体性协调不够，就不能与消费者形成良性互动，无法激发消费者的参与热情；如果不加取舍地采用所有推广手段，没有侧重点，就不能将资源集中于主要方面，不利于形成竞争优势。因此，企业应当从品牌建设的整体出发确定品牌策略，设计能够使企业与渠道成员、品牌信息传播者协调运作的一整套措施。

2）过度强调品牌的销售量

品牌发展的阶段性要求企业树立品牌建设的长远观念，摒弃品牌建设过程中急功近利的推广手段，防止因品牌推广手段选择不当而影响消费者对品牌的认同，因此，企业应当妥善处理品牌的销售量与品牌形象之间的关系。

3）过度依赖广告媒体传播

广告媒体传播是最直观的、行之有效的品牌推广形式，对于品牌建设的重要性毋庸置疑。正因如此，部分企业在品牌建设过程中过度依赖甚至单纯依靠广告媒体传播，忽视品牌建设中深层次的要求，即重视传播形式，轻视品牌内容建设。秦池、旭日升、巨人等昔日“明星”变成“流星”的教训实实在在地告诫企业经营者们：广告轰炸只能打开市场大门，唯有品牌质量才能让企业真正占领市场。

其实，传播的作用更多地表现为展示品牌的外在特点，树立品牌的外在形象，在较短的时间内提高品牌的知名度和识别度。但是，在广告媒体信息泛滥、市场竞争不断升温的情况下，仅靠媒体传播很难塑造一个人见人爱的品牌，能够真正体现品牌价值的是顾客的忠诚度和满意度，而这两个重要指标不是单靠传播就能提高的，更要从品牌的内涵来挖掘。也就是说，企业要从品牌产品质量、价格、购买便利程度、客户关系、售后服务、附加利益等诸多方面着手，求真务实，夯实基础。品牌建设贯穿营销过程的始终，涉及营销工作的方方面面，来不得半点马虎。

5.2 品牌人员推广

5.2.1 品牌人员推广概述

1）品牌人员推广的含义

人员推广作为品牌渗透最原始的方法，以其独特的推动作用促成品牌商品销售。人员推广是指企业的品牌营销工作人员对有可能成为本企业产品的消费者进行口头宣传、现场演示、解惑释疑等，以使其了解品牌、认同品牌，最终实现企业品牌营销目标。这里所指的品牌营销工作人员包括企业的推销员、市场代表、商店售货员、批发企业的供货员以及其他直接与消费者接触的销售人员。

2）品牌人员推广对品牌建设的作用

品牌人员推广是企业所有品牌推广手段中唯一依靠人员进行的品牌营销活动。它具有不同于其他推广手段的显著特点，如适用性强、说服力强、促成消费者转换品牌等，对品牌建设具有重要意义。

（1）适用性强。品牌营销工作人员与顾客保持直接联系，可以根据各类顾客的欲望、要求、反应，灵活地采取必要的调整，对顾客提出的问题做出及时回应，最大限度地为品牌争取顾客，扩大品牌的群众基础。

（2）说服力强。品牌营销工作人员当场示范、回答问题、介绍使用方法，容易使顾客信服，提高品牌的信任度。

（3）促成消费者转换品牌。品牌营销工作人员直接与顾客接触、洽谈，能够通过及时交换意见、展示商品有效地增强顾客的购买信心与决心，促成现场交易。

3）品牌人员推广的工作思路

品牌人员推广的工作任务是宣传、介绍品牌，培育顾客对品牌的感情，增进企业、品牌与顾客的友善关系，提高品牌的知名度、美誉度，促成顾客从竞争品牌的消费者转变为本企业品牌的拥护者、忠诚者。为此，品牌营销工作人员应当围绕以下方面开展推广活动：

（1）积极寻找和发现更多潜在顾客。

（2）及时把有关企业产品和服务方面的信息传递给现有顾客及潜在顾客。

（3）运用各种形式的推广活动，包括接近顾客、展示产品、回答问题、开展研讨会和专家座谈会等形式，千方百计展示品牌特征，描述、构造品牌与众不同的现象。

（4）向顾客提供各种服务，如向顾客提供咨询服务，帮助顾客解决某些技术问题，加强沟通，在双向互动中培养感情、增强互信。

（5）经常向企业报告品牌推广活动情况，进行市场调查，收集市场情报，反馈顾客对品牌建设的建议、想法、要求，为企业完善品牌基础性工作提供有益的宝贵资料。

5.2.2 品牌人员推广决策

1）设计品牌推广目标

在传统营销观念的支配下，市场活动关注的是商品的售卖，注重运用各种推销术，想方设法卖出现有产品，争取更多的销售额。自20世纪50年代以来，西方企业奉行现代市场营销观念，人员推广活动服从于企业的整体营销目标，以满足消费者需要为中心开展人员推广活动。现代市场营销对人员推广这一方式提出了更多的要求，使得人员推广的目标更加多元化。品牌推广目标具体有以下几个方面：

（1）市场开拓。品牌营销工作人员要善于发现市场机会，挖掘潜在用户，不断培养新客户，拓宽品牌市场边界。

（2）沟通交流。为了让顾客了解企业的品牌，品牌营销推广人员往往需要配合广告才能达到这一目标。所以，品牌营销工作人员承担广告业务和有关宣传工作，配合广告媒体进行活动，已成为一种趋势。

（3）提供服务。提高服务水平和服务质量是提高品牌质量的重要举措。在产品整体概念中，服务属于附加产品，是对核心产品和形式产品的调整与改进。大规模生产只能提供标准化产品，销售服务是对标准化产品所做的调整，使其符合目标市场的不同需求，如为顾客提供咨询、给予技术帮助、安排资金融通、提前交货等。

（4）收集品牌信息。品牌营销工作人员除了推广品牌商品外，还担负着从市场收集品牌信息的工作，这是因为，企业远离目标市场，通常情况下只有工作在市场一线的人员与客户保持经常性联系，能从客户那里收集到更多的品牌信息，诸如对企业品牌改进的意见和建议、竞争性品牌的优势和劣势等。向企业反馈客户的要求与想法，对于改进品牌建设思路、提高品牌质量大有裨益。

2）组建人员推广的组织结构

品牌的推广活动是由相关部门承担的，但是，如果不能有效地加以整合，各自的努力就会出现相互抵消的现象。因此，只有组建合理的组织结构，通过管理工作协调各部门的业务活动，使其产生正效应，才能从总体上达到预设的品牌目标。人员推广的组织结构有以下四种方式：

（1）区域型组织结构。组建区域型组织结构，意味着企业分派一个或一组工作人员独立地负责某一地区内全部品牌的推广工作。这种方法责任明确，能够使推广人员较长期地在同一个地区工作，既有利于贯彻落实责任制，促进推广工作的有效开展，又有利于加强与当地有关单位及个人的联系，提高工作效率，同时节省费用。但是，这种组织结构要求推广人员掌握多种产品知识并善于统筹兼顾，在执行中还必须注意协调地区范围、推广方式等许多具体事项。

（2）品牌型组织结构。组建品牌型组织结构，意味着企业实行品牌专业化，由一个品牌或一组品牌的推广工作人员专门负责这个品牌或这组品牌的推广工作，推广范围不受地区的限制。这种组织结构适用于品牌多样化或者品牌结构复杂的企业。

（3）顾客型组织结构。组建顾客型组织结构，意味着企业根据产业、业务类型、重要程度等标准将顾客划分成各种类型，并指派推广工作人员专门负责某类顾客的品牌推广工作。其最大优点是能够深入了解不同顾客的需求特点，加强品牌营销工作的针对性。在顾客比较分散的情况下，这种组织结构就有一定的局限性。

（4）复合型组织结构。这是将以上几种组织结构结合起来使用。在产品的销售市场较为分散且用户类型比较复杂的情况下，采用此种形式较好。但是，运用这种方式进行品牌推广，对推广工作人员的要求较高。

3）开展人员推广管理

在确定人员推广目标、组织结构以后，企业应着手开展推广工作人员的招聘、培训、激励和评价工作，进入对人员的实际管理过程。

（1）招聘品牌推广工作人员。

人员推广活动的关键在于选择合格的品牌推广工作人员，一般情况下采取招聘方式。合格的品牌推广工作人员必须具备以下条件：

① 机敏干练，善于应变。品牌推广工作人员应当具有很强的推广活动策划能力、应付各种意外情况的应变能力，以及与顾客打交道并创造销售机会的沟通能力和说服力。

② 态度、仪表、修养良好。在业务交往中，品牌推广工作人员的态度和仪表在很大程度上体现了企业风貌，会对顾客心理产生影响，形成对品牌的最初印象。

③ 有进取心，不怕困难。品牌推广工作人员必须具备追求卓越的信念、不达目的誓不罢休的决心和强烈的事业心；必须果断、坚毅、忍辱负重，不怕困难和挫折；必须有强烈的内在驱动力，自觉完成各项品牌推广任务。

④ 对企业忠心耿耿。因为品牌推广工作人员流动性较大，而且他们直接掌控着部分业务关系，所以，当他们与企业离心离德时，企业往往会遭受很大损失。

⑤ 联系渠道广泛。在其他条件相同的情况下，人际关系在业务往来中就起到重要的作用。良好的人际关系能够沟通信息、融洽气氛、促成交易，因此，在选拔品牌推广工作人员时，应了解他们的社会关系，在综合考虑各种条件的前提下，最好优先选拔那些社会关系丰富的人员。

⑥ 拥有一定的业务知识和营销技巧。品牌推广工作人员只有具备熟练的业务知识，掌握一定的推销技巧，方能在激烈的市场竞争中为企业争取更多的顾客。

（2）培训品牌推广工作人员。

企业在完成人员招聘后，还不能立即让他们从事品牌推广工作，应当有计划地对品牌推广工作人员进行培训。培训的内容一般包括如下几个方面：

① 企业知识。品牌推广工作人员应当掌握企业历史、生产过程、技术能力、组织结构、产品方向、经营方针、规章制度等总体情况。

② 产品和技术知识。品牌推广工作人员应当掌握产品的品种、用途、价格、包装、制造过程、使用方法、维修等各种产品和技术知识。

③ 市场知识。品牌推广工作人员应当对国家政策、地区特点、市场行情、竞争程度、需求分布等有较深入的了解，能在一定程度上预见将来的变化趋势。

④ 用户知识。品牌推广工作人员应当了解用户的购买动机、购买习惯、需求情况、采购系统、所属部门、管理机构等，这样才能抓住推销的关键。

⑤ 品牌推广技巧。品牌推广工作人员要想提升业务熟练程度，应当掌握下列品牌推广技巧：如何发现顾客并主动接近他们；如何克服心理障碍和技术障碍，顺利达成交易；如何与顾客保持联系，以巩固产销关系等。

⑥ 业务程序和职责。品牌推广工作人员应当掌握制订计划、安排时间、洽谈、订立合同、结算方法、开销范围、差旅等多个方面的知识和技能，以便节约费用、避免损失、增加销售。

（3）激励品牌推广工作人员。

通常来说，激励的力度越大，品牌推广工作人员的努力程度越高，他们就越有可能取得优异的业绩，相应地，他们会得到更大的回报，进而产生更大的满意度，而更大的满意度又能进一步强化激励。从激励手段来看，对品牌推广工作人员的激励包括销售定额激励及其他激励工具。

① 销售定额激励。许多企业根据年度市场营销计划给每位品牌推广工作人员规定一年内应完成的产品销售额，依据定额完成情况来给付货币报酬。合理的销售定额应该是品牌推广工作人员经过努力可以达到的，这样可促使他们尽最大努力去工作，以获得更高的货币报酬。

② 其他激励工具。除货币报酬外，还有几种常见的激励措施，比如举办销售竞赛来刺激品牌推广工作人员努力工作，并为优秀的品牌推广工作人员授予某种荣誉称号或者安排免费旅游等。此外，定期召开品牌推广会议也是一种重要的激励工具，让品牌推广工作人员彼此之间交流经验、相互促进。

（4）评价品牌推广工作人员。

为了及时掌握品牌推广工作人员的绩效水平并进行有效激励，企业应当对他们的业绩进行科学评估。具体方法如下：

① 查阅、分析、综合有关信息，取得评估依据。

② 结合本企业的实际情况选择有效的评估标准，如一定时期内每百万元销售额所占用的工作人员数量、每百次访问平均得到的订单数、品牌推广人员支出占总支出的百分比、一年内开发了多少新客户或者丢失了多少老客户等。

③ 对品牌推广工作人员的业务进行评估。只有将市场、竞争、推广成本等方面的因素考虑在内，评价其销售业绩才有意义，才能避免产生误导。

④ 审查品牌推广的书面报告。对于建立了定期报告制度的企业来说，品牌推广工作人员定期提交的关于业务开展情况的书面报告可以作为评估依据。书面报告的内容一般包括：一定时期内工作人员访问顾客的人数与次数；推广业务活动的进展程度；推广费用的升降原因及水平；顾客对所提供的产品的满意度；竞争对手的产品与销售策略；未来市场潜力的发展变化等。企业应在科学的评价基础上制定具体的奖惩措施，进一步优化人员推广的整体规划。

5.3 品牌营业推广

5.3.1 品牌营业推广目标的确定

1）品牌营业推广的界定

品牌营业推广是指能够迅速刺激消费者对品牌产生好奇或者好感，并激励消费者做出产品购买决策的各种营销形式的总称。

2）品牌营业推广的目标

企业在利用营业推广方式进行品牌推广时，通常要做出下列三项主要决策：一是确定营业推广的目标；二是选择营业推广的形式；三是制订与实施营业推广方案并及时进行评估。

品牌营业推广的目标取决于该品牌的整体营销目标和目标市场的不同情况。根据目标市场的不同，品牌营业推广的目标主要分为以下三类：

（1）针对消费者的目标。这主要包括：鼓励继续购买；促使新用户试用、鼓励使用者购买新包装商品；吸引习惯购买其他同类产品的顾客等。

（2）针对经销商的目标。这主要包括：鼓励经销商大量进货，增加商品储存，特别是季节性产品；鼓励经销商持续经营本企业产品，建立固定的产销关系等。

（3）针对推销人员的目标。这主要包括：鼓励推销人员推广新产品，开拓新市场，寻找更多的潜在顾客，以及大力推销积压产品等。

5.3.2　品牌营业推广工具的选择

为达到品牌推广的目标，企业可使用多种营业推广工具，至于具体选择哪种推广工具，应考虑市场类型、竞争条件以及各种工具的使用成本、使用特点等因素。推广工具可分为针对消费者的营业推广工具、针对经销商的营业推广工具及其他营业推广活动形式。

1）针对消费者的营业推广工具

（1）提供样品或赠送服务。提供一定数量的样品或赠送服务，是企业推出新产品、推介新品牌时最常用的方法，也是最有效且最廉价的方法，尤其适用于小商品，如糖果、饮料等。企业可以在现场向消费者单独赠送样品或者在消费者购买产品时附送样品，也可以提供样品试用，还可以邮寄样品或者低价出售样品。

（2）减价。产品进入成熟期后，企业常以减价来吸引顾客，强化品牌的市场渗透力，扩大销量。减价的常用方法是在商品原价的基础上向消费者提供一定的折扣，并在价格标签或商品包装上标出折扣额，但必须说明企业并非出于质量问题才减价，以便让消费者放心购买。

（3）交易印花。企业根据消费者对某一商品的消费金额给予一定数量的印花，当消费者积累的印花达到一定数目时，消费者可到指定地点兑换某些指定商品。这种推广方式有利于培养消费者偏好，形成品牌忠诚。

（4）优惠券。优惠券是授权其持有者在购买某种品牌的商品时可享受一定折扣、免付一定金额的票据。企业可通过邮寄、附在其他商品中或随报刊发送等方式，将优惠券赠给有关顾客。据调查，优惠券只有达到15%～20%的优惠幅度才有效果。这种方式主要适用于成熟品牌的销售和新产品的早期试用。例如，自带互联网基因的瑞幸咖啡，诞生不久就在咖啡上倾注了高额补贴。与此同时，它还借助用户管理平台，根据用户的喜好、订单习惯，推送不同的优惠券，从而提升消费频次。可谓是“一手广告拉新，通过补贴迅速扩大存量用户；一手老客户裂变，降低获客成本”。这种极度烧钱的打法，本身就带有强烈的话题性，促使瑞幸咖啡提高知名度，迅速引爆市场。

（5）有奖销售。有奖销售通常是在售货时附送奖券，小额奖品可立即兑奖，大额奖品一般择期公开摇号抽奖。此外，企业也可以将中奖标记预先封在商品包装内，消费者中奖后凭标记领奖。有奖销售也是品牌渗透的一种方法，有利于提高品牌的市场影响力。

（6）赠奖。赠奖是低价出售或免费赠予某种商品，以此作为对购买某种特定产品的激励。赠奖有三种形式：一是关联赠品，消费者购买甲产品，可免费或以优惠的价格获得乙产品，既可将其置于包装内也可附在包装上，倘若包装物本身是一个能重复使用的容器，也可作为一种赠品；二是免费邮寄赠品，就是在收到消费者购买某商品的单据后，把赠品邮寄给他们；三是把产品以低于正常零售价的价格出售给这一商品的购买者。有时，免费服务亦可作为赠品看待。显然，赠品可以鼓励消费者重复使用、培养消费忠诚。

（7）现金折扣。这一方法和减价不同，减价是消费者从零售商那里购买商品时获得价格折扣，而现金折扣是购买过程结束之后从厂商那里得到的价格削减。在消费者把具体购买凭证寄给厂商后，厂商会把购买价格的一部分作为折扣汇给消费者。这种方式既可以给消费者带来购物乐趣，又可以提升消费者对品牌的热情。

（8）商品陈列和现场表演。在销售现场的橱窗或柜台里专门布置某些商品，通过陈列或新产品使用示范等方式宣传品牌，可以激发消费者的购买动机。

（9）免费试用。企业可以通过邀请潜在购买者免费试用产品的方式，达到让消费者了解品牌的目的。比如，有些汽车经销商提供免费试驾服务，以激发消费者的购买兴趣。

（10）产品保证。当消费者对新品牌的产品质量比较敏感时，对质量的承诺也是一种重要的品牌推广措施。如若企业提供的质量保证期比竞争对手长，就有可能吸引更多的消费者。

除上述营业推广工具外，针对消费者的品牌推广还可以使用竞赛或抽奖等方式。无论哪一种营业推广工具，只要与广告手段结合起来使用，都会收到更加有效的推广效果。

2）针对经销商的营业推广工具

制造商开展针对经销商的营业推广活动，是要达到以下目的：一是说服批发商和零售商经营制造商的某品牌商品；二是鼓励批发商和零售商购买比平常数量更多的商品，即大量进货；三是激励批发商和零售商通过广告、展示、削价等方式推销制造商品牌；四是激发零售商的品牌推广工作热情。制造商常使用的针对经销商的营业推广工具有以下几种：

（1）购买折扣。这是指经销商每次购买时得到的相对于报价的直接折扣。购买折扣使经销商获得利润或广告支出费用的补偿，可以鼓励中间商多经营老产品或有一定风险的新品牌。

（2）津贴。这是制造商为鼓励中间商的业务合作或对其表达感谢而给予的利益补偿。具体包括：①存货津贴，即为鼓励中间商增加存货而提供的补贴；②广告津贴，即制造商对经销商代做产品广告而提供的酬谢；③陈列津贴，即为酬谢经销商举办商品特别展示而给予的补贴。

（3）免费商品。当中间商购买某种产品达到一定数量时，制造商可以为其提供一定数量的免费商品。

（4）推销奖金。当经销商推销制造商产品时，制造商可以给予一定数额的物质奖励，如现金或礼品。

除上述营业推广工具之外，针对经销商的营业推广形式还包括商店布置、零售业务培训、中间商竞赛和合作广告等。

3）其他营业推广活动形式

企业还可以运用其他营业推广活动形式，比如商业展览和业务会议、销售竞赛、特殊广告品等，以吸引消费者购买商品或激励营销人员更加努力工作，从而取得理想的推广效果。

（1）商业展览和业务会议。在由行业协会牵头组织的商业展览和业务会议上，企业可以边展览边交易，通过订货会或展销会等接触到通过其他促销方式难以接触到的潜在顾客，挖掘新的销售渠道，争取向消费者销售更多的产品。

（2）销售竞赛。竞赛对象包括推销员和经销商。具体方式是对业绩优异的推销员或经销商负责人给予奖励，比如安排免费旅游、颁发奖金或赠送礼品，目的是提高他们一定时期内的销售额。当然，企业制定的竞赛目标应当是经过努力可以达到的，否则，推销员和经销商便不会接受这种挑战。

（3）特殊广告品。特殊广告品是品牌推广工作人员免费送给潜在顾客的礼品，它们价格低廉但经常使用，比如印有品牌名称或标志的服装、遮阳伞、提包，从而使得以此类物品为载体的公司名称和广告信息经常出现在消费者眼前，让人们产生熟悉的感觉进而产生好感。

5.3.3 运用价格折扣推广品牌的后果

营业推广方法按照其诱因是否与产品价格有关，可以分为价格导向与非价格导向两种。价格导向的推广方法有折扣、现金券、退款优惠等，其中折扣最具代表性；非价格导向的推广方法有免费样品、赠品、抽奖、有奖竞赛、售点陈列等，其中赠品最具代表性。从国内外学者的研究来看，一般认为，频繁使用价格导向的促销方法会降低消费者对品牌的感知质量和忠诚度，混淆消费者原有的品牌联想，从而危害品牌权益。运用价格折扣推广品牌的后果具体表现在以下几个方面：

1）损害品牌的感知质量

在判断产品质量的时候，价格是一个直观、可感知的依据，消费者普遍存在“高价格，高质量”的认知模式。要使消费者对价格促销策略产生反应，价格折扣的幅度就必须超过某一阈值，这样才能有效地刺激消费者，使其产生购买意向。但是，当价格下降的幅度超过认知阈值的时候，了解该产品的消费者就会推测企业可能开始“偷工减料”，而不熟悉该产品的消费者则会在开始接触时就觉得其质量不佳，从而损害品牌的感知质量。

2）抑制部分消费者的购买意向

经常使用价格促销策略，会使消费者对“这个东西到底值多少钱”产生疑问，还会使消费者因出于“这还不是最低价”的考虑而产生观望心理，从而造成购买滞后，使得价格导向促销策略失去其短期激励作用。同时，价格下调是具有一定刚性的，消费者往往无法接受价格下调后又再次上升的事实，这就可能导致企业今后过度依赖促销策略，出现恶性循环。

3）降低顾客忠诚度

在对消费者群体进行细分后，我们将会发现：对价格敏感的消费者通常不是企业长期利润的主要来源，他们往往在促销结束后又开始寻找下一个促销品牌，频繁发生品牌转换；而忠诚的消费者无法从已经购买的产品中获得实惠，觉得品牌在价值上背叛了他，于是转向更能体现其价值的品牌。

使用价格杠杆会导致品牌形象受损，动摇消费者对品牌形象的认同感。品牌形象越好，整合资源的能力就越强；相反，品牌形象越差，整合资源的能力就越差。精通品牌管理的企业，不会过多地在品牌价格上做文章，而是努力呵护自己的品牌形象，使其不断得到巩固和提升。

5.4 品牌公共关系推广

5.4.1 公共关系的概念

公共关系是20世纪70年代以来逐渐发展起来的重要营销手段。目前，许多大企业设有公共关系部，专司公共关系事务，这充分显示出公共关系活动的重要性。

作为重要的市场营销工具之一，公共关系是指在市场营销活动中正确处理企业与社会公众的关系，经常与社会公众保持信息联系，关心社会公众对品牌的态度，采取一系列措施争取社会公众的理解和舆论的支持，借此提升企业信誉，塑造良好的企业形象及品牌形象，从而实现品牌营销目标、促进品牌市场销售的活动过程。

重视公共关系在品牌推广中的应用，是现代市场竞争观念进一步发展的体现。以消费者为中心展开的市场竞争活动，归根到底是品牌信誉、品牌形象的较量，是争取顾客认同、凝聚市场人气的竞赛，因而特别需要企业与社会公众相互了解、增进互信。只有建立在社会公众对企业的经营理念和品牌形象等方面有一定认知和良好印象的基础上，企业向潜在消费者提供信息、进行宣传劝说、开展促成其购买行为的各项推广活动才能更加有效，因此，良好的公共关系是企业的财富。

5.4.2 品牌公共关系推广的任务

品牌公共关系推广的基本任务是加强企业与广大公众的联系，促使社会公众、团体组织全面了解品牌文化，利用社会舆论提升品牌声誉。具体来说，企业的公共关系部门需要做好下列各项工作：

（1）充分利用座谈会、邀请参观、庆祝活动等形式，同政府机构、新闻出版单位、学术机构、民间团体、技术咨询公司等保持密切联系，传递本企业的最新信息，争取得到社会各界的支持，提高品牌知名度。

（2）加强与消费者的接触，做好用户访问、接待、复函、意见处理等工作，设法强化品牌认同或消除不满，建立品牌信誉。

（3）采用多种形式宣传企业为满足公众利益所做出的各种努力和取得的成绩，树立良好的品牌形象。企业只有切实为社会公益事业做出贡献并长期不懈努力，才能取得公众的信赖。

（4）做好对本企业职工的思想教育工作，促使他们以主人翁精神搞好企业工作，提高服务水平。

5.4.3 品牌公共关系活动的构成要素

品牌公共关系活动是由三个要素组成的，即企业、公众、信息传播，它们是密切联系、不可分割的。

1）品牌公共关系活动的主体——企业

作为品牌的拥有者，为了使品牌的价值和使用价值能尽快得到提升，并获得相应的经济效益，企业必须以品牌公共关系活动的主体身份出现，积极开展与品牌形象塑造有关的各种公关活动，营造出在企业内部员工重视品牌质量、在企业外部人们乐于接受企业品牌的氛围。

2）品牌公共关系活动的客体——公众

公众是指因面临某种共同问题而形成的并与社会组织的运行存在一定关系的社会群体。从企业角度看，公众就是与企业相关联的各类社会群体。

企业面对的公众是十分复杂的，可分为内部公众和外部公众。内部公众主要是指企业的内部职工和股东；与营销活动关系密切的外部公众主要有消费者、经销商、供应商、传播媒介、社区、政府等。企业公共关系的工作之一就是要处理好与这些公众的关系。

3）品牌公共关系活动的内容——信息传播

信息传播是指两个相互独立的系统之间利用一定的媒介和途径所进行的、有目的的信息传递活动。品牌公共关系离不开信息的传递与沟通。从企业来看，信息传播就是企业正确地使用各种传播媒介，及时向公众传递有关企业及其品牌的各种信息，有效收集来自公众对企业及其品牌的各种意见，了解他们的态度和倾向。信息传播过程实质上是一种信息分享过程，双方都能在传递、交流、反馈等一系列环节中分享信息，在沟通的基础上彼此理解，达成品牌共识。

5.4.4 品牌公共关系活动的工具

在明确品牌公共关系活动任务之后，品牌公共关系人员就要选择与其相适应的信息和工具。比如，当一所学校要提升知名度时，公关人员就要寻找一些有意义的信息，如该校教师或学生近期取得了哪些荣誉，正在组织哪些非同凡响的活动，最近开设了哪些特色课程，有哪些校园时讯等。通过上述诸多方面的信息搜寻，公关人员可以发现一些重要事件或有趣的故事，经媒体报道后能提高这所学校的社会形象。倘若所寻找的信息不够充分，公关人员还可以建议学校设计并创造出有新闻价值的事件，如召开学术讨论会、邀请专家报告、举办新闻发布会等，这些有意创造的事件都会给各类媒体的报道提供机会。可供品牌公共关系活动选择甚至创造的公关信息工具主要有以下几类：

1）出版物

包括企业年度报告、小册子、文章、视听材料和业务杂志在内的出版物，作为企业经常采用的重要手段，可以使企业及其品牌同目标市场保持经常性的接触，以吸引顾客对企业及其品牌的注意力，有效地沟通相关信息，诸如企业的历史、现状及发展前景，企业的经营宗旨、方针、目标，企业的经济实力、技术与管理水平，产品种类、性能、用途和品牌特点，与当地企业的良好合作关系以及对当地经济发展的贡献等。此外，出版物还能帮助企业及其品牌在社会公众面前树立良好形象，改善企业与外部公众的关系。

2）事件

寻找甚至制造某些事件是企业进行自我宣传所使用的一种特别技巧，企业可利用各种事件来吸引公众对企业产品及服务的注意力，包括新闻发布会、讨论会、博览、比赛、周年纪念、捐款或捐赠物品等。比如日本雅马哈公司称雄世界的产品，除了摩托车外，还有钢琴。为了突出这一品牌形象，该公司在具有悠久音乐历史的欧洲设立了专门的琴房，每年资助5名世界最优秀的青年钢琴家，并持续与他们保持联系。这些举措助力雅马哈钢琴始终位于世界顶尖产品行列，国际性钢琴比赛也大多选用雅马哈品牌。

3）新闻

一般来说，新闻媒介在社会公众心目中具有相当大的权威性。就品牌公共关系活动而言，企业应当加强与新闻单位的联系，以便获得更多有关企业及其品牌的正面报道。比如，人们在看到吉列公司的广告之前就已经对吉列感应剃须刀抱有好感，这是因为报纸和杂志对感应刀片进行过报道，人们已了解到这是一项技术突破。

公关人员除了及时将有新闻价值的稿件通过媒体发布出去之外，还应选择恰当的时机举行记者招待会，依托记者的现场报道来扩大影响。比如，美国福特汽车公司在向国际市场推出野马轿车的4天前，邀请世界各地数百家报刊记者，参加由70辆车组成的野马轿车大赛。这些参赛车经过700英里的长途奔驰也未出现任何故障，因而引起了记者们的极大兴趣，他们纷纷在报纸和杂志的显著位置登载了有关这次大赛的文章和大量照片，这一宣传攻势在世界各地产生了极大反响，使野马轿车的销售额刷新了该公司历史最高纪录。

4）公益活动

企业应当在财力许可的条件下支持目标市场的教育事业、慈善机构、体育比赛和文娱活动等公益活动。因为公众越来越注重企业对社会的影响和贡献，所以这些活动一经媒体报道就会广为传播，在较大范围内产生影响。许多跨国公司出于长远考虑，长期关注某些看似与顾客购买行为无关的社会福利事业，积极履行企业社会责任，如可口可乐公司持续关注可持续包装与水资源保护，东芝集团积极开展推进循环经济、保护生态系统等环境保护行动，日立电梯设立公益基金用于安全教育、关爱留守儿童等公益活动，IBM公司依托“企业全球志愿服务队”助力非营利组织的组织能力建设，西门子公司支持中国科学与技术教育发展等。这些公益活动能在公众心目中树立企业及其品牌的良好形象，提高品牌美誉度，有助于企业在目标市场中持续经营。

5）移动互联网

移动互联网服务平台是宣传企业、介绍产品的好去处，可以及时发布企业新闻、推介重大技术和重要成果、发布新产品、组织市场活动、与消费者实时互动，现在已成为品牌公共关系活动的新载体，被企业广泛重视。

思政课堂

鸿星尔克爆红：善引发善的动人故事

鸿星尔克“一夜爆红”。向河南灾区捐赠5 000万元物资的鸿星尔克，最近在线上线下都火了：连续几日占据微博热搜，直播间涌进大量网友，数百万人“野性消费”参与扫货；线下门店也是挤满顾客，有的实体店销售额暴增十多倍。目前，鸿星尔克库存告急，以至于直播间的主播都被网友们催促“快去踩缝纫机，把产品都赶工出来让大家买”。

如潮水般的力挺和关爱，背后是一个善引发善、爱传递爱的动人故事。网友发现，“出手大方”的鸿星尔克，是营收远远落在同行后面的企业。2020年鸿星尔克的营收为28亿元，净利润为−2.2亿元，2021年一季度−6 000多万元。“感觉你都要倒闭了还捐了这么多”。自己家底不厚，却向灾区捐赠大笔物资，并且在宣传上低调得舍不得花钱，官方微博连会员都没有买。这种强烈的反差，感动了无数网友。一传十，十传百，网友自发支持的力量不断汇聚，效应层层叠加，最终造就了鸿星尔克的意外“出圈”和爆红。

支持鸿星尔克，实际上是人们对善良价值的坚守，对“好人有好报”正义观的执着坚持。“为众人抱薪者，不可使其冻毙于风雪”，这是中国人朴素而可贵的价值观，也是几千年流传下来的崇德向善文化的重要内涵。对于一家具有社会责任感的良心企业，网友纷纷表示，“我们不允许你没有盈利”。风卷残云式的扫货，是对鸿星尔克真诚、善良的回馈。有一句流传很广的话，“中国人的善良是刻在骨子里的”，感恩每一个无私付出的举动，让每一个善良的人都被善待。

透过鸿星尔克爆红，我们更能看到接力传递的力量，中国人团结一心的力量。经历过疫情、洪灾等考验的中国人，对同舟共济、守望相助有着更深的感悟和更强烈的共鸣。无论是鸿星尔克爆红事件中“你支持灾区，我们支持你”，还是21岁女大学生创建“救命文档”，网友接力更新270余版，访问量突破650多万次，还是人民子弟兵、消防人员等奋战在抗洪一线，广大群众自发参与进来，涌现无数凡人善举，都是以温暖传递温暖，一点一滴的微光汇聚成风雨同行的无穷力量。这是有情有义、担当大义和齐心协力。

良善不被辜负，爱与爱的传递继续。鸿星尔克直播间里，两位主播不停地劝说大家要理性消费，其董事长也表示，“会继续做好产品和服务，用品质为国货品牌正名”。企业把大众“心疼”换来的流量与销量转化为成长进步的动力，为社会贡献更多光与热，网友则汇聚温暖同时理性支持，更多的人与爱同行，为同舟共济付出行动，鸿星尔克爆火引出的正能量还在源源不断地传递下去。

资料来源：兰琳宗. 鸿星尔克爆红：善引发善的动人故事［EB/OL］.［2021-07-26］. https：//baijiahao.baidu.com/s? id=1706345873200858216&wfr=spider&for=pc.有删改.

5.5 品牌广告推广

5.5.1 品牌广告推广概述

1）品牌广告推广的定义

广告一词源于拉丁文“Adverture”，有“注意”“诱导”的意思；中古英语时期，英语“Advertise”一词开始出现，其含义为“某人注意到某事”，后来演变为“引起他人注意”；17世纪英国商业兴盛时期，“Advertise”一词才被广泛使用，静止的“Advertise”也演进为动态的“Advertising”，即广告活动，就具有了现代广告的含义。品牌广告推广是以支付广告费的形式，通过电视、广播、报纸、杂志等各种媒体向消费者传播品牌信息、劳务信息和观念信息的一种营销手段。

2）品牌广告的构成要素

（1）广告主。广告既包括企业为实现一定的营销目标而向现实或潜在的购买者传递商业信息的活动，如商业广告，也包括非营利组织的信息传播行为，如各类公益性广告。因此，产生广告行为的企业和非营利组织都被称为广告主。任何广告均有明确的广告主，品牌广告也不例外。

（2）广告信息。广告主通过广告诉求传递的信息一般分为：①品牌信息，即有关商品品牌、特性、质量等方面的信息；②劳务信息，即有关劳务种类、方式等信息；③观念信息，即信誉、形象等信息。

（3）广告媒体。与人员推广时的人际传播不同，广告是通过大众传播媒体进行的信息沟通，因此，其传播对象不是个人而是群体。

（4）广告费用。广告在制作过程中要发生制作费用，在发布过程中要发生媒体刊播费用。

（5）广告目标。广告具有明确的针对性和目的性。广告的对象是消费者或目标顾客；目的是提高品牌知名度，提升中间商、消费者对品牌的信任度和好感，促使他们针对品牌做出有利于企业的反应。

3）品牌广告的种类

根据品牌广告沟通的直接目的不同，品牌广告可以分为告知性广告、说服性广告和提醒性广告。

（1）告知性广告。这是企业在市场开拓阶段为了让消费者迅速了解品牌名称、产品性能和特点而做的广告。目的是提高品牌的知名度，诱导早期购买，建立初步需求。2017年年底，刚创立不久的瑞幸咖啡请来汤唯和张震联合代言，快速打响知名度，他们在广告中的商务精英形象显示出瑞幸咖啡对商务办公消费场景的定位。2020年，瑞幸咖啡为了推广新茶饮品牌小鹿茶，邀请新生代演员刘昊然代言，提出“啵一口，小鹿茶”的品牌主张，精准契合小鹿茶的目标受众，让小鹿茶开局就名声大噪。

（2）说服性广告。这是企业在产品生命周期的成长阶段所做的广告，并且大多数情况下在市场竞争激烈时使用，所以又称竞争性广告。目的在于介绍产品的实际使用效果，突出该品牌的特色和差异，培养消费者对该品牌的选择性需求。如今，某些说服性广告已变成比较性广告，即企业将其产品与竞争者的产品进行比较，以突出自身的优越性。比较性广告可分为直接比较广告和间接比较广告。前者是企业将自己的品牌产品与某一竞争者的品牌产品进行对比；后者是企业将自己的品牌产品与不指明的竞争者的品牌产品进行对比。比如百事可乐曾进行过可乐蒙眼品尝试验，并将结果在广告中广为宣传。在世界各国，政府对比较性广告的态度不尽一致，英国、奥地利、瑞士等国允许使用比较性广告，法国、比利时、意大利和荷兰等国则禁止使用比较性广告，而德国法律虽然规定有条件地允许比较性广告存在，但比较性广告在德国却极少见到。

（3）提醒性广告。这种广告常常被用于提示消费者不要忘记他们曾经消费过的品牌，提醒他们继续购买，加深消费者对品牌的印象。提醒性广告通常适用于历史悠久的老产品、已经行销多年并处于成熟期或衰退期的产品，或者因竞争激烈已由紧俏转为滞销的产品。比如，美国杜邦公司、壳牌石油公司经常通过提醒性广告宣传产品，减缓人们的遗忘速度。提醒性广告的另一种形式是强化性广告，目的是让消费者相信他们所做的选择非常正确。

4）品牌广告的推广目标

广告作为一种经济现象，无时不在、无处不在。从品牌营销的角度看，广告的目标主要有以下几点：

（1）介绍产品，创建品牌。广告能使顾客了解有关产品的存在、优点、用途及使用方法等，有助于顾客根据广告信息选择符合自己需要的品牌。同时，广告信息的传播对培养新的需求和新的消费方式有一定的作用，能够提高消费者对新品牌的认知度、理解度、记忆度。

（2）促进重复性购买，培养顾客忠诚度。顾客只有尝试性购买和使用产品，才有可能成为企业的忠实顾客，因此，让顾客使用品牌产品是广告要达到的目的。此外，广告还具有刺激、鼓励人们由第一次尝试购买转变为重复性购买的作用。

（3）开拓新市场，发展新顾客。企业要发展壮大，就要谋求扩大市场，拓展产品销路。由于广告能广泛地、经常性地触达顾客，因而，在开拓新的细分市场时，广告可以起到开路先锋的作用。可以说，广告是进行市场渗透的有力武器。

（4）加深顾客对企业商标的印象。顾客在做出产品购买决策时，企业名称和商标往往是重要的决策依据，因此，企业名称和商标能否赢得顾客的好感和信赖，直接关系到产品的销售。广告是确立理想的企业名称与商标印象的重要途径。以奥利奥为例，为了推广其新推出的纸杯蛋糕口味饼干，它发布的360度全景体验广告展示了一个童话般的金库——“Oreo Wonder Vault”，带领消费者体验这款新品的制作过程。为了达到最好的观赏效果，奥利奥还建议消费者戴上虚拟现实（VR）设备进行体验。

（5）消除顾客对品牌的偏见，改善其对产品的评价，确立品牌好感。

（6）支持中间商，改善其与中间商的关系。

总之，广告对品牌的作用是多方面的。在品牌繁多的现代商品市场上，广告已经成为企业在竞争中取胜的必要手段。

5.5.2 广告媒体的种类

随着经济生活的日益丰富和科学技术的进步，可供企业传递品牌信息的广告媒体越来越多。常见的广告媒体有以下几类：

（1）印刷媒体，包括报纸、刊物、产品说明书、样本、广告信、电话簿、挂历、台历、票证、火车时刻表、工具书插页等印刷品。

（2）电子媒体，包括电影、电视、广播、幻灯、电子显示屏幕等。这类广告媒体在现实生活中作用越来越大，应特别予以重视。

（3）户外媒体，包括广告牌、招贴、路牌、墙壁、霓虹灯、橱窗、气球、灯箱等。

（4）实物媒体，包括商品、模型、包装装潢、礼品、标识徽章等。

（5）互联网。

（6）其他媒体，如包装纸、购物袋、纪念册、运动衫、附赠品等。此外，文体表演本身也是很好的广告媒体。

选择广告媒体是一种创造性的活动，不应把广告局限于个别媒体上。不同的媒体有不同的特点，那些新奇的广告形式往往能收到意想不到的效果。比如，有些企业在公厕里做广告，由于人们在厕所里不可避免地要看到广告，因此宣传效果相当不错。

5.5.3 品牌广告媒体的选择

上述各类媒体特点不同、各有利弊，企业在选择广告媒体时应综合考虑下列因素：

1）品牌目标顾客的媒体习惯

目标市场的消费者有其特定的媒体习惯。企业进行广告宣传的目的就是将品牌、产品、劳务等有关信息及时、准确、有效地传递给目标消费对象，但当企业所选择的传播媒体与消费者的媒体习惯不一致时，广告信息就因难以被传递给目标消费者而收效甚微。因此，对于目标消费者明确的商品，应采用其经常接触的广告媒体进行传播。比如，男性用品的广告多刊登在体育杂志上或在体育节目时间播放；技术性强的产品多刊登在专业杂志上。

2）品牌产品的性质

工业品宜采用报纸、样品目录、商品说明书等做广告，以便用户了解产品的性能、特点及使用方法和维修方法；消费品，尤其是日用消费品，可选择的广告媒介较多，但最理想的传播媒体还是广播和电视，这是因为这两种媒体在各国的普及率都很高，是消费者接触商品信息的重要渠道。

3）媒体的传播数量、质量与可用性

媒体的传播数量是指报纸、杂志的发行量及电台、电视的覆盖面等，它关系到信息传播与影响的范围。媒体的覆盖范围与目标市场范围应当一致，倘若品牌的目标市场只是某一地区，就不必选择覆盖全国范围的广告媒体。媒体的传播质量是指某一具体媒体在消费者心目中的声誉和威望，在某种程度上比媒体的传播数量更直接地影响信息传播的效果。媒体的可用性通常来自政府政策或法律方面的限制，同时也会受到一国经济、文化、社会等因素的制约。比如，瑞典、挪威、丹麦等国政府规定，禁止在电台和电视台做商业广告；欧洲南部地区的居民对电视广告反感，喜欢看杂志，故商业广告多刊登在杂志上。

4）媒体费用

媒体费用不仅取决于媒体自身的声誉和影响力，而且取决于广告播放的时间、频率和广告持续时间。在大多数国家，媒体费用是可以通过谈判来协商的，但一般来讲，电视广告费用最高，报刊广告次之，邮寄广告的费用有时也很高，而广播广告的费用则比较低廉。需要特别说明的是，在视听媒体的黄金时间播放广告和报刊的重要版面刊登广告费用很高。企业应根据自己的财力和所要达到的传播效果选择适合的媒体。

5.5.4　广告推广效果评价

好的广告会给人留下极为深刻的印象，加深广告受众对该品牌的记忆，激发购买需求。但是，由于广告制作者和广告受众会有不同的看法，有时分歧还很大，这可能影响广告的沟通效果，因而需要对广告效果进行评价。广告效果评价包括沟通效果评价和销售效果评价两个方面。

1）沟通效果评价

这是指广告是否有效地将信息传递给了消费者。沟通效果评价可分为事前测试和事后评估。

事前测试有以下三种方法：（1）直接评分法，即让消费者观看本企业品牌的各种备选广告，请他们给不同的广告打分，以此来测试广告效果；（2）组合测试法，首先请消费者观看一组品牌广告，不限制时间，然后请他们回忆广告内容，其结果可反映广告内容中突出的地方以及易懂性、易记性；（3）实验室测试法，这是用仪器测量消费者对广告内容的生理反应，但这类实验只能测量广告的吸引力，无法衡量消费者的信任程度以及态度和意图。

事后评估是在广告发布后对消费者进行的测试，包括以下两种方法：（1）回忆测试，即让接触过广告媒体的人回忆最近几次媒体刊播的广告、品牌或产品，其结果可反映广告被人注意的频次和容易记忆的程度；（2）识别测试，即让接触媒体者从若干广告中辨认哪个广告是他们曾经看过的，其结果可反映广告在顾客头脑中留下的印象。

2）销售效果评价

沟通效果评价可以帮助企业了解广告传递信息的能力，但无法揭示其对销售额的影响，而销售效果评价可以直接评估广告使品牌销售额增加了多少。对销售效果的衡量比对沟通效果的测量更困难，这是因为销售额的增长不仅受到广告的影响，而且受到产品、价格、收入、渠道及其他推广活动等其他因素的影响。当影响因素较少时，比如在采用直销方式的情况下，销售效果比较容易衡量；而当影响因素较多时，比如在运用品牌广告或企业形象广告的情况下，销售效果则很难衡量。

江小白的文化营销

5.6 整合传播与品牌推广

5.6.1 整合传播的兴起

1）从“4P”到“4C”的营销理论发展

整合传播理念认为“4P”（产品、价格、渠道、促销）已成明日黄花，而新的“4C”（需求、成本、便利、沟通）观念要求：首先，把产品搁到一边，潜心研究消费者的显性需求与潜在需求，畅销的不是企业所能制造的产品，而是顾客想购买的产品；其次，暂时忘掉定价策略，多了解消费者为满足自己的显性需求与潜在需求而愿意付出的成本；再次，忘掉渠道策略，多思考消费者购买的便利性要求；最后，不要为了销售而促销，正确做法是多与顾客沟通。过去，制造商的座右铭是由顾客自行负责——“消费者请注意”，现在，它已经被“请注意消费者需求”所取代。虽然完全抛弃4P而奉行4C的观点难免失之偏颇，但品牌推广必须注重消费者的需求尤其是潜在需求，这日渐成为广大企业的共识。

2）消费者对品牌的感知与整合传播的重要性

一位美国广告主曾经抱怨道，“我知道我的广告费中有一半是浪费掉的，问题在于我不知道是哪一半”（John Wanamaker，1950）。要弄清楚这一问题的症结所在，我们先来分析一下消费者是如何选择品牌的。在消费者实现消费的过程中，他可能联想到产品、包装、品牌名字是否曾经在电视、报纸、互联网上通过广告看到过，是否从朋友以前告知的信息中听到过，是否曾经在超市或商场的陈列架上看到过，有无优惠券或折扣，是否带有赠品，价格是否合适，售后服务如何等。消费者往往在综合考虑这些因素后才会做出购买决策，因此，消费者对品牌的感知来自产品设计、价格、渠道、广告、服务、店内展示等诸多方面，而广告只是众多因素之一，由此可见整合传播的重要性。

5.6.2　品牌传播与沟通的路径

品牌推广的任务是沟通信息，说服顾客认同品牌，转变顾客的品牌态度，促成购买。所以，品牌推广本质上是一定条件下的说服与沟通过程。尽管说服方式多种多样，但都是通过信息传递来实现的。品牌营销人员必须了解促销活动中的信息传递过程，以便做好品牌推广活动。

1）品牌传播与沟通的过程及构成要素（如图5-2所示）

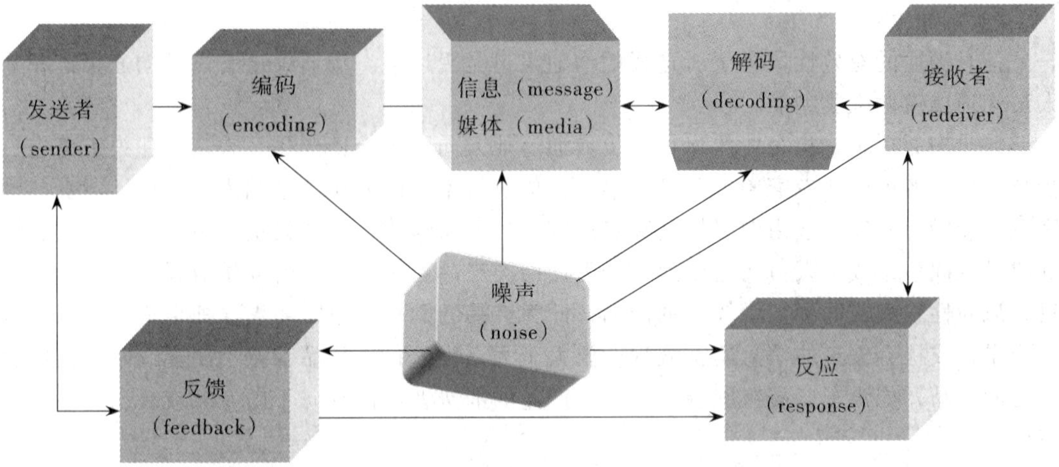

图5-2　品牌传播与沟通的过程及构成要素

企业与市场上现实或潜在的消费者之间的信息传递过程是一个复杂的市场营销沟通系统，构成这个系统的要素主要有以下几项：

（1）发送者。发送者是指拥有信息并准备向外传递信息的人，发送者的任务就是将信息传递给接收者。

（2）编码。发送者需要根据接收者的信息解码方式来对信息进行编码，要把自己的思想、意图变换成接收者能理解的语言、图像、声音及其他信号。为使信息有效，发送者的编码过程必须与接收者的解码过程相吻合。

（3）信息。信息是发送者要与接收者沟通的内容，是接收者所熟悉的基本信号。发送者与接收者的认知与经验重叠的部分越多，信息就越能产生效果。

（4）媒体。媒体是信息传递过程中所使用的工具，发送者需要利用能传播到目标接收者的有效媒体来传递信息。

（5）解码。解码是指接收者对所接收的信息进行解释、理解的过程，解码的准确性关系到信息传递的效果。

（6）接收者。接收者是信息沟通的对象，发送者必须知道谁是信息传递的目标受众。

（7）反应。反应是指接收人在接收信息后所采取的有关行动。

（8）反馈。发送者不仅要建立信息传递渠道，而且要建立信息反馈渠道，以便了解接收者对信息的反应。

（9）噪声。发送者的任务是将信息传递给接收者，但无法避免的大量噪声干扰会严重影响到信息的传递。人们每天被各种商业信息包围，不可能注意到所有刺激因素。对于所注意到的信息，人们也只能按照自己的意图来理解。此外，受记忆力的限制，人们只能记住所接收信息的一小部分。因此，发送者发出的信息有可能由于编码、解码的失真而使得接收者无法完整接收或根本接收不到。

上述要素中，要素（1）、（6）代表沟通双方，即发送者和接收者；要素（3）、（4）代表主要沟通手段，即信息与媒体；要素（2）、（5）、（7）、（8）代表主要沟通职能，即编码、解码、反应与反馈；要素（9）表示系统的噪声。

2）沟通渠道

信息沟通的有效性取决于所选择的沟通渠道是否适当。沟通渠道有人员沟通渠道和非人员沟通渠道两大类型。

人员沟通渠道是指企业派出推销员或通过他人向顾客推销产品。人员沟通渠道可进一步分为倡议者渠道、专家渠道和社会渠道。倡议者渠道由公司的推销人员组成，负责与顾客直接接触；专家渠道由向目标购买者做宣传的专家组成；社会渠道则由邻居、朋友、家庭成员及同事组成。人员沟通渠道对于下面两类产品容易取得好的促销效果：一是价格昂贵、风险性较大或购买频率较低的产品，此类产品的购买者通常要大量搜寻信息，对来自专家渠道或社会渠道的信息的重视程度要大于大众媒体；二是品牌差别明显或暗示使用者身份的产品，如汽车、高级服装等，此类产品的消费者往往倾向于向专家或自己熟悉的人咨询。

非人员沟通渠道也称大众推销渠道，是指不通过人员接触或相互作用而向众多顾客传播信息，包括媒体、气氛及事件。媒体能够促进人员沟通，具体包括印刷媒体、广播媒体、电子媒体以及广告牌、海报等陈列媒体。气氛是指为加强顾客对产品购买的认识而创造的有利于信息传播的配套环境，它将产生一种增强购买欲望的倾向。比如，豪华饭店用华丽的枝形吊灯与大理石柱烘托出一种华贵的气氛，百货公司用优美动听的音乐、温暖的灯光效果创造出舒适的购物氛围。事件是指为了将某种特殊信息传递给目标顾客而设计的活动，如公关部门安排的记者招待会、新闻发布会、体育赞助等。因为非人员沟通渠道传播覆盖面广、扩散效应大，所以，在市场范围广阔、目标市场较分散的情况下，非人员沟通渠道通常是既经济又有效的促销方式。

拓展阅读5-2

抖音

一个名叫“抖音”的短视频应用程序“爆火”。朋友圈、微博到处都是朋友们拍的小视频。这款上线于2016年9月份的应用程序是今日头条旗下的一款产品。抖音用户可以通过视频拍摄的快慢、视频编辑和特效等技术让作品更具创造性，这就成功抓住了年轻人的心。

1.冷启动阶段的明星助力

通过百度指数，我们可以看到抖音的“爆火”应该是从2019年3月17—18日开始的，那么原因肯定是其运营团队进行了广告投入或者推广。通过进一步搜索微博，我们发现，3月13日，相声演员岳云鹏转发了一条模仿他的带着抖音徽标的微博，自此开始，抖音的百度指数猛升。随后，更多明星开始使用抖音，这增加了抖音的曝光量，如歌手胡彦斌在抖音用自己的新歌《没有选择》发起了音乐视频的活动，也产生了很好的效果。作为一款既有创意又充满娱乐性的应用程序，抖音符合年轻人的口味。在冷启动阶段，明星的推广起到了很重要的作用。

2.依托今日头条的算法内容分发机制

抖音背靠今日头条，同样采用今日头条的算法，这有利于优质内容的分发和去中心化，任何一个普通人都可以通过优质内容获得很多的播放量和曝光量，增加粉丝。这是其他平台所不具备的特点。因为在这里不看权重，只看内容，所以才被大量年轻人喜欢。

3.推出时机及定位人群

抖音的“爆火”在时间上也非常巧合，从其竞争对手——快手获得由腾讯领投的3.5亿美元融资的时候开始，抖音在软件商店（AppStore）的免费榜便排名靠前。其次，打开抖音，首页推送的竖屏内容是精选的推荐内容，这样的打开方式有利于在用户注意力分散的手机端迅速抓住用户的注意力，而不是像其他应用程序那样需要用户自己点开后才能播放。据抖音透露的信息，其主要用户是居住在一二线城市、年龄在24岁以下、受过良好教育的青年。

4.恰到好处的公关推广

抖音的运营团队具有良好的洞察能力并在适当时刻推了一把。在用户陆续知道抖音之后，抖音已具有一定的影响力，此时运营团队意识到抖音距离“爆火”只有一步之遥。于是，运营团队选择在互联网人群关注的垂直科技媒体以及一些门户网站集中公关推广，目的就是让更多的走在互联网前沿的人士知道这个创造力十足的应用程序，而这群人又是极具传播效应的。由此可以看出，抖音的“爆火”是顺势而为的结果，并不是偶然事件。

资料来源：网络营销翔子. 网络推广案例：“抖音”短视频是怎么爆火［EB/OL］.［2017-05-18］. https：//www.sohu.com/a/141503198_577141.有删改.

5.6.3　整合品牌传播的策略

整合营销传播（integrated marketing communication，IMC）理论由美国西北大学教授唐·E.舒尔茨提出，是一种实战性极强的操作性理论。该理论的内涵是：以利益相关者为核心，重新整合企业行为和市场行为，综合使用各种形式的营销活动和传播活动，如广告、促销、公关、新闻、包装、产品开发等，以统一的目标和统一的传播形象传递统一的产品信息，以增强品牌诉求的一致性和完整性，实现与利益相关者的双向沟通，让利益相关者从不同的信息渠道获得对某一品牌的一致信息，迅速树立产品品牌在利益相关者心目中的地位，在产品品牌与利益相关者之间建立长期而密切的关系，以便更有效地提高信息传播的效率和效果，从而达到产品营销的目的。整合营销传播使得企业能够对信息资源进行统一配置、统一使用，提高资源利用率。

1）“整合”传播工具

以客户为基础的品牌资产基本上取决于企业通过营销传播方案向消费者传递的品牌知

识。从这个角度来看，不同的传播工具有不同的优势，它们在建立与维持品牌资产方面发挥着各自的重要作用，比如有些传播工具有助于提升品牌知名度，有些传播工具有助于创造、维系或强化独特的品牌联想等，因此，企业应当对不同的传播工具加以整合。

2）“接触点”管理

舒尔茨、田纳本与劳特朋在其名著《整合营销传播》中提出，凡是能够将品牌、产品类别和任何与市场有关的信息及资讯传递给消费者或潜在客户的“过程或经验”，都可称为品牌接触。邓肯认为，每一个与品牌有关的、消费者或潜在客户与一个品牌之间承载信息的互动都可以被称为品牌接触点。消费者或潜在客户与品牌接触的方式多种多样，例如朋友、亲戚、邻居的评论，报纸、杂志和电视广告，产品包装，店内产品上架的方式，零售场所出现的商标、印记、店招类型，现有客户或潜在客户在零售店被对待的方式，以及客户服务（如来自公司的回复函、问题解决方案或附有客户额外购买选择权的信件）等。

3）确定最适合的品牌传播组合

选择最适合的营销传播组合实际上是对既定预算费用在各种传播工具上的分配。理论上，只有当每一元钱的预算用在每个传播工具上获得的回收价值相同时，传播组合才是最优分配（边际效用相等），但这类信息无法获得，所以，预算配置相对而言更强调可以观察的要素，例如品牌生命周期、经营目标、产品特性、预算金额以及竞争者的战略选择等，这些要素与媒体的各类特征存在互通之处。

4）“配合”传播工具

整合营销传播理论认为，各种传播工具要配合起来使用，才能获取更好的传播效果。

首先，“配合”传播工具的功能有一致性与互补性。“一致性”是指不同传播工具传递的信息必须是统一的；“互补性”是指一种传播工具的优势可以弥补另一种传播工具的弱点。换句话说，理想的传播方案是利用多种传播工具，既综合强化某些核心意义，又充分发挥个别传播工具的优势。

其次，“配合”传播工具必须使营销传播方案组合整体大于部分的加总。换句话说，某些传播工具的“配合”必须要发生协同效应。营销人员应该经常利用整合营销传播，把一种传播工具的视觉或口语的信息提取出来，以不同的方法用到另一种传播工具上去，使消费者有动机、有能力并且有机会去处理或恢复与品牌相关的信息，以形成强烈的、有利的、独特的品牌联想。整合营销传播增加了品牌知识被用于消费者购买产品与服务的决策方面的频率，因此对品牌资产的形成贡献很大。

5.6.4 如何加强整合传播的价值

在品牌营销过程中，品牌的核心价值必须始终如一，而品牌表现又必须紧跟潮流不断变化。这种变与不变的矛盾、继承与更新的矛盾，是品牌持续运作的一大课题。

1）强力广告战略

美国宝洁公司世界广告部副总裁罗夫在总结整合营销传播的价值时说过：“强力的广告代表着向品牌资产银行存款。”这句话有双重意义：一是并非所有营销传播活动都是对品牌资产投资的；二是只有“强力的”营销传播活动才能发挥作用，这要求其必须具有“非凡的、独特的、灵巧的、忘不了的特性”。

2）差异化营销战略

如果产品具有被消费者重视而业界竞争品牌所没有的某些独特优点，就可以增加营销绩效。独特性表现在产品（如产品设计、用途、产地、服务、多样性等）、价格（如价格暗示着地位与声望）、配销通路（如每个配销商都有很好的服务）、业界营销传播（如将产品与某位明星代言人联系起来）等方面。

差异化营销战略的实现途径是定位。通过强调产品定位、价格定位、通路定位、传播定位，可以制造产品差异。

3）成本领先战略

成本领先可以帮助企业取得价格竞争优势。降价能引起消费者购买的动机，一方面促使品牌的忠实消费者利用折扣的机会囤积商品，另一方面促使新用户尝试性购买恰巧降价的产品以降低购买未知产品的风险，而低成本是企业能够降价促销的前提。

4）巧用色彩营销

就一个成功的品牌而言，尽管成功因素有许多，但其中一条必定是运用鲜明的色彩来表现企业的品牌个性，比如可口可乐走红色路线，百事可乐以蓝色为代表色。这是因为，在消费者直观的感受中，颜色是最容易辨别的第一印象。

如何运用色彩营销为企业品牌推广事业增添光彩呢？一是选择与企业定位相符合的色彩，色彩营销总是以企业定位为基础的，比如，定位年轻时尚的品牌可以采用鲜艳明快的色彩，定位年轻女性的品牌可以采用柔和梦幻的色彩；二是可以将色彩与一些具体形象相结合，消费者在认知品牌的过程中会更容易识别，也更容易形成记忆，如芒果网采用的是橙黄色的芒果；三是品牌色彩并非一成不变，很多企业在开发出一套视觉识别系统（VI）后就将其奉为圭臬，不允许对其中细节进行任何修改，其实当目标消费者的需求发生变化时，品牌色彩也应当随之变化；四是当企业经营绩效发生变化时要注意分析其中是否存在因为色彩使用不当而导致消费者的消费倾向发生偏移的现象。

在众多积极运用色彩营销的品牌中，红牛就是一个通过不断完善自己来适应消费者需求的品牌。1995年刚进入中国市场时，红牛选用富丽的金色作为产品的主色调。事实证明，红牛饮料醒目的金色在众多饮料之中总是非常耀眼，能够一眼就被消费者认出来。同时，因为金色是一种富贵之色，也符合红牛新进入中国市场时所坚持采用的高定价策略，比起定价在2元左右的普通运动饮料，红牛几乎堪称奢侈品，金色给予它高贵的形象。在多年的推广过程中，红牛的品牌精神已经在消费者心中逐渐完善，消费者已经认同红牛是一个充满活力、梦想且自由展现的品牌，因此，红牛饮料需要相应地改变其色彩营销策略，以符合其品牌精神。从2003年开始，红牛饮料不断完善品牌色彩。先是对红牛的标识进行调整，让整个标识更具有活力。随后，红牛饮料又推出全新产品，以蓝色和灰色结合，采用细长形的饮料包装，鲜明的色彩组合使得红牛饮料的国际感更加强烈。这次的色彩改进使红牛的形象得到了极大提升，而且新的形象丝毫没有影响到旧有陈列效果。在各个终端，红牛饮料的陈列依旧非常醒目，重要的是新包装让消费者更加喜爱，也使消费者更加认同红牛的价值。始终保持活力的红牛饮料，不断完善品牌内涵，并从色彩营销的角度让品牌形象更加符合消费者的需求。

拓展阅读5-3

“三只松鼠”的整合传播营销

三只松鼠股份有限公司成立于2012年，公司总部位于安徽芜湖，主品牌以坚果为核心。公司已发展成为拥有4 000余名正式员工、年销售额破百亿元的上市公司，正加速向数字化供应链平台企业转型。“三只松鼠”的网络品牌推广在食品类企业中堪称典型。

第一，口碑营销突出品牌优点。优质、天然、无过度加工的零食，是“三只松鼠”不断在用户心中强化的品牌优势。做网络品牌推广，首先要挖掘品牌产品的优势，通过口碑营销将其放大。

第二，媒体宣传提升品牌推广效益。新媒体不仅可以带来流量，也可以更好地与用户交流。“三只松鼠”借助新媒体发布相关内容，收集用户反馈，与用户互动。

第三，电子商务优化用户体验。“三只松鼠”的品牌形象生动有趣、讨喜可爱，电子商务平台上的产品设计图优质有趣，让人看了就想购买，发货迅速，物流也快，于是吸引了很多忠实用户。只有将品牌推广与电子商务相配合，不断提升用户体验，才能打响品牌知名度。

第四，打造品牌知识产权（IP）。与“三只松鼠”同名的动画片曾经连续多日蝉联全国动画片同时段播放量第一。其为“三只松鼠”的品牌赋予了更多价值，人们可以边吃零食边看动画，去零食店还能看到现实版IP，商品变成陪伴成长的朋友，不仅满足物质需求，而且满足社交需求，使得品牌得到最优质的传播与塑造。

资料来源：媒介圈．从“三只松鼠”看食品行业如何做营销推广？[EB/OL]．[2018-08-06]．https：//www.sohu.com/a/245557363_100140251.有删改．

5.6.5 整合品牌推广过程中的渠道资源

品牌推广过程中的产品流向正是品牌的渠道。为了整合渠道资源，实现渠道的专业化，使渠道成员与企业形成战略合作伙伴，共同做好品牌推广工作，塑造良好的品牌形象，企业应当处理好与大客户、关键分销商、非营利组织以及其他领域知名品牌的关系问题。

1）培养大客户

大客户是指对企业品牌价值传播和管理影响巨大的企业集团。与大客户保持密切的关系，对于品牌形象的提升和盈利能力的提高都会产生积极作用，有助于实现品牌协同效应，大幅提升企业在行业内的地位，为品牌带来长期收益。

2）确定关键分销商

关键分销商是指能对品牌推广起到拉动作用、扩大品牌影响力的渠道成员。这些渠道成员针对某一市场领域拥有丰富的知识和管理经验，具有独特的销售理念和服务方式。

3）重视非营利组织

非营利组织是指不以营利为目的的社会团体、协会组织，如中华慈善总会等，它们在市场经济中扮演着信息沟通、交流、提出意见和建议的角色。企业可以从以下几个方面与非营利组织进行合作：（1）借用对方经常出现在媒体镜头前的机会展现品牌形象；（2）策划公益活动，使品牌形象巧妙地融入活动；（3）赞助非营利组织，使品牌资产价值在非营利组织领域内得到提升。比如，欧莱雅与联合国教科文组织合作设立“世界杰出女科学家成就奖”，为欧莱雅的品牌宣传和品牌推广带来了可观的收益。

4）与其他领域知名品牌合作

与其他领域知名品牌合作，可以扩大品牌的辐射范围，赚取更多的利润。比如，电信运营商可以与超市、服装零售、银行以及其他领域的公司合作。虽然这些合作伙伴没有从事电信业务的销售经验，但拥有大众市场的销售经验，拥有消费者信赖的品牌，与用户之间的关系紧密，熟悉消费者心理，而这一切都是电信运营商所不具备的。目前最成功的商业案例就是英国维珍集团（Virgin Group）与移动通信运营商One2One公司的合作。

树立并维护好一个百年品牌不是一蹴而就的，也不是单靠某一方面就能获得成功的，可以说，品牌的成功是整体的成功。我国企业越来越认识到塑造品牌的重要性，“以诚信铸就品牌”“创造一个杰出的品牌”的声音越来越响亮，中国品牌的战略性布局已悄然展开。创造品牌既是出于锻造企业核心竞争力的长远考虑，也是解决现阶段各种矛盾的最终手段。思路决定出路，只要认识到位、方向找对，那么，打造强势品牌就只是时间问题。

学习与思考

1.什么是品牌推广？对企业有哪些益处？

2.品牌推广的工具有哪些？试分析其利弊。

3.简述品牌推广的方式，试列举一二。

4.简述人员推广的组织结构。

5.什么是品牌营业推广？有哪些推广工具？

6.论述价格折扣推广对品牌的影响。

7.简述整合营销传播理论。

8.如何强化整合传播的价值？

9.假设你是某企业的主管，试就某一品牌产品写一份推广计划。

案例分析

案例1　　完美日记的品牌营销手法

完美日记，作为近几年新兴的国产美妆品牌，相信很多年轻人对它并不陌生。直到目前，这仍然是研究国货品牌营销时不可错过的一个案例。回顾完美日记的发展历程，其成长速度非常惊人，曾在短时间内迅速占领美妆市场，如今正经历战略转型期，聚焦于降本增效。一个品牌的走红必然离不开其背后的营销模式，完美日记的营销包含了众多目前热门的营销手法。接下来就让我们深入了解一下完美日记的“完美”营销手法。

一是品牌定位明确。完美日记将品牌受众群体定位在喜爱购物、购买力较强、感性占据主导地位的年轻女性，主打“大牌平替”的概念，利用不断开展的线上线下营销活动抢占用户的注意力资源，清晰地告诉消费者完美日记有什么，消费者能够得到什么，让消费者对品牌形成一定的认知。

二是聚焦“关键意见领袖（KOL）”。完美日记格外看重KOL群体，甚至有人说它是一家给KOL打工的公司。打开小红书、哔哩哔哩、抖音等拥有众多KOL的平台，搜索完美日记，你就会发现其中有大量关于完美日记的内容。

三是联名推广。如果说聚焦KOL是为了让品牌信息能够更垂直、更深层地抵达用户，那么品牌联名推广则是为了拓展品牌边界，广泛增加影响力。比如，完美日记以野生动物的“眼神杀”为产品设计灵感，将这部分内容融入产品包装，让人过目不忘，造就热销。

四是明星代言。在品牌成立前期，完美日记选择了罗云熙、朱正廷、赖冠霖等新生代有较高流量的明星作为品牌代言人。后来，随着品牌知名度的打响，完美日记启用实力派演员周迅作为代言人，这也是品牌即将推出中高端产品的信号。

五是善用微信。完美日记的日常运营渠道主要是微信群和朋友圈。在运营内容方面，完美日记注重打造“小完子”这个人物形象，将微信个人号的回复、高质量内容输出等都根据“小完子”的人设进行相应的设计，有利于拉近与消费者之间的距离，给予消费者更好的体验。

虽然以上营销手法也是大多数品牌在做的，但是如何高效、精准地获取客群流量，并最终完成流量的留存和转化，是完美日记值得借鉴的方面。

资料来源：创享时代．完美日记的“完美”营销手法［EB/OL］．［2022-02-23］．http：//news.sohu.com/a/525002415_121218524.有删改．

【案例思考题】

1.完美日记品牌推广的聚焦点在哪些方面？

2.完美日记的营销手法对同类型品牌的启示有哪些？谈谈你的看法。

案例2　蜜雪冰城的品牌传播

要说2021年上半年营销界有什么最火的案例，莫过于“你爱我，我爱你，蜜雪冰城甜蜜蜜”，短短三句歌词，让蜜雪冰城的品牌形象深入消费者脑海。蜜雪冰城依靠它的商业逻辑默默赚了60亿元，其中有没有值得其他品牌借鉴的地方呢？

首先是品牌符号。人们常说，君子善假于物。蜜雪冰城这首主题曲也一样，它改编自174年前的经典民谣“Oh！Suzanna”。其特别之处在于抓住了品牌符号的三个要点：一是“短”，蜜雪冰城的主题曲只有13个字，念出来用不上10秒钟；二是“平”，魔性的配乐和直白的歌词点出了蜜雪冰城的品牌名；三是“快”，代表着一款作品的传播力重点在于媒介。蜜雪冰城刚好踩在了短视频这个风口上，通过引导网友进行二次创作和二次传播来引爆热点。由此，一个活灵活现的品牌形象就支撑起来了。但是，营销只能让你从0到1，要想从1到10，必须依靠产品本身和运营体系。

其次是市场定位。在蜜雪冰城还没有流行之前，很少有人会主动讨论这个品牌，因为很多人觉得蜜雪冰城太土了。但就是这么一个很土的品牌，蜜雪冰城依靠着广泛分布在三四线城市以及大城市的城中村、学校旁的1.5万家门店，做到了65亿元的营收和8亿元的利润，核心原因在于市场定位足够下沉。随着新式奶茶的崛起，原本只有饮品属性的奶茶多了一层属性，即社交属性，这也让奶茶的身价倍增。产品定价意味着企业根据一部分群体的市场需求做出了选择，就等同于必须要首先服务于核心用户，品牌调性、价值观、组织理念、运营方式都要与之吻合。同样道理，蜜雪冰城个位数的定价，就是选择了消费能力不强的年轻人尤其是学生作为目标消费群体。对于快速消费品来说，土气和低价不是问题，能不能满足核心用户的需求以及品牌与目标市场是不是匹配，才是核心所在。

再次是峰值定律。诺贝尔经济学奖获得者丹尼尔·卡尼曼提出了峰值定律："如果在一段体验的高峰和结尾，体验是愉悦的，那么对整个消费和体验的感受就是愉悦的。"2006年，蜜雪冰城推出了第一款"爆品"冰淇淋，价格只有2块钱，性价比超高，瞬间热卖，成为蜜雪冰城的拳头产品。后来又有了4块钱的柠檬茶。这些产品定价低，利润自然不高，但凭借"终体验"获得了用户的一致好评。这实际上也是"附带产品定价法"的具体应用，即通过降低某一类附带产品的价格来吸引顾客，在主要产品上将利润赚回来，用直白的语言来讲，就是先通过低价把人群吸引过来，提高流量，再带动销量。

最后是诚信问题。蜜雪冰城毫不避讳地表示自己就是用的低价材料，甚至还有消费者看到蜜雪冰城将奶茶粉、奶昔粉、速溶咖啡等原料堆放在显眼的位置。这就在消费者心中形成了一个锚定的品牌意识："同等价位的比不上它，比它好喝的，价格又肯定贵。"这已经是一个非常难得的评价了。

当然，上述四点是其他品牌可以借鉴和复制的。但蜜雪冰城并不是没有隐患存在。第一点是加盟的管理问题。全国1.5万家线下门店都是由加盟商在管理。即便统一流程、采用标准化作业，但要想有效监督其执行情况，也是一个管理难题。第二点是边际递减效应。这个效应提示我们，消费所带来的效用逐次减少。由于消费者的满足感不断升级，而蜜雪冰城的产品研发和迭代却十分缓慢，加上目前产品价格已经非常低，因此，新产品若要满足消费者的需求，价格势必会提高。但是，蜜雪冰城要想提高价格，按照现在的布点来说特别困难。这两个问题能否解决将会是蜜雪冰城未来能否突破市场的终极命题。

资料来源：单仁行. 蜜雪冰城神曲火了，它早已靠这些商业逻辑默默赚了60亿［EB/OL］.［2021-07-05］. https：//www.shichangbu.com/index.php/know_info/58604.html.有删改.

【案例思考题】

1. 蜜雪冰城的主题曲在蜜雪冰城的品牌传播与推广中起到了什么作用?

2. 总结蜜雪冰城品牌传播的经验。

第6章/ 品牌运用与管理

学习目标：理解品牌建立的作用与意义；知晓不同的品牌运用策略之间的差异；掌握统一品牌和多品牌策略的适用条件和优缺点。

引导案例

丰田美国的多品牌战略

提到日本的汽车工业，不得不提的就是丰田汽车。作为全球数一数二的汽车生产商，丰田生产的汽车遍布全球。作为熟悉丰田的业内人士，可能听说过丰田生产方式，但实际上丰田能够“一招鲜吃遍天”，不仅仅体现在生产上，而是将精益化的理念贯彻到底，企业文化处处体现精益思想。

1957年，丰田美国销售公司正式成立，然而，截至1958年年底，只在美国卖出了287辆，第一款产品Toyopet以失败收场。由于丰田在美出售的车型是从日本市场出口过来的，因此并不符合美国人的消费习惯。于是，丰田从中吸取经验教训，在1960年决定暂停向美国出口轿车，根据客户的要求，在当地生产，在当地销售。1972年，低油耗、高性价比使得丰田在美国的销量第一次超过30万辆。1975年，丰田进入美国进口汽车排行榜。20世纪70年代末，丰田开始研发佳美轿车，现在改名为凯美瑞的佳美轿车仍然稳稳占据着美国家用轿车榜首的位置，美国人与丰田从佳美轿车开始相互了解。

丰田在美国用小型车创出了廉价、低档车的名声，使得之后的高档车皇冠销量惨淡。1983年，丰田召开了一次意义重大的董事会。经过6年精心筹划，大举投入资金进行技术投入之后，1989年，丰田在美国推出了雷克萨斯（Lexus）。为了不受丰田廉价车形象拖累，Lexus的英文读音与“Luxury”（豪华）一词相近，车身上也隐去了丰田的标志，在美国建立独立渠道体系、独立专卖店、独立推广体系。此后，雷克萨斯在美国市场上获得了巨大的成功，成为美国豪华车销量第一的品牌。2000—2003年，雷克萨斯连续4年蝉联美国豪华车销量冠军宝座，2004年在美国的销量突破30万辆，连续8年获得客户满意奖。

2002年，丰田美国销售公司发现购买其产品的客户日益老龄化，而被称为Y世代的年轻人成为汽车厂商竞相追逐的极具吸引力的下一个细分目标市场。为了改变丰田在Y世代人群中的迟暮形象，丰田以非同寻常的速度，在2002年纽约车展新闻发布会上宣布了针对Y世代目标客户的赛昂（Scion）品牌，并在车展上宣传了bb X以及cc X两款展示车。2003年6月，赛昂品牌汽车开始在美国上市，但仅限在加利福尼亚州销售。在开始销售的约半年时间里，加利福尼亚州的105家销售商共卖出了100 898辆赛昂品牌汽车。同时，据丰田表示，其中有500辆在美国其他州挂牌，甚至还出现了在其他国家挂牌的情况；2004年，赛昂开始在纽约州、马萨诸塞州等东海岸地区，佛罗里达州等东南地区以及得克萨斯州等墨西哥湾沿岸地区进行销售。据统计，购买赛昂品牌的用户，年龄大多在30岁左右，其中80%不是丰田汽车原先的用户，却能够成为将来购买丰田品牌以及雷克萨斯品牌的潜在客户。

目前丰田汽车可以分为四个层级，最高层级为企业品牌，即丰田汽车；第二层级为业务伞品牌，包括Toyota（丰田）、Lexus（雷克萨斯）、Scion（赛昂）、Daihatsu（大发）、Hino（日野）五个伞品牌，不包括Subaru（斯巴鲁）等联营品牌；第三层级为产品品牌，如Toyota伞品牌下包括Camry（凯美瑞）、Corolla（卡罗拉）、Corona（科罗娜）、Crown（皇冠）等数十个产品子品牌；第四层级为产品标识，如同样为卡罗拉，又具体细分为运动款、标准款、天窗版等多种型号，以体现不同产品的区别。

五大品牌的核心价值区别明晰。雷克萨斯和赛昂是丰田汽车自发衍生出来的独立品牌，大发和日野为丰田兼并重组后的业务独立运营的品牌。核心在于不同品牌的核心价值诉求不同，针对的目标消费群体不同，各品牌背后的产品设计理念和风格特点不同。除了高端品牌雷克萨斯和年轻人品牌赛昂，丰田作为销量最大、产品涵盖最广的主流伞品牌，核心价值诉求“可靠耐用、追求品质和技术”；被丰田兼并的大发则继续保持其原有品牌定位，坚持“低成本、可靠质量”的核心价值，主打的则是高度重视性价比、追求低成本的消费者，这样可以有效弥补丰田原有品牌不能覆盖的细分市场；而日野作为商用车品牌，其品牌诉求则集中在“安全、可靠”上。这些伞品牌在消费者感知层面都表现为相互独立区隔，产品风格和特点表现不同，终端销售相互区隔，品牌广告自行投放。

虽然品牌众多，但是丰田五大品牌相互之间没有冲突，产品设计理念、产品风格特点各不相同，各自都能强力支持其价值定位。而金字塔形的产品分布，又使丰田汽车多达三十几个子品牌覆盖了乘用车和商用车两大领域。不同品牌的渠道终端相互独立，没有形成内部恶性竞争的冲突。与此同时，老品牌的影响力迅速带动了新车型的销售。这些使得丰田无论纵向发展车型，还是横向延伸品牌，都延续着明确的规则和要求，使得多品牌规划层次分明，加之丰田的精益管理，在汽车自主品牌不断衍生、推出细分市场车型的今天，丰田多品牌体系规划的原理与管理可以提供很好的借鉴和参考。

资料来源：车经社. 将精益化做到底，当年丰田是如何步步为营，壕取北美市场的？[EB/OL]. [2018-10-10]. https: //baijiahao.baidu.com/s? id=1613930426992913123&wfr=spider&for=pc.有删改.

随着品牌重要性的不断提高，品牌战略日益成为企业关注的重大问题。品牌战略的目标是创名牌，而实现这一战略的关键是品牌策略，即把品牌战略转化为具体行动过程的策略和办法。从企业角度看，品牌策略是整个产品管理的有机组成部分之一。为了更好地适应市场需求，企业一般要根据资源状况制定品牌策略，确定品牌的组合结构，让每个品牌承载企业或产品特有的信息，并通过合适的渠道将其传递给消费者。企业在制定品牌策略的时候，涉及品牌化决策、品牌使用者决策以及统一品牌策略、多品牌策略、副品牌策略运用管理等有关问题。

6.1 品牌化决策

6.1.1 品牌化决策的含义

企业决定是否给产品设置品牌就是企业的品牌化决策，而品牌化则是企业为其产品确定品牌名称、设计品牌标志并向政府有关部门申请商标、注册品牌的业务活动过程。

6.1.2 品牌化的作用

使用品牌对企业有如下好处：(1) 品牌名称和品牌标志可以使不同厂家生产的产品易于被识别，有利于订单处理和对产品的跟踪；(2) 品牌注册商标可以使企业的特色产品受到法律保护，防止假冒；(3) 品牌化有助于企业进行市场细分，以区分不同类型的消费者；(4) 品牌化有利于突出品牌特色，提高品牌知名度，扩大市场份额；(5) 品牌化有助于增加产品价值，提高品牌美誉度，提升品牌资产质量，树立良好的企业形象，增加企业对市场的吸引力，提高顾客忠诚度。

品牌化对消费者也大有好处，主要体现在以下方面：(1) 消费者可以从品牌中获得大量的商品信息，进行不同品牌的综合比较，选择自己最满意的品牌；(2) 消费者可以了解到不同品牌的优劣，有利于维护消费者权益；(3) 有助于消费者提高购物效率，减少盲目消费、不知情消费的额外支出，避免由于不了解造成消费上的不便；(4) 对于一部分消费者，品牌尤其是名牌能够使其满足特定的心理需求，如成就感、身份和地位的象征。

由于品牌化对企业和消费者都有好处，且有利于建立公平、有序的生产与消费环境，因此，品牌化已经成为企业、社会、政府、消费者的关注重点，创名牌也已经成为社会各界的普遍共识。

6.1.3 无品牌商品

有些商家的商品不使用品牌，这些商品被称为无品牌商品。

不使用品牌的商品主要有以下几种情形：(1) 未经加工的原料产品，如小麦、大豆、棉花、矿砂、建筑用的砂石等；(2) 很难形成独特风格的初级工矿业产品，如煤炭、生铁、普通钢材、石灰等，不同生产者生产的这类产品不易形成特色；(3) 消费者习惯上不考虑品牌的商品，如大米、面粉、香料、水果等；(4) 某些工艺简单、差异不大的小商品、日杂用品，如陶瓷、普通用具、卫生用品等；(5) 一次性出售的商品，如一次性使用的筷子、包装袋等；(6) 蔬菜、水果、肉类食品、水产品等。

企业推出无品牌商品，其主要目的是节省管理费用、包装费用、广告费用，借此降低成本，扩大销售。不过，随着市场竞争的加剧、品牌商业价值的日益凸显，以及企业和消费者品牌意识的加强，品牌化趋势进一步加强，品牌化越来越成为企业首先考虑的问题。比如，过去人们不太在意有无品牌的大米、面粉、大豆、食用油、水果、蔬菜和肉制品等商品，现在也放在包装袋内并冠以品牌名称出售。

尽管品牌化是商品市场发展的趋势，但对于个别企业而言，是否使用品牌还须考虑产品的实际情况。一般来说，对于那些在加工过程中无法形成一定特色的产品，由于产品的同质性很高，消费者在购买时不会过多注意品牌；对于那些消费者只重视式样和价格而忽视品牌的产品，品牌化的意义同样也很小。未经加工的原料产品以及那些不会因生产商不同而形成不同特色的商品仍然可以使用无品牌策略，这样可以节省品牌设计、保护、宣传的有关费用，降低价格，扩大销售；相反，其他商品则应考虑使用品牌，以获得品牌所带来的好处。

思政课堂

习近平总书记把脉农产品品牌化发展方向

2020年5月11日，习近平总书记赴山西考察，首站来到大同调研。黄花产品展厅里，以黄花为原料开发的黄花干、黄花酱、黄花饼、黄花化妆品等形成各具特色的系列产品。通过深加工，延长产业链，提升综合效益，当地老百姓走出了一条幸福路。展厅墙上贴着“忘忧草，脱贫宝”标语，生动诠释了黄花种植给乡亲们带来的好处。

细致察看黄花产品，习近平总书记感慨地说：“就是要立足本地实际，大力发展特色产业，把大同黄花做成全国知名品牌，让乡亲们富而忘忧。”

全面推进社会主义现代化强国建设，最艰巨、最繁重的任务在农村，最广泛、最深厚的基础在农村，最大的潜力和后劲也在农村。实施乡村振兴战略，是解决新时代我国社会主要矛盾，实现“两个一百年”奋斗目标和中华民族伟大复兴中国梦的必然要求。

处在不同地域的中国农村，自然条件、自然资源、产业基础各不相同。乡村振兴必须是产业振兴。习近平总书记一语道破乡村振兴必须走品牌化的发展之路，通过品牌引领、品牌辐射夯实农村产业基础，增强农村农业产业造血强身功能。

资料来源：央视新闻客户端. 建设品牌强国，习近平这样要求［EB/OL］.［2020-05-10］. http: //news.cyol.com/gb/articles/2021-05/10/content_7oaGlteEN.html.有删改.

6.2　品牌使用者决策

6.2.1　品牌使用者决策的含义与分类

品牌使用者决策是指企业决定使用谁的品牌。一般情况下，品牌使用者决策有以下三种：

1）使用制造商自己的品牌

这种品牌叫作制造商品牌或生产者品牌。制造商品牌是制造商的产品标记，反映制造商产品的设计、质量、特色。近年来，一些享有盛誉的制造商还将其商标授权给其他中小制造商使用，收取一定的特许使用费。

2）使用中间商的品牌

中间商为了加强对制造商的控制、降低商品价格，不允许制造商在产品上使用制造商的品牌，而是要求制造商在产品上使用中间商的品牌，即中间商使用自己的品牌把产品销售出去，这种品牌叫作中间商品牌、经销商品牌或分销商品牌。

3）将以上两种品牌结合起来使用

制造商可以在自己生产的产品上一部分使用制造商自己的品牌，一部分使用中间商的品牌，或者在品牌中同时体现制造商的品牌和中间商的品牌。

6.2.2 日益增强的中间商品牌影响力

中间商使用自身品牌会带来一些问题。比如，中间商需要大批订货，占用大量资金，承担的风险较大；为扩大自身品牌的声誉，中间商还需要大力宣传其品牌，造成经营成本升高。

中间商品牌也会给中间商带来诸多利益。比如，进货数量较大使得进货成本降低，因而，中间商可以较好地控制价格，一方面可以通过较低的销售价格争夺市场，另一方面可以在某种程度上更有力地控制其他中间商。

一些实力雄厚、信誉良好、特色鲜明的中间商，特别是规模较大的零售商和批发商，往往使用自己的品牌吸引顾客、招徕生意，以便进一步提升自己的声誉，比如英国的马狮百货集团及美国的沃尔玛百货有限公司、西尔斯百货公司等。大型百货公司、超市、服装店所经营的自有品牌通常占本公司品牌经营总数的10%～30%，有的甚至高达90%以上。

在现代市场经济条件下，制造商品牌日益受到正在崛起的中间商品牌的挑战，从而引发了制造商品牌和中间商品牌的地位争夺，也就是所谓的品牌战，品牌战的本质是制造商与中间商的实力较量。一般来说，在制造商具有良好市场声誉、拥有较大市场份额的条件下，制造商品牌的影响力更大，无力经营自己品牌的中间商只能接受制造商品牌；相反，当中间商品牌在某一市场领域中拥有良好的品牌信誉及庞大的、完善的销售体系时，利用中间商品牌则是有利的。因此，企业要结合具体情况，充分考虑到制造商与中间商的实力对比，客观地做出品牌使用者决策。

6.2.3 仍居支配地位的制造商品牌

尽管制造商的品牌受到来自中间商品牌的挑战，但是制造商的品牌仍然是第一品牌。主要原因是：(1) 工业化进程造就了一大批工业制造企业，它们是经济发展的支柱，世界品牌五百强中的绝大多数品牌是制造商品牌；(2) 信息技术、新材料、新能源等新兴产业的出现为制造商品牌增加了一批新成员，制造商品牌队伍不断壮大；(3) 无形产品尽管产值越来越大、发展速度惊人，但大多需要以有形产品的生产制造为依托，有形产品在国民经济活动中依然处于主导地位。

不仅如此，制造商品牌的优势也使得制造商品牌地位难以被撼动：(1) 制造商是产品的源头，对品牌有第一选择权；(2) 实力雄厚、管理优良的制造商品牌更能得到市场的广泛认同，更容易树立品牌形象；(3) 制造商具有技术优势，这是中间商无法具备的，因此，制造商在产品说明、咨询服务、技术指导、维修培训等方面具有很强的优势，这对于提高制造商品牌的信誉意义重大。

6.2.4 品牌名称策略

当企业决定使用谁的品牌的时候，与此相关的问题是如何把欲使用的品牌用于企业的产品，比如是对所有的产品使用一个或几个品牌还是对每个产品分别使用不同品牌，这就是品牌名称策略。品牌名称策略大致有以下四种：

1）个别品牌名称

个别品牌名称，即企业决定对每个产品使用不同的品牌。采用个别品牌名称，为每种产品寻求不同的市场定位，有利于增加销售额和对抗竞争对手，还有利于分散风险，使企业的整体声誉不致因某种产品表现不佳而受到影响。例如，在宝洁公司的产品中，洗衣粉有“汰渍”“碧浪”，肥皂有“舒肤佳”，牙膏有“佳洁士”。当一向生产高档产品的企业推出较低档的产品时，其有时由于担心企业声誉受到影响，也会使用个别品牌名称来避免产生关联。

2）对所有产品使用共同的家族品牌名称

对所有产品使用共同的家族品牌名称，即企业对所有产品使用统一品牌。就一些享有高声誉的知名企业而言，其全部产品采用统一品牌名称可以充分利用名牌效应，使得企业所有产品都能畅销。同时，企业宣传介绍新产品的费用开支也相对较低，有利于新产品进入市场。

3）各大类产品分别使用不同的家族品牌名称

企业使用这种策略，一般是为了区分不同大类的产品，对一个产品大类下的产品使用共同的家族品牌，有助于在不同领域中树立各自的品牌形象。例如，史威夫特公司生产的产品大类有火腿和化肥，就分别将其取名为“普利姆”和“肥高洛”。

4）个别品牌名称与企业名称并用

这是指企业对不同类别的产品分别采用不同的品牌名称，且在品牌名称前加上企业名称。企业多把此种策略用于新产品开发，这是因为，在新产品的品牌名称前加上企业名称可以使新产品享受企业的声誉，与此同时，采用不同的品牌名称又可使各种新产品显示出不同的特色。例如，海尔集团就曾推出海尔“探路者”电视、海尔“大力神”冷柜、海尔“小王子”洗衣机。

6.3 统一品牌策略运用管理

6.3.1 统一品牌的含义与优缺点

1）统一品牌的含义

统一品牌是指企业在生产经营的过程中使用同一个品牌名称，即企业以某一产品或服务为依托推出品牌后，再将此品牌运用到新开发的产品或服务上，或者用在被收购或兼并的产品或服务上。统一品牌策略通过聚焦单一品牌来形成强大的品牌影响力，特别是在形成一定的品牌美誉度之后，将会迅速带动产品销售。例如，美国通用电气公司对其生产的产品统一使用“GE”品牌，包括医疗设备、航空产品、机电产品、能源设施等。

2）使用统一品牌的优点

（1）减少品牌的设计、推广费用，降低品牌营销成本。使用品牌已经成为绝大多数企业的共同选择，品牌的设计、推广费用是企业不容回避的问题。一个企业对自己的所有产品都使用同一品牌，可以大大节省品牌设计费用，极大提高广告宣传效果，降低品牌推广费用。

（2）推陈出新，有利于新产品及早打开销路。新产品在设计成功之后，需要尽快推向市场。借用在市场上有一定知名度的品牌，有助于新产品的上市与推广。

（3）集合企业营销的全部力量，创建企业名牌。名牌是资金、营销能力、营销手段的有机结合，并且是在长期坚持下逐步发展起来的。名牌的成长周期较长，在由普通品牌向名牌成长的过程中，品牌宣传与维护需要持续而大量的资源投入。企业将所有资源集中在一个品牌的塑造上，可以不断提升品牌形象，造就品牌的“常青树”。

3）使用统一品牌的缺点

（1）淡化品牌特性，形成此消彼长的“跷跷板”现象。当某类产品在市场上取得领导地位时，该类产品的品牌就是强势品牌，甚至成为该类产品的代名词。如果企业将该强势品牌推而广之，用一个品牌名称代表两种或两种以上互不相同的产品，就可能导致消费者对产品的认知模糊。特别是当企业将该品牌推广到在市场竞争中可能处于优势地位的新产品时，消费者就会把原强势品牌的心理定位转移到新产品上，这就在无形中削弱了原强势品牌的优势，使得强势品牌所代表的形象信息产生衰减。这种原强势品牌的扩大使用会使企业各类产品的竞争态势呈现此消彼长的变化，即为“跷跷板”现象。例如，美国的“Heinz”腌菜曾是市场主导品牌，当企业把“Heinz”延伸到番茄酱市场后，“Heinz”番茄酱取得市场领导地位，但“Heinz”在腌菜市场中的地位却被另一品牌“Vlasic”所代替，丧失了其在该市场上第一品牌的地位。

（2）有悖消费者的心理定位。强势品牌取得成功的过程，就是消费者对企业塑造的这一品牌的功用、质量等产生特定心理定位的过程。当企业把这一强势品牌运用到与原市场不相容或者毫不相干的产品上时，这种不当的品牌延伸可能不但不会取得成效，反而影响原强势品牌在消费者心目中的特定心理定位。例如，“999”原是胃药中的著名品牌，当“999”品牌延伸到啤酒时，消费者就难以接受。又如，施乐公司曾经收购了一家电脑公司并把它改名为“施乐资料系统”，然而“施乐”在顾客心目中意味着复印机，他们不接受不能复印的“施乐”电脑，仅这一点，施乐公司就损失了8 400万美元。

（3）由于株连效应导致原有品牌形象受损。如果企业将某一产品的品牌名称冠于质量、档次相差悬殊的其他产品上，就会使强势产品和弱势产品相互冲击。一旦某类产品有了问题，就会殃及其他产品，尤其是把高档产品品牌用在低档产品上，有可能产生灾难性后果。例如，美国“派克”钢笔曾以质优价昂闻名于世，被誉为“钢笔之王”。然而，该企业1982年上任的总经理为扩大销售额，决定进军低档笔市场，将“派克”品牌用在仅售3美元的低档笔上，使企业形象、声誉大受影响，非但没有在低档笔市场上站住脚，反而在高档笔市场上也被竞争对手夺去一大块份额。

6.3.2 企业运用统一品牌策略应具备的条件

1）企业产品组合的关联性

企业绝不能在两种或两种以上互不相关的产品上使用同一品牌，否则容易导致失败。湖北沙市日化厂在这方面曾有过痛苦的经历，当时企业不顾产品的巨大差异和客户市场的不同，将红极一时的洗衣粉品牌“活力28”运用到矿泉水上，结果不仅未能打开矿泉水市场的大门，反而影响了洗衣粉品牌的发展。

2）企业相互关联的产品必须有大致相当的质量水平

通常情况下，不同品牌代表的是质量、档次不同的产品，而同一品牌应该体现出产品和服务具有相同或基本一致的质量。如果将同一品牌运用到质量差别较大或不同类别的多种产品上，就会动摇品牌定位基础，造成品牌形象混乱，甚至使顾客改变对品牌的态度，放弃对品牌的偏爱与忠诚。

3）企业拥有的产品有相同或相似的目标市场

浙江日报报业集团的统一品牌经营之路

不同的品牌对应不同的目标消费者，需要满足不同细分市场的需要。如果将同一品牌运用到目标顾客差异较大的产品上，就会引起原有顾客和新顾客的不安。例如，海尔在发展早期曾开过海尔饺子馆、卖过保健品海尔采力，这对于一个科技型家电企业来说会使消费者费解，影响市场对海尔品牌的认知。设想一下，如果将“七匹狼”男装品牌运用到女装上，不仅会改变品牌的原有定位，而且在女装市场上恐怕也会反响不佳。

6.3.3　统一品牌策略的类型

1）产品线统一品牌策略

产品线统一品牌策略是指企业对同一产品线上的产品使用同一个品牌，这是统一化程度较低的局部统一。因为同一产品线上的产品往往服务于同一客户群，所以食品、护肤品、保健品、饮品、服装乃至家电、汽车等领域的企业倾向于使用产品线统一品牌策略。

产品线统一品牌策略具有以下优点：（1）有利于形成统一的品牌形象；（2）增加产品组合的广度、深度，以扩展的产品组合满足顾客的更多需求，扩大产品组合的市场覆盖面；（3）节省品牌营销费用，实现品牌经营的规模效益。

2）跨产品线统一品牌策略

跨产品线统一品牌策略也是一种局部统一的品牌策略，即企业把质量、服务大致相当的不同产品看作一个产品单位，使用同一品牌。就其品牌统一的范围而言，跨产品线统一品牌策略要比产品线统一品牌策略更宽泛。

这种品牌策略较好地考虑到市场扩大和品牌扩张的要求，具有以下好处：（1）有利于在消费者心目中建立统一的品牌意识，树立整体形象；（2）有利于保持品牌质量形象的统一，使消费者不会对不同产品线的产品质量有厚此薄彼之虞；（3）有利于集中进行品牌宣传，降低费用。

跨产品线统一品牌策略最大的局限性是品牌个性不突出，尤其是新产品特色难以被凸显出来。

3）完全统一品牌策略

这种品牌运用策略的显著特点是高度集中、完全统一，即企业对自己经营的全部产品使用同一品牌。在这种品牌策略下，企业的品牌和产品的品牌高度重合，企业的品牌就是产品的品牌。无论企业产品的品种有多少，也不管各类产品的性质如何、功能怎样、产品定位和目标市场是否一致，都使用同一品牌名称。比如荷兰飞利浦公司的产品系列，从电视机、音响、剃须刀到灯泡、果汁机等，无一例外都使用“飞利浦”品牌。再如，日本的雅马哈公司和佳能公司、美国的通用电气公司（GE）、国内的TCL集团和三九集团等都运用完全统一品牌策略。

完全统一品牌策略的优势在于：(1) 统一的品牌形象有利于提高品牌知名度，增加品牌影响力，使品牌扩张更有效；(2) 统一的品牌战略、一致的品牌宣传、全方位的品牌塑造，向消费者传递单一品牌的完整信息，使品牌印象清晰、完整，增强品牌的亲和力，提高消费者的品牌忠诚度；(3) 完全统一品牌策略的实施与推进，可以使消费者不断加深对品牌及企业的认知，使统一的品牌形象和统一的企业形象逐步结合，使品牌的美誉度和企业的美誉度不断融合，从而提升企业的市场竞争地位，对企业的发展有着极为重要的意义。

完全统一品牌策略也有其局限性，主要表现在：(1) 完全统一品牌策略的实施始于企业的某一著名产品，但是在将品牌运用到其他产品时，由于重视统一品牌的形象塑造，因此往往难以突出产品个性；(2) 完全统一品牌策略适用于质量、档次大致相同的产品，但是如果把品牌运用到质量、档次不同的产品上，就会受到消费者购买心理的影响，不利于品牌的纵向延伸，所以在将品牌由高档次产品向低档次产品纵向推进时，需要慎重考虑，切莫由于考虑不周而打乱企业的品牌战略；(3) 完全统一品牌策略是将企业原来成功的品牌推广到企业的其他产品线上，如果定位不同的产品共用一个品牌，极有可能造成品牌形象冲突，影响消费者对品牌的认知。因此，完全统一品牌策略并非适合所有企业，要视企业的具体情况而定。

6.4 多品牌策略运用管理

6.4.1 多品牌策略的含义和实施原因

1）多品牌策略的含义

多品牌策略是指企业对其生产或经营的同一种类产品使用两个以上不同品牌的战略。随着消费者需求的多元化，单一品牌策略往往不仅不能很好地迎合消费者偏好多元化的趋势，还可能造成品牌个性不明显甚至品牌形象混乱，而多品牌策略恰好可以解决这个问题。不少行业领先者都在实施多品牌策略，例如，宝洁凭借多品牌策略垄断了全球日化品市场，联合利华拥有近2 000个品牌，欧莱雅拥有逾500个品牌，可口可乐、麦当劳、大众汽车、通用汽车、丰田汽车、长城汽车、比亚迪也都有若干品牌。这些品牌中一部分是原创的，一部分是通过兼并收购取得的。“为增长而并购品牌”是大多数公司形成多品牌的主要原因。

2）企业实施多品牌策略的原因

(1) 为了最大限度地利用市场机会而采取多品牌策略。在产品定位不同的情况下，目标市场往往存在较大的差异，此时如果实施单一品牌策略，市场覆盖率就会非常有限，而实施多品牌策略可以较好地解决这一问题。企业可以根据产品的种类、款式等方面的差别使用不同的品牌，也可以依据产品使用对象的不同使用不同的品牌。如果市场规模较大，利用多品牌策略就是最好的选择，有助于企业最大限度地吸引品牌的游离者。例如，宝洁公司仅在洗发护发市场上就根据功能不同投放了飘柔、潘婷、海飞丝、沙宣等品牌，从而占据该市场的霸主地位；同样，在洗涤用品市场上，宝洁拥有舒肤佳、碧浪、汰渍等品牌，占有该市场22%的份额。设想一下，如果宝洁公司不是运用多品牌策略，而是所有产品共用一个品牌，那么品牌销售效果肯定截然不同，单一品牌难以支撑起如此庞大的市场，不能为企业带来巨大的市场份额。

（2）为了满足企业经营需要而采取多品牌策略。一是出于某种原因，原有品牌的形象无法满足市场需要，或者不能继续作为企业产品无声的代言人，需要重建新品牌，即进行品牌替代。比如，科龙集团最早只有“容声”一个冰箱品牌，后来由于仿冒品泛滥致使“容声”品牌的市场形象受损，企业不得不启用“科龙”品牌重塑市场形象。二是原有品牌的市场定位已经十分明确，不适合运用到企业新推出的产品上。比如，“养生堂”是著名的药品品牌，当企业推出饮用水的时候，继续使用“养生堂”品牌就不太适当，故而推出“农夫山泉”这一新品牌。三是由于文化、风俗习惯存在差异，因此，即使一个品牌形象良好、声誉上佳，其在进入国际市场时也不能一成不变。比如，美国可口可乐公司将“Diet Coke”（健怡可乐）在日本更名为“Coke Light”、在法国更名为“Coke Lite”，这是因为在日本文化中“Diet”（节食）暗示着疾病或药物，在法国文化中“Diet”（节食）的意思是身体状况不佳。

（3）为了快速实现战略转移而采取多品牌策略。菲利普·莫里斯公司是世界著名的烟草生产商，以生产“万宝路”牌香烟闻名于世。随着各国禁烟运动的兴起、消费者自我保护意识的加强，该公司传统的主营业务市场空间受到挤压。该公司认识到，如果不对现有业务进行改造，就会使得生存空间不断萎缩。当时，该公司的股票价格也一路下跌，品牌形象受到影响。考虑到食品不管在任何时候都是人们必不可少的消费品，该公司决定将战略业务转移到食品生产领域。为了淡化消费者对公司产品的烟草定位，重塑品牌形象，该公司果断放弃在食品上使用知名度很高的“万宝路”品牌，而是斥巨资进行品牌并购，形成了“麦斯威尔”咖啡、“米勒”啤酒、“果珍”饮料、“Parkay”人造黄油、“费城”奶酪等世界级知名食品品牌。菲利普·莫里斯公司通过品牌收购成功地实现了战略业务转移。经过几年的发展，该公司不再是烟草行业的老大，而是世界第五大食品生产商，在1995年美国《金融世界》发布的282个最有影响力的品牌中有10个品牌属于该公司，其中食品品牌就有6个。

（4）由于原品牌不宜延伸而采取多品牌策略。有些品牌有其独特的历史、地域特征或产品的性能、用途等，这些因素也会限制其进一步发展的市场空间。比如，青岛啤酒是具有百年历史的国字号品牌，享誉中外。20世纪80年代以后，众多啤酒品牌风起云涌，青岛啤酒的市场地位受到了前所未有的挑战。到1996年，青岛啤酒的产量降至全国第三，市场占有率仅为2.3%。当时国内的啤酒消费结构是，中高档啤酒市场约占10%，低档啤酒市场约占90%。青岛啤酒要做大做强，必须向低档啤酒市场拓展，为此，该公司制定了“高起点发展、低成本扩张”的发展战略。在实施低成本扩张战略后，对收购、兼并的企业的产品品牌加以使用就成为影响扩张战略是否成功的重要因素。1994年，青岛啤酒厂兼并了扬州啤酒厂，随后又兼并了陕西汉斯啤酒厂，对被兼并企业的产品也都使用过青岛啤酒品牌。长期以来，青岛啤酒以高质量、风味独特著称，这是由于崂山泉水在形成青岛啤酒品质中扮演着重要角色，因此，青岛啤酒品牌具有显著的地域特征。在这种品牌认知背景下，对被兼并企业的产品冠以“青岛啤酒”，非但没有给企业带来市场的繁荣，反而给消费者留下“假冒”的印象。于是，青岛啤酒厂不得不放弃这一做法，沿用被兼并企业原有的品牌，只是在啤酒标签上印有青岛啤酒厂监制。目前，青啤集团主要拥有“青岛啤酒”主品牌以及“汉斯啤酒”“崂山啤酒”“山水啤酒”三个子品牌。

拓展阅读6-1

王品集团的多品牌战略

餐饮企业大多凭借一个品牌纵横江湖，但台湾地区知名餐饮企业王品集团通过实施多品牌战略打造了十多个自创品牌，取得了巨大的成功。

1993年，戴胜益在台湾地区开设了他的第一家高档牛排餐厅——王品台塑牛排。台湾地区的餐饮业是高度分化的，可分为三类：一是食材便宜、一般设立在破旧路段的低档餐厅；二是提供干净食材和个性化服务的中档餐厅；三是拥有豪华就餐环境且伴有轻松背景音乐的高档餐厅。这三类餐厅面向不同的消费群体，并且基本涵盖了台湾地区全部的消费者。这种采用不同模式面向不同客户的经营模式为王品集团实施多品牌战略提供了借鉴。

王品台塑牛排的目标顾客是高净值人士，平均月收入从1 770美元到3 930美元不等。根据里昂证券有限公司于2011年9月对亚太市场的一项研究显示，在台湾地区的成年人中，只有0.4%为高净值人士。戴胜益意识到这个小规模的高端市场会限制王品台塑牛排业务的扩展，为了开拓餐饮市场，戴胜益在2001年推出了一个全新的、具有鲜明特性的品牌——西堤牛排。西堤牛排侧重于营造家人、朋友一起就餐的幸福感。西堤牛排一经推出，就吸引了大量年轻人和中等收入家庭。西堤牛排的成功，让戴胜益看到了多品牌战略的巨大优势。随后，他又针对夫妻、情侣推出了精致的日式牛排餐厅——陶板屋。王品集团的各品牌在差异化上做了非常多的设定，从装修风格、音乐风格、餐具到员工制服都有不同的设计。在这种思路下，王品集团在接下来的7年间，推出了7个定位完全不同的餐饮品牌。

在戴胜益看来，台湾地区市场狭小，属于浅碟经济，仅提供单一产品和服务是不能做大做强的，因此必须进行准确的市场细分，针对不同的目标市场推出相应的产品。王品集团的多品牌战略有两个特点：一是不同品牌针对不同的目标市场；二是品牌的经营具有相对独立性。

王品集团之所以成功地实施了多品牌战略，是因为其做到了以下几点：第一，通过塑造多个品牌为消费者（尤其是品牌忠诚度较低的消费者）提供了更多的目标选项，增加了本企业产品被选中的概率，从而增加市场占有率；第二，通过经营多个品牌降低企业风险度，而非将公司声誉维系在一个品牌的成败上；第三，通过鼓励企业内部的合理竞争、适度竞争来提高士气和工作效率；第四，通过品牌个性的差异化设定，既吸引了不同的消费者，又避免了企业内部品牌间的自相蚕食。

资料来源：郭姝廷．从王品集团案例看多品牌战略的使用条件［J］．现代商业，2017（31）：136-137.有删改．

6.4.2 多品牌策略的优缺点

1）多品牌策略的优点

多品牌策略具有统一品牌策略所没有的优势，主要包括以下几点：

（1）有利于扩大市场覆盖面。大型企业若要实现其经营目标，通常需要占据规模较大的市场，而规模较大的市场往往包含着不同层次、不同种类、不同性质的需求，单一品牌难以统领所有产品去满足全部需求，因此，有针对性地设计并生产不同的产品，同时冠以不同的品牌能使企业较好地应对市场需求，提高市场占有率。

（2）有利于强化品牌个性。实施多品牌策略，可以为每一个品牌赋予鲜明的个性，从而形成显著的品牌差异，以满足不同消费者的品牌偏好，从而更好地迎合消费需求。

（3）有利于最大限度地获取品牌转换者的利益。大多数消费者不是某些品牌的忠诚消费者，时而会表现出对其他品牌感兴趣、尝试性地消费其他品牌、在不同品牌之间来回转换等品牌游离倾向。如果企业实施多品牌策略，同时提供几种乃至几十种品牌，就有可能锁住大部分品牌转换者，让他们继续使用本企业其他品牌的产品。在一定条件下，多品牌策略是获取品牌转换者的主要手段。

（4）有利于挖掘企业内部潜能，提高企业经营效率。在实施多品牌策略的情况下，企业通常为每类产品设置一个品牌，并且实行品牌经理制，每位品牌经理负责一条产品线上的品牌营销活动，来自企业内部的激励与压力促使品牌经理们努力做好品牌营销工作。

2）多品牌策略的缺点

多品牌策略具有一定的适用条件和适用范围。当采用多品牌策略时，企业应注意如下几点：

（1）企业应审视自己是否具有多品牌管理的能力和技巧。对企业来说，多品牌比统一品牌的管理难度要大得多，这是因为各品牌之间要进行严格的市场区分，各自所具有的鲜明个性要足以吸引消费者。企业实施多品牌策略的最终目的是用不同的品牌去占据不同的细分市场，联手对外夺取竞争者的市场。如果引入的新品牌与原有品牌没有明显差异，就等于自相残杀。

（2）多品牌策略具有一定的风险，而且推出一个新品牌需要相当高的费用。如果在一个缺乏实力的产品上运用新品牌，那么该产品的销售额很可能不足以支持品牌维持生存乃至成功推广所需的高额费用，多品牌策略就会以失败告终。这时，企业不如“把所有的鸡蛋都装进一个篮子里，然后看好这个篮子”，即先打造一个知名度高的品牌，再进行品牌延伸。

（3）多品牌策略应符合企业的经营目标。对于大型企业来说，确定品牌线的最佳长度（品牌个数）是重要问题之一。企业要想成为完善的品牌线经营者，或意欲追求较高的市场占有率以有效防止竞争者的侵入，那么通常要具有较长的品牌线；企业如果为了追求利润最大化，那么品牌线的长短则需要经过实际估测。事实上，企业对每一品牌所投入的力量也不应是均等的，对于主要品牌应重点培育，而其他品牌则处于陪衬地位。

总之，实施多品牌策略可以为企业争取更多的货架空间，也有助于企业“截获”品牌转换者，还能使企业的美誉度不必维系在一个品牌的成败上，从而降低企业的经营风险。

6.4.3　多品牌策略的误区

对于大多数市场而言，仅凭一个品牌让所有消费者认同是不可能的。在市场不断细分的背景下，采取多品牌策略是降低市场风险、提高综合竞争能力的有效途径。尽管企业实施多品牌策略已司空见惯，但其中也可能存在以下误区：

1）品牌策略与品牌生命周期不符

品牌策略与品牌生命周期不符主要表现为以下两种情形：一是在导入期采取多品牌策略，虽然看似给企业留足回旋余地，但实际上会因类似信息相互干扰而造成消费者认知模糊，难以树立鲜明的品牌形象；二是一直围绕主导品牌开展业务，直到主导品牌衰退的时候才仓促推出新品牌，在这一阶段，企业既要推广新品又要维持原有品牌，稍有不慎就可能导致品牌失利。

走多品牌路线，要求企业在品牌生命周期的不同阶段实施不同的品牌策略。比如，在导入期采取单一品牌策略，以便迅速树立鲜明的品牌形象，然后引入系列品牌，待市场成熟时采取渗透策略，针对细分市场延伸品牌，扩大市场份额。例如，五粮液在品牌地位稳固之后，再以“五粮春”参与中高端市场竞争，以“金六福”抢占大众节庆市场，以“尖庄”满足中低端消费。

2）品牌定位重合，内部存在冲突

如果多个品牌不能很好地区隔开来或彼此互补，就很可能出现自家兄弟抢饭吃的现象。有一种错误的做法是，当企业感觉原有品牌没有竞争力时，就换名称、换包装，用新品牌取代老品牌，但结果往往是“新品牌起不来，老品牌忘不掉”。只有从消费者出发，将不同细分市场的特定需求和品牌特点结合起来，从目标消费群体、品牌诉求、产品特质、品牌形象等层面形成鲜明的品牌区隔，才能形成各自明确的品牌区域，从而建立强大的品牌群。

3）多品牌策略实施体系欠缺

如果企业没有建立起完善的多品牌策略实施体系，就无法有效地处理各个品牌之间的市场运作，最终导致失败。常见的情形有以下两种：一种情形是以原班人马、原有渠道拓展新品牌，在这种情形下，因为执行团队受原有经验影响，导致新品牌的操作思路很难有效执行，所以成功率极低；另一种情形是重建新体系，将所有精力和资源都放在新品牌上，造成品牌发展顾此失彼。因此，企业在实施多品牌策略时，应当对针对各个独立品牌配置相应资源，保持相对独立运作，比如为每个品牌设计各自的中长期发展规划，进行专业的品牌策划和持续投资。

6.4.4 多品牌策略的实施与管理

在一个实施多品牌策略的企业里，每一个品牌都是品牌大家庭中的一员。如何使企业的多个品牌相互支持而不是彼此牵制？为此，企业要实行品牌管理。品牌管理的目标是发挥每一个品牌的作用，不断提高品牌资产价值，为公司带来持久且丰厚的利润。

1）明确不同品牌的市场边界，发挥每个品牌的作用

如果品牌定位不明确，就会出现不同品牌互相蚕食对方市场的情形。这需要企业在实施多品牌策略时统筹规划、巧妙布局，既要防止品牌定位重叠、市场边界不清的问题发生，又要避免多品牌市场覆盖不全的问题。随着产品同质化趋势的加强，多品牌策略成为形成品牌差异化、赢得市场竞争的主要手段，而品牌差异化又主要体现在其独有的品牌个性和鲜明的品牌诉求点上。最典型的例子是宝洁公司的飘柔、潘婷、海飞丝、沙宣四种洗发水，尽管功能、成分相似，但每个品牌都有各自清晰的定位，品牌诉求也突出了不同的特点，如飘柔“柔顺发质”、潘婷“营养发质”、海飞丝“去头皮屑”、沙宣“专业护理头

发”，这使得宝洁公司得以用不同品牌迎合了各类人群的不同需求，从而大大提高了市场占有率。

2）优化品牌组合，组建以核心品牌为中心的品牌团队

品牌组合不是一成不变的，而是要根据不同品牌相对于企业战略目标的地位、重要性不断调整。企业管理者应明确，在不同时期、不同阶段，哪些品牌是战略性品牌，哪些品牌是防御性品牌，哪些品牌是竞争性品牌，哪些品牌是主打市场的营利性品牌。多品牌、多层次、不同的目标任务，可以使得企业品牌组合重点突出、角色分明，品牌营销思路一目了然。

3）合理分配资源，为品牌发展提供强大支持

品牌的塑造是一个长期过程，期间需要大量的经济资源予以配合。如何对不同的品牌资源做合理的预算、分配安排，是一个值得仔细研究的课题。一般来说，可以从以下三个方面来思考：

（1）企业的核心品牌有哪些？

核心品牌能反映企业资源的优势及使用方向，体现企业的核心竞争力来源。

（2）哪些品牌具有上升为核心品牌的潜力？

随着市场需求的变化、企业营销能力的增强，那些目前处于二线的品牌有可能成为下一时期的核心品牌。

（3）哪些品牌属于防御性品牌？

防御性品牌只是用于构造完善的多品牌体系，对企业战略目标的实现不会产生实质性影响。

企业在进行上述分析的基础上按照“确保核心品牌，照顾一般品牌”的原则进行资源分配，将会使得不同品牌都得到必要的养护与维持，有助于保证品牌根基稳固、品牌之树常青。

拓展阅读6-2

大众汽车的多品牌策略

大众汽车的德文为Volkswagen，意为大众使用的汽车。大众汽车商标简洁、鲜明，令人过目不忘。其图形商标是Volkswagen单词中的字母V和字母W的叠合，形似三个“V”字，被镶嵌在一个大圆圈内，像是中指和食指作出的V形，表示大众公司及其产品“必胜-必胜-必胜”。大众汽车的图形商标置于发动机散热器前面格栅中间，文字商标标示在车尾的行李箱盖上。

大众汽车在2010年打败日本丰田汽车、美国通用汽车成为世界最大的汽车公司。大众汽车是一个在许多国家设有生产厂家的跨国汽车集团，公司总部曾迁往柏林，现设在沃尔夫斯堡，拥有雇员35万人。大众汽车拥有颇具实力的世界性金融服务系统，这使得其影响扩大到世界主要地区。

大众汽车的主要竞争优势在于多品牌策略，从微型车到重卡，几乎覆盖所有车型，同时拥有铃木19.9%的股份和德国曼集团75%的股份。虽然大众汽车旗下品牌众多，但是每个品牌都有清晰的品牌个性和明确的服务对象，如顶级奢华的宾利

(Bentley)，豪华的奥迪（Audi），平民化的大众、甲壳虫（Beetle）、斯柯达（Skoda）和西亚特（Seat），“豪华跑车”兰博基尼（Lamborghini），“完美跑车”布加迪（Bugatti），“平民跑车”保时捷（Porsche），商用汽车斯堪尼亚（Scania）和重型卡车曼（MAN）等。大众汽车依靠先发优势和多品牌策略成功地塑造了企业形象，获得了极高的市场占有率，令同行难以望其项背。

大众汽车从奔驰汽车手上并购奥迪可谓史上最成功的并购。不仅奥迪品牌得以复兴，而且大众汽车与奥迪品牌之间的合作也一直是多品牌合作的典型案例。大众汽车从丰田汽车买来的半成品发动机不能直接使用在汽车上，而奥迪运用它的核心技术，帮助大众汽车把半成品制造成完美产品；与此同时，大众汽车拥有最先进的“PQ35平台”，奥迪可以用最优惠的价格使用该平台，这对于进军中国市场是十分有利的。虽然大众汽车和奥迪在技术上共享颇多，但是核心技术却有所保留。这显然是大众汽车聪明的地方，既让品牌间实现了有效合作，又保持了品牌的独特性。

资料来源：佚名．大众收购奥迪［EB/OL］．［2011-10-06］．https：//www.docin.com/p-268558074.html.有删改．

6.5 副品牌策略运用管理

6.5.1 副品牌策略

1）副品牌策略的含义

副品牌策略是指在保留企业主品牌的基础上，对产品赋予某种名称、标示、标记。通俗地讲，就是在企业主品牌（商标）不变的情况下，再给产品起一个小名。在不影响主品牌主导地位的前提下，通过副品牌让人感受到一个全新的产品问世，创造全新的卖点。

2）主品牌与副品牌的区别

副品牌仍然以主品牌为品牌，并在一个更小的范围内标识产品。它可以享受到成功品牌的知名度和美誉度，节省广告宣传费用，降低新产品的市场进入成本，既发挥现有成功品牌的优势，又突出副品牌的个性化。曾经在很长一段时间里，海尔成功地运用了副品牌策略，在冰箱、洗衣机、热水器、电视等系列产品的品牌命名上都采用主副品牌结合而成的组合品牌。比如，在冰箱领域，海尔曾推出“海尔小王子”“海尔双王子”等；在空调领域，海尔曾推出“海尔小超人”变频空调、“海尔小状元”健康空调等；在洗衣机领域，海尔曾推出“海尔神童”“海尔小小神童”等。此外，海尔还曾推出“海尔探路者”彩电、“海尔小海象”热水器、“海尔水晶公主”空气清新机等。

3）副品牌策略出现的原因

市场分化与产品改进日益呈现个性化与感性化的趋向。个性化要求企业为不同的消费群体提供不同的功能与价值，而高科技为满足消费者的个性化需求提供了可能。感性化则要求企业满足人们的情感追求，赋予产品以人性化的品牌，必然会引起消费者的共鸣。

对于绝大多数企业来说，试图以一个品牌覆盖所有的细分市场是不现实的，因此，消费者对品牌单纯化、共有化的要求与消费者对消费品个性化、感性化的要求之间存在冲突。副品牌策略使上述冲突的调和成为可能。一方面，以企业品牌为主品牌，可以继续发挥其稳定性高、影响力大的优点，满足消费者对品牌单纯化、共有化的要求；另一方面，一系列副品牌又代表了众多的个性化、感性化选择，可以精确而形象地标识每一种产品的个性与特点，从而弥补主品牌对商品定位不清等不足。

4）副品牌策略的优点

（1）减少品牌延伸的风险，发挥主品牌的优势。在统一品牌策略下，品牌延伸可能存在损害原品牌的形象、模糊品牌定位、稀释品牌个性、产生“跷跷板”效应等副作用。而副品牌的出现，既能有效减少这种损害，又能利用消费者对现有成功品牌的信赖和忠诚度，推动副品牌产品的销售。比如，海尔推出神童系列洗衣机，不仅会增强市场对企业的信心，而且会给消费者留下规模大、实力强、创新快、活力足的印象。

（2）突出产品个性。人们对多品牌最大的忧虑是冲淡产品个性，而主副品牌的同时出现能克服这种弊端，起到区别产品类别、突出产品个性的作用。比如，人们对“海尔”这个主品牌的认识比较宏观，对“小小神童”“小海象”的印象则比较具体。一看到“小小神童”，人们就会立刻将其与小巧玲珑的洗衣机联系起来。

（3）产生品牌联想。易写、易读的副品牌极易让人们通过非条件刺激产生品牌联想。比如，“王子”“神童”“状元”，除了具有营销美学价值之外，还很自然地让人们联想到高质量的产品。

（4）节省品牌创建费用。建立主品牌不仅要持续付出较多的心力与财力，而且要承担较大的风险，但如果企业针对每一种产品建立一个品牌，则风险更大、成本更高、周期更长。因此，以主品牌与副品牌进行分工合作，首先通过一个成功的主品牌获得消费者的认可，再通过副品牌满足顾客个性化需求，取得消费者的认同，是一剂既能实现从品牌认可向品牌认同飞跃又能节省品牌创建费用的良方。

6.5.2　副品牌的基本特征

1）副品牌通常不增加品牌管理费用

副品牌通常不需要注册，而且能最大限度地节省资源。在副品牌策略中，企业品牌宣传的重点是主品牌，推广费用主要花在主品牌上，借助主品牌地位、声誉的不断提高，强化消费者对主品牌的识别、记忆、认可、归属、信赖和忠诚，从而使消费者接受副品牌。

2）主副品牌之间的关系不同于企业品牌和产品品牌之间的关系

主副品牌之间的关系是主导和从属的关系，以“海尔小王子”为例，“海尔”是主品牌，“小王子”是副品牌；企业品牌和产品品牌则是整体和部分的关系，如“科龙”与“容声”就是企业品牌与产品品牌的关系。

3）副品牌通常直观、形象地表达产品的优点和个性

如“海尔小小神童”“海尔小海象”等，富有感染力、想象力，能把产品的性能、优点通过形象的语言表达出来。

4）副品牌具有口语化、通俗化的特点

如“海尔探路者”“长虹精显王”等，不仅生动、形象地体现了产品的性能和特点，

而且有利于迅速打开市场。

5）副品牌内涵丰富、针对性强

副品牌一般被用来直接表现产品，因而与某种具体产品相对应。

6.5.3 副品牌的命名原则

副品牌在产品推广和提高消费者的认知度方面具有明显的作用。因此，在品牌营销中，如何赋予副品牌更多的灵性、暗示性与指示性，使副品牌充分表达产品的个性特点并与消费者的心理诉求保持一致，就显得十分重要。副品牌命名应按照下列要求进行：

1）主品牌要与副品牌遥相呼应

主品牌是副品牌的基础，而副品牌是主品牌的延伸，是主品牌旗下某一产品的具体体现，是对主品牌的进一步说明，二者相得益彰，给人一种自然、和谐、耐人寻味的感觉。

2）副品牌要起到提示、暗示或联系产品功能属性的作用

主品牌一般很难把企业各类产品的功能属性完全表达出来，但可以借助副品牌来补充，这就要求副品牌名称要具备充实主品牌的能力。

3）副品牌名称要具备“四易”“五化”

“四易”是指易读、易记、易认、易传；“五化”是指口语化、通俗化、形象化、简洁化、个性化。例如“海尔小小神童”“娃哈哈营养快线”等，读起来顺口，听起来顺耳，记起来容易，传起来快捷。

4）副品牌要富有时代感

副品牌的名称、联想与想象要迎合目标市场消费者的理念，功能提示语要凝练，具备响应市场需求的时代特征。

5）副品牌要有震撼力

在品牌林立的竞争时代，并不是每一个品牌都能快速地脱颖而出，唯有具有独特性、能对市场产生冲击力和震撼力的品牌才能在消费者心目中留下深刻的印记。

6）副品牌要服务于产品市场定位

副品牌策略如果运用得当，能较好地解决统一品牌策略下品牌市场定位不准、模糊不清的问题。只有依据不同类别产品的市场特点量身定制，才能使副品牌较好地与目标市场对接，把产品定位信息准确传递给消费者。

学习与思考

1.品牌化决策是什么？有何意义？

2.品牌使用者决策是什么？分为哪些类型？

3.统一品牌策略是什么？分为哪些类型？

4.统一品牌策略有何优缺点？

5.何时应该采用多品牌策略？多品牌策略有何优缺点？

6.结合实际分析海尔运用过哪些品牌策略。

案例分析

案例1　　恒源祥

恒源祥的前身是创始于1927年的一家老字号绒线商店。1989年，“恒源祥”正式注册为商标。通过实施一系列的品牌战略，恒源祥迅速成为毛纺行业的知名品牌。

（1）初创期的合资生产策略

1927年，创始人沈莱舟先生开办了“恒源祥人造丝毛绒线号”，主要从事人造丝毛的批发和零售。出于对绒线的情有独钟，凭借独到的商业眼光，沈莱舟将依靠渠道营销已积累一定资本的恒源祥转向以绒线为主业，并通过一系列的商业宣传，提高了恒源祥的知名度。然而，恒源祥的成功受到了诸多其他字号的排挤和报复，而且遭受了当时提供绒线货源的联丰办事处的封杀，致使恒源祥断了货源。基于此，恒源祥与另外两家绒线字号合资开办了中国第一家专门生产绒线的毛纺厂——裕民毛绒线厂，生产“地球牌”与“双洋牌”绒线，从而为恒源祥的绒线销售提供了货源。

恒源祥利用已构建的营销渠道，借助合资生产模式提高了绒线生产能力，使得“地球牌”与“双洋牌”绒线销量猛增。因此，合资生产策略不仅解决了当时供不应求的问题，而且使恒源祥得以涉足绒线的加工制造环节，实现了向价值链前端的拓展延伸，巩固和提升了恒源祥在绒线业的影响力。

（2）成长期的共享创牌策略

1987年，绒线业开始走向萧条，恒源祥也面临着极大的困难，如果沿用传统经营模式，恒源祥就很可能被市场淘汰。基于此，时任恒源祥总经理的刘瑞琪开始改革创新，开创“引厂进店”的经营模式。在1989年年底，刘瑞琪将“恒源祥”注册为产品商标，并开始寻找工厂合作生产。1991年，“恒源祥”牌绒线诞生。有了品牌产品后，刘瑞琪开始推广产品。然而，此时恒源祥家底还很薄，只能拿出11万多元进行广告宣传。因此，刘瑞琪利用恒源祥自身的销售网络优势，将5家生产企业整合在一起，共同出资进行品牌推广和宣传，并共享品牌使用权。例如，恒源祥整合关联企业的资金赴澳大利亚拍广告，并在中央电视台推出了时长5秒钟的“恒源祥，羊羊羊”广告。这则广告虽简单朴素，却充满亲和力，形式单调的5秒钟联播3遍，对消费者的品牌记忆形成了独特的冲击，也让恒源祥顺利地完成了品牌导入，从此走上高速发展之路。由此可见，共享创牌为品牌塑造发力且推广资金匮乏的恒源祥提供了强大支撑，帮助恒源祥创建了品牌。

（3）成熟期的品牌虚拟化策略

随着共享创牌策略的实施，恒源祥不但集中优势资源培育和壮大自主品牌，而且提高了企业资源的边际使用效益，其品牌推广和渠道整合能力也有所提升。基于此，刘瑞琪充分利用“恒源祥”的品牌价值，以品牌虚拟的方式选择与缺乏销售网络和品牌但拥有设备、厂房、流动资金的乡镇企业组建“战略联盟”，即由加盟工厂负责产品的研发和生产，经销商和零售商负责产品的销售，恒源祥的职责是品牌营销、资源整合以及协调管理。如此一来，恒源祥不仅解决了手编毛线利润无法支撑企业发展的问题，而且将企业产品延伸至床上用品、羊毛衫、羊毛袜等，从而抵御了单一化经营的风险。由此可见，一方面，品牌虚拟化战略提升了恒源祥的品牌竞争力；另一方面，它也吸引了更多的加盟者，构建起一体化的生产体系和销售体系，形成了完善的价值链，提高了恒源祥品牌的美誉度和忠诚度。

资料来源：黄永春，李光明，张钰．资源与环境双约束下中小企业品牌成长策略的动态演化——对蒙牛、恒源祥、格兰仕成长历程的跨案例分析［J］．企业经济，2017，36（3）：34-41.

【案例思考题】

1.在企业不同发展时期，恒源祥品牌策略的侧重点有何不同？

2.请评价恒源祥品牌策略的合理性。

案例2　　宝洁公司多品牌策略

1988年，宝洁公司的洗发用品进入中国市场。当时的同类产品大多质量不好、包装简陋、缺乏个性但价格低廉，而宝洁公司将产品价格定为同类产品的3～5倍。由此可见，宝洁公司是以高品质、高价位的品牌形象打入中国市场的，这刚好切中了消费者崇尚名牌的购买心理。宝洁公司经过精心的市场调研，针对不同的目标市场，先后设计出功能不同的多个品牌洗发水。宝洁公司成功的主要原因可以归结为以下四个方面：

1.及时进行市场调研，完善信息反馈机制

市场调研是一切营销活动的基础。多品牌策略的实施，首先就要求企业进行充分的市场调研。据资料统计，为了能全面地进行调研，及时地获取信息反馈，宝洁公司每年会与700多万名消费者进行交流，公司每年投入的科研费用高达5亿～7亿美元。这样做的目的之一就是使宝洁系列的各种洗发产品的核心功能和外围功能充分满足不同目标消费者的要求。

2.市场细分定位，瞄准目标群体

在对市场进行充分调研的基础上，就要寻找其中的差异，细分市场。然后根据目标市场的不同，推出不同类型的产品，强调产品的功能诉求点。根据消费者的不同需要，宝洁公司把市场分为多个细分市场，每个细分市场的消费者都是由具有共同需要的个体组成，他们与某一品牌范畴相联系，从而使每个消费者都能迅速找到满足自己需要的特定品牌。以其在中国推出的洗发用品为例，希望“免去头屑烦恼”的人会选择海飞丝，希望头发“富有营养”的人会选择潘婷，希望头发“舒爽、柔顺、飘逸、潇洒”的人会选择飘柔，希望头发“保湿、富有弹性”的人会选择沙宣，希望头发“有花的芬芳”的人会选择伊卡璐，想让自己拥有“乌黑亮泽”秀发的人则会选择润妍。

3.突显品牌特色，媒体强力推介

第一，巧用品牌形象代言人进行产品发布。在宝洁洗发产品的导入期，其目标消费者是高收入的时尚女性。所以，在此类产品的广告画面上，多选用年轻男女的形象，展示年轻人追求浪漫、崇尚无拘无束和富有个性色彩的生活画面。宝洁公司选择青年消费群体作为其目标市场，正是看中了青年人的先导消费作用。不仅如此，青年人的特性与其洗发水所表现的风格相一致，两相呼应，更加深了消费者对其品牌的印象。宝洁公司还邀请多位深受消费者喜欢的明星为其洗发产品作广告，进行产品发布。

第二，运用现代先进的科技手段，在产品包装和广告上突出品牌特色。“飘柔”，从品牌名称上就可以让人感受到该产品使头发柔顺的特性，草绿色的包装给人以环保、自然的感受，“含丝质润发素，洗发护发一次完成，令头发飘逸柔顺”的广告语，再配以少女甩动如丝般秀发的画面，更深化了消费者对“飘柔”飘逸柔顺效果的印象；“潘婷”，使用杏黄色的包装，给人以营养丰富的视觉效果，“瑞士维他命研究院认可，含丰富的维他命原B5，能由发根渗透至发梢，补充养分，使头发健康、亮泽”的广告语，从各个角度突出了“潘婷”的营养型个性；蓝色是高科技的象征，“海飞丝”洗发水的海蓝色包装，首先让人感觉到此种产品运用了现代高新技术生产而成，再配以“头屑去无踪，秀发更出众”的广告语，更进一步在消费者心目中树立起“海飞丝去头屑”的印象；“伊卡璐”新颖独特的透明包装，突出了产品的天然纯净，再配合靓丽的外国女郎甩动着如丝般的秀发，散发出天然的花草芬芳，更加增添了女性的妩媚，由此形成了“要想秀发拥有天然的芬芳，就用伊卡璐”的印象；宝洁公司推出的专为东方女性设计的“润妍”产品，它的包装、广告形象代表着洗发水市场的高端水平，润妍含有中草药成分（首乌），在包装上只用了黑、白、灰、绿这几种简单的颜色，但以黑、灰为主，符合东方人的审美观点。

4.创建品牌经理制，并逐渐完善管理体制

宝洁公司洗发用品成功运用多品牌策略与品牌经理制有着重要的关系。1931年，宝洁公司首创品牌经理制，目的是让品牌经理像管理不同公司一样来管理不同的品牌。品牌经理制就是企业为其管辖的每一子品牌都专门配备一名具有较高组织能力的经理，使他对该品牌的产品开发、产品销售以及产品的利润全部负责，并由他来统一协调产品开发部门、生产部门以及销售部门的工作，负责品牌管理，影响产品的所有方面以及整个过程。一般来说，在公司生产的产品差异很大、数量较多，以至于按功能设置的营销系统无法良好运转的情况下，建立品牌经理制是比较合适的。例如，宝洁公司洗发用品有六个品牌，就分别有六个品牌经理。各个品牌之间相互竞争，总体上可以提高该类产品在整个行业中的市场占有率。

资料来源：于娜. 浅谈多品牌策略的运用——以宝洁公司洗发用品为例［J］. 中国市场，2015（1）：82-83.有删改.

【案例思考题】

1.宝洁公司多品牌策略成功的原因什么？

2.宝洁公司的多品牌策略与品牌推广策略是如何结合起来发挥优势的？

第7章/
品牌资产价值评估

学习目标：理解品牌资产的内涵与特征；理解品牌资产与品牌质量的关系；掌握品牌资产的形成要素；掌握品牌资产增加的方法；熟悉品牌资产评价的方法。

引导案例

吉利汽车并购沃尔沃带来的思考

“蛇吞象”式并购一般表现为新兴经济体国家的弱势品牌并购欧美发达国家的强势品牌。由于存在对比效应，一般来说，消费者对弱势品牌的评价会提高，而对强势品牌的评价会下降。根据社会认知理论，当弱势品牌收购强势品牌时，会造成消费者认知失衡，使得弱势品牌产生品牌溢出，而强势品牌产生品牌损失。然而，在实践中，弱势品牌收购强势品牌并非总是拉低强势品牌的形象，采取恰当的收购战略和整合战略能够实现双方品牌双赢。在现实中，吉利汽车并购沃尔沃汽车就是一个实现双方品牌双赢的典型案例。

吉利汽车成立于1986年，早年曾经主要生产电冰箱、装修材料和摩托车，直到1997年开始正式踏入汽车行业，而取得轿车生产资质却是在2001年。此后，吉利汽车通过逆向工程、模仿创新、技术合作与引进等手段走上迅速发展的道路。2002年，吉利汽车内部会议提出收购沃尔沃汽车品牌；2007年，吉利汽车第一次与福特汽车公司接触，表达并购意愿。此后，吉利汽车并购步伐加快。经过几年艰苦的准备和谈判工作后，2010年8月吉利汽车与福特汽车公司完成沃尔沃汽车并购的股权交割签约，并在11月成立沃尔沃-吉利对话与合作委员会。

在吉利汽车收购沃尔沃汽车之前，双方存在巨大的身份落差。瑞典发行量最大的早报《每日新闻》(Dagens Nyheter) 如此发问：“一个生产廉价汽车的中国公司生产的沃尔沃，还能拥有与瑞典沃尔沃一样的内涵和尊敬吗？”然而并购后，沃尔沃汽车的销量和利润额迅速增长，销量由2009年的33万辆迅速增至2017年的57万辆，利润由2009年亏损44亿元人民币扭转为2017年盈利114亿元人民币。

在品牌资产方面，这次并购令并购方与被并购方都获益良多。对于并购品牌来说，吉利汽车通过本次并购在国内外名声大振，旗下汽车品牌销量和利润稳步增加，已经由一个生产廉价车的品牌升级为中高端自主品牌；对于被并购品牌的沃尔沃汽车来说，收购前后吉利汽车的一系列动作增强了消费者对并购品牌的信心，这对于维持品牌忠诚度、提升品牌知觉质量、增强品牌乐观联想有重要作用。随着沃尔沃品牌汽车销量的逐年增长，品牌利润和价值也大幅提升，这也代表了品牌资产价值的大幅提升。

由此可见，吉利汽车收购沃尔沃汽车这次本来并不被看好的“蛇吞象”式并购，不仅使吉利汽车自身的品牌有了质的提升，也逐渐使沃尔沃汽车品牌恢复了昔日的地位，获得了双赢。

资料来源：李新剑，范彦成，吴红迪．“蛇吞象”式并购的合法性获取及双重品牌效应——基于多案例的研究［J］．管理案例研究与评论，2019，12（4）：401-416.有删改．

20世纪80年代以来，全球性的企业并购浪潮此起彼伏。部分企业并购的突出特征之一是并购方为收购所付出的代价远远超过被并购方的账面资产价值。比如，1988年雀巢收购英国郎利公司，收购价高达50亿瑞士法郎，是郎利公司股票市价的3倍、资产总额的26倍。品牌资产的价值得到充分体现，品牌无形资产价值的重要性引起广泛关注。

7.1　品牌资产概述

7.1.1　无形资产概述

品牌资产是无形资产的一种表现形式。为了更好地理解品牌资产，下面先对无形资产进行介绍。

1）无形资产的内涵

无形资产是由特定主体控制的、不具有物化形态或独立实体，被个人、组织长期使用，能对生产经营与服务持续发挥作用并能带来经济利益的资产。无形资产的存在形式多种多样，各国一般把专利、专有技术、商标、商誉、版权、租赁权、特许权、土地使用权等列入无形资产，而固定资产、流动资产、长期投资、专项资金等以实物和货币形式存在的资产则是有形资产，无形资产与有形资产共同构成资产。现在流行的IP（知识产权）属于无形资产，“流量+用户+产品”逻辑使其成为近几年的热点，比如“IP+餐饮”“IP+服装”等风头正劲。

2）无形资产的类型

（1）按照是否具有确定的法律保护形态，无形资产分为有确定法律保护形态的无形资产和无确定法律保护形态的无形资产。前者主要有商标、专利、著作权等；后者主要有专有技术、商誉、商业秘密等。

（2）按照技术特征不同，无形资产分为技术性无形资产和非技术性无形资产。前者主要有专利技术、专有技术、计算机软件与集成电路设计图等；后者主要有商标、商誉、服务标记、许可权等。

（3）按照价格构成特点不同，无形资产分为可以计算确定价格的无形资产和不可计算确定价格的无形资产。可以计算确定价格的无形资产大多独立存在，价格可以通过外购费用和有关研制费用及其产生的利润比较确切地计算出来，如专利、商标权；不可计算确定价格的无形资产往往与其他独立的无形资产或有形资产有不可分割的关系，一般不能独立产生价值或形成利润，如商誉、商业情报等。

（4）按照取得方式不同，无形资产分为原始取得的无形资产和继受取得的无形资产。原始取得的无形资产是指个人、组织通过研究开发获取的专利、专有技术等工业产权；继受取得的无形资产是指接受者从个人、组织那里通过某种方式取得的无形资产。

（5）按照评估对象构成要素的显著特征不同，无形资产分为知识型无形资产和权利型无形资产。知识型无形资产是指依靠高度密集的知识、智力、技术和技巧为使用者带来高附加值，如专利技术、专有技术、驰名商标、计算机软件、集成电路设计图等工业产权；权利型无形资产是指那些主要依靠特许权和可获利条件的关系获得一定的利益，如土地使用权、生产经营许可证、进出口许可证、矿山开采权、代理销售关系、优惠融资条件等。

3）无形资产的主要特点

（1）非实体性。无形资产是非实体性的客观存在，它本身没有物质实体，不占用空间，不需要用实物尺度进行衡量，但是这并不意味着无形资产就是虚幻的东西。

（2）依附性。无形资产必须借助实体性的物质载体来直接或间接地表现自己，如专利证书、图纸等。

（3）效益性。资产是指一定的主体即所有者（包括自然人和法人）拥有或能够控制的、可以用货币计量并能为所有者带来经济利益的资源。无形资产作为资产的一种形式，也应当是能够带来收益的资源。

（4）专有性。无形资产具有明显的排他性、专有性，而且是受法律保护的。与此同时，资产的实际控制人还可以通过商业秘密、专有技术、合同条款、许可协议等形式，约定无形资产在使用过程中的保密事项。

（5）不确定性。无形资产往往与其他有形资产结合在一起使用，因此难以独立衡量无形资产的使用效果。虽然无形资产可能具有较高的附加价值，但有可能在较短的时间内因过时而淘汰，因此无形资产的收益具有不确定性。这种不确定性也为无形资产的开发、转让、继受、使用带来一定的风险。

7.1.2 品牌资产的内涵

品牌作为一项重要的无形资产，越来越为企业所重视，许多企业把经营管理品牌资产当成企业营销活动的首要任务，而且在企业兼并、资产重组等经营活动中，品牌资产正成为企业财务谈判的重要内容之一。

品牌资产是对品牌认知度的综合评价，包括该品牌的所有产品和服务的相对质量、销售业绩，以及客户对该品牌的忠诚度、满意度和尊重程度等。品牌资产的存在基础是品牌对市场的吸引力、号召力。品牌的知名度、美誉度越高，消费者越愿意付出货币去消费，企业的销售额及销售利润就越高。实业家山本一郎曾指出：“消费者对商品品牌的忠诚是品牌资产价值的核心，拥有了品牌忠诚度就意味着拥有了一批稳定的消费者。”以旅行品牌为例，中国旅行社、中国国际旅行社和中国青年旅行社作为中国三大旅行社，在业界有着不俗的口碑；携程作为国内目前规模最大的旅游电商平台，也是旅游者出行的不二选择。

近几年比较流行的品牌IP化，也是旨在打造优质的品牌资产。要使品牌具有独立的魅力，就要从消费者品牌走向粉丝品牌。首先，形成粉丝群，如产品型品牌IP化粉丝群、网络型品牌IP化粉丝群等，以便提高知名度；其次，粉丝参与感强，如可口可乐曾经策划的“歌词瓶”营销互动就引发了粉丝的跟进，并激起了粉丝的共鸣。

思政课堂

为中国品牌骄傲

品牌营销受到了广泛的关注，中国企业品牌也通过品牌营销的方式走上了国际化的道路。中国体育营销开始助力中国企业品牌之路的国际化。足球是中国体育营销关注的一个领域。对于2018年的世界杯，中国企业就已经发挥作用，万达赞助国际足联合作伙伴，海信成为世界杯官方赞助商，蒙牛成为世界杯官方赞助商，vivo成为世界杯官方赞助商，帝牌成为亚洲区域赞助商，LUCI成为亚洲区域赞助商，雅迪成为亚洲区域赞助商。就品牌综合影响指数而言，帝牌增长率为852.24%，海信为224.88%，雅迪为42.46%。就赞助的球队而言，东鹏特饮、娃哈哈、曼秀雷敦赞助葡萄牙球队；德尔地板、万和厨电赞助阿根廷球队；华帝厨电赞助法国球队；长虹（美菱）电器赞助比利时球队；转转二手交易平台赞助巴西球队。就赞助的球星而言，蒙牛集团赞助梅西，长城汽车、广汽本田和雅阁赞助C罗，TCL集团和哈尔滨啤酒赞助内马尔，国美手机赞助苏亚雷斯。无疑，这是中国企业借力世界杯平台进行关联营销的很好的实践，同时也拓展了赞助的形式和情感的连接，不仅提升了品牌价值和忠诚度，提高了国际市场占有率，而且体现了中国企业实力、中国品牌力量，提升了每一个中国人的自豪感和认同感。

资料来源：钟丽萍，刘建武．体育营销助力中国企业品牌国际化研究——以俄罗斯足球世界杯为例［J］．体育文化导刊，2020（6）：84-91.有删改．

7.2　品牌资产的构成要素

品牌是一种非技术性无形资产，品牌资产不能通过自身来表示。品牌资产的形成与多少，关键在于消费者对待品牌的态度以及由此产生的消费行为。消费者越是认同品牌，越是觉得品牌代表的产品质量上乘，越是认为品牌能够给人们带来丰富、正面的联想，越是愿意长期消费该品牌，品牌资产就越丰厚。所以，品牌资产价值可以借助品牌认知、品牌质量、品牌联想、品牌忠诚等要素来衡量。当然，除了这四项构成要素外，品牌资产的其他内容（如专利、商标、分销渠道与购销网络等）也非常重要，此处不再赘述。

7.2.1　品牌认知

品牌认知是消费者识别和记忆体现某一产品类别的品牌的能力，从而在心理上建立起品牌与产品类别之间的联系。

1）品牌认知的不同程度

品牌认知是一个由浅入深的过程。根据消费者对品牌认知程度的不同，品牌认知可以分为以下几种情形：

（1）品牌无意识。这是指消费者对某品牌无任何了解，处于完全不认知状态。

（2）品牌识别。这是有提示的记忆和识别，是消费者对品牌有所认知的最低程度。如果给予被测试者一系列品牌名称、标记、图案色彩提示，被测试者能够将产品与品牌名称联系起来，就达到了品牌识别的程度。比如，当在手机、iPad上看到被咬掉一口的苹果的标识时，消费者很容易将这些产品与苹果品牌联系起来。能否识别品牌对于消费者选择品牌相当重要。在品牌竞争时代，如果不能识别品牌，几乎不会有任何购买决策的产生，更不会发生购买行为。

（3）品牌记忆。这是建立在消费者自主记忆的基础上的。如果被问及的消费者在没有任何有关品牌标记、图案色彩提示的情况下，仍然能够迅速说出名牌名称，勾勒品牌的主要特征，就达到了品牌记忆的程度。作为比品牌识别更高一个层次的品牌认知，品牌记忆能够强化存在于消费者记忆中的品牌影响力，使品牌具有更强大的消费提示作用，对构建稳固的品牌市场有重要意义。比如，当提到世界知名美妆品牌时，消费者很可能会想起兰蔻及其玫瑰花标识，并自然而然地将该品牌与女性的柔美关联起来。

（4）品牌深入人心。这是品牌认知的最高程度，处于品牌认知金字塔的顶端。被调查者在无任何提示的情况下脱口而出的第一个品牌正是深入人心的品牌，这种品牌对消费者的影响最大。毫无疑问，深入人心的品牌在消费者心目中处于一种特殊的位置，对于厂商来说是一笔可贵的无形资产。比如长盛不衰的国货品牌大宝——“要想皮肤好，早晚用大宝”——早已家喻户晓，伴随了两代人的成长。消费者在购买商品或服务时，往往选择自己最熟悉、最认同、最喜欢的品牌，因此，能被人们记住的品牌尤其是深入人心的品牌，在消费者进行购买决策中起着至关重要的作用。

2）提高品牌认知程度的技巧

企业应当在商品或服务质量稳定的前提下，通过广告媒体和公共关系活动对品牌进行宣传，使之为广大消费者所知晓。因此，要提高品牌认知程度，需要进行资金投入，并且要研究如何提高传播效果，以较少的费用获得较高的认知程度。为此，企业在宣传品牌时要努力做到以下几点：

（1）引起注意。品牌认知的信息应该别具一格，这样才能引起人们的注意，使人过目不忘、过耳成诵。能够传播品牌独特性的信息应当与品牌所代表的产品或服务项目联系起来，避免信息过多导致焦点模糊。例如，“娃哈哈”品牌的广告宣传让人很容易将该品牌与儿童果奶联系起来；奔驰汽车、海尔电器、伊利奶粉、可口可乐等品牌的广告宣传也能快速引人注意、令人难忘。

（2）突出标志。品牌标志是品牌认知的重要信息源，所以应当鲜明、醒目，给消费者以强烈的视觉印象。例如，麦当劳黄色拱门形状的大“M”字、三菱公司的三个菱形组合标志、三九胃泰的999标志等都很有特点、夺人眼球，配合这些标志所进行的大力宣传更能使人由认知标志联想到品牌及其所代表的产品。

（3）语出不凡。广告宣传语要能打动人心，给受众以亲和力和认同感。比如，格力空调的广告语——“好空调，格力造”——呈现了格力“质量为王”的匠心，使消费者产生信赖感；丰田汽车的广告语——“车到山前必有路，有路必有丰田车”——曾以其丰富的内涵给人留下深刻的印象。

（4）重复宣传。人们的认识一般遵循从无到有、由浅到深的过程，对品牌认知也是如此。从品牌识别到品牌记忆，再到品牌深入人心，需要长期宣传、不断强化。识别需要重复，记忆需要重复，深入人心更需要重复。只有反复宣传，才能为人们所熟悉，以至牢记不忘。有些百年以上的长寿品牌，至今仍在大做广告、重复宣传，就是这个道理。此外，提高品牌认知程度还可以通过开展赞助活动、品牌延伸、美化包装、举办展览、专项推销等多种形式来实现。比如恒源祥就曾通过重复宣传在顾客心中牢固树立了品牌形象。

7.2.2　品牌质量

1）品牌质量的内涵

品牌质量即品牌体现的质量，是消费者对于品牌所标识的商品或服务的全面质量或优势的感性认识。品牌体现的质量越高，其在消费者心目中的感觉就越好，品牌的竞争优势就越强。所以，品牌质量是重要的品牌资产。

品牌体现的质量与品牌本身的质量既有联系又有区别。品牌本身的质量是品牌商品或服务的质量，它是客观存在的，可以实际测量或评价；而品牌体现的质量虽然以品牌本身的质量为基础，但却是消费者的主观意识，无法客观测度。比如，三鹿奶粉事件对品牌的打击是致命的，即使企业努力改进产品质量也无济于事，已经无法改变消费者的固有印象，该品牌只能走向没落。

由于品牌体现的质量是消费者的感性认识，而消费者是千差万别的，他们的个性、偏好和需要是存在差异的，因此，不同的消费者对同一品牌既可能做出相同或相似的判断，也可能做出不同的甚至完全相反的判断，进而做出不同的购买决策。

2）品牌质量的意义

（1）引发购买动机。品牌体现的质量是产生购买动机的关键因素，体现在购买决策中便是哪一个品牌被消费者选中或排除。因此，品牌体现的质量高低影响到该品牌在市场上的销售情况和市场份额。

（2）提升心理定位。各种品牌体现的质量在消费者的心目中有相当大的区别。当某种品牌体现的质量被多数消费者看好时，消费者的心理定位较高，这种品牌就具有竞争力；相反，当某种品牌体现的质量在消费者的感性认识中处于不佳状态时，消费者的心理定位较低甚至没有任何心理定位，这种品牌就缺乏竞争力。

（3）产生溢价效应。如果品牌体现的质量具有优势，那么品牌可信度就比较高，进而产生溢价效应（即额外的价值），在这种情况下即使采用高定价，消费者的心理满足感也会抵消价格的不利影响，觉得物有所值。因此，溢价能增加利润，扩大销售规模，并在更大程度上提供对品牌进行再投资的财力和物力，从而进一步提升品牌体现的质量，形成良性循环。

（4）实现品牌扩张。品牌体现的质量越高，品牌信誉就越好，企业就越有可能把品牌扩张到新的产品种类，实现由弱变强。如今品牌扩展的成功案例并不鲜见，许多企业正是利用品牌质量优势进行品牌扩张而取得成功的。品牌扩张涉及产业上的扩展、档次上的扩张和其他相关扩张。

3）影响品牌质量的因素

（1）产品的适用性、可靠性、维修性、可用性和安全性。品牌质量是在消费者使用产品的过程中得以体现的。在这一过程中，影响消费者对品牌质量做出评价和判断的因素包括：产品性能特征对消费者需要的满足程度；产品完成预定功能的能力；产品保养维修的便利程度；产品技术特性满足消费者使用要求的程度；造型与外观设计的安全保障程度等。

（2）质量保证与信号传递。要使消费者相信品牌具有高质量，首先必须提高产品质量保证的标准。如环保标准、行业标准、国家标准、欧洲标准，还有国际标准化组织（ISO）针对不同行业制定的质量体系标准等。如果质量保证标准不高，却想塑造产品质量高的形象，只能是徒劳无益。因此，产品质量是品牌质量的前提，而产品所能达到的质量保证标准又是根基所在。但是，产品质量高并不等于品牌质量高。要把产品质量转化为品牌质量，需要运用一定的信号或指示器来影响消费者的判断，并形成对品牌质量的感受。高质量的信号包括品牌联想、品牌名称、产品外观、产品价格、新闻报道、特别事件、广告数据、股票价格、盈利能力、市场地位、荣誉与奖励等。例如，在超市，产品新鲜意味着质量好；清洁剂易起泡意味着清洗更有效；广告支持某品牌的次数多少也暗示着产品是否优质，尤其是新产品质量更容易受到广告支持的影响。

（3）销售人员的表现。零售商、分销商以及其他渠道销售人员的表现越来越影响到品牌产品的销售数量。他们表现欠佳，将使某品牌质量受损；他们表现良好，则会提升品牌的感觉质量，使产品卖出好价钱；销售人员乐于经营的是市场公认的、消费者青睐的品牌，因为他们可以从品牌体现的高质量中受益。

（4）价格的质量暗示。价格往往是一种重要的质量暗示。一般来说，价格与质量正相关，价格高意味着质量高。但是，价格的质量暗示作用也因产品种类的不同而不同。越是难以确切评价的产品种类，价格的质量暗示作用就越强，例如陈酒、香料、珠宝、西服和耐用品等；相对而言，对于消费者凭经验就可以评价的产品种类，价格难以起到质量暗示作用。一些初级产品或只有粗加工的产品，不宜用提高价格的策略来暗示质量，否则会适得其反。

7.2.3 品牌联想

1）品牌联想的内涵

品牌联想是指人们记忆中能够与品牌相联系的各种事物。一个品牌可以与一种事物相联系，也可以与多种事物相联系。一个品牌的联想越多，其影响就越大；联想越少，其影响就越小。一些著名品牌往往赋予人们很大的想象空间，通过品牌联想形成一系列联系，对支持或放弃某种品牌的购买决策产生各种各样的影响。例如，麦当劳品牌有20个主要联想和30个次要联想，如金拱门、牛肉饼、炸薯条、麦香鸡、罗纳德·麦当劳形象、麦当劳玩具、麦当劳竞赛、麦当劳生日聚会等，这些联想被组成有意义的组群，使人们对品牌产生一定的想象力，从而加深品牌在消费者心中的印象。再如，一提到海尔，人们就会联想到优良的家电产品质量、周到迅捷的星级服务、以人为本的企业文化等。品牌联想虽然体现在人们的意识中，但却是客观存在的，具有一定的作用力，能够给消费者提供信息，形成消费者对品牌的特定感觉，有利于品牌定位与品牌发展。

2）品牌联想创造资产价值

品牌联想因为能提供购买的理由、强化品牌形象、提高品牌忠诚度，所以可以创造下列资产价值：

（1）提供信息。对于消费者来说，品牌联想可以帮助其获得简洁的相关信息，可以总结出一系列的事实和规范，还可以唤起对信息的回忆，这能够为其购物时的选择提供方便。

（2）区别品牌。品牌联想有助于把一个品牌与其他品牌区别开来，因为联想能提供有关这种区别的重要资料。香水、化妆品、时装等产品的品牌众多，区分难度较大，而品牌联想能在区分品牌中起到极其重要的作用。

（3）影响购买行为。品牌联想往往涉及产品特征，这能为消费者购买某一品牌提供一个特别的原因。例如，中华牙膏因致力于使牙齿洁白而享有盛誉，冷酸灵牙膏则因致力于缓解牙齿敏感而受到青睐。品牌联想还通过在品牌中表现出自信和信誉来影响购买决策。以本土原创品牌“中国李宁”为例，其颠覆式的年轻化概念一改过去跟时尚毫不沾边的形象，用新东方美学与中国哲思理念征服国际秀场，并将“国潮”从国外引回国内，促使中国年轻一代的民族自豪感以及对国货品牌的认同感与自信心进一步增强，进而推动消费倾向的改变。

（4）创造积极的态度与感觉。一些品牌联想能在宣传和使用过程中创造积极的态度和感觉，使人们喜爱该品牌。例如，海尔电器以周到的服务赢得了广大消费者的心，使人们形成“用海尔品牌放心”的观念。再如，奥利奥品牌的全球定位为“绝好的牛奶饼干”，其在全球市场上传递“营养、关爱和健康”的品牌联想，使消费者得以安心购买。此外，品牌联想还为品牌扩张奠定了基础。对新产品实施品牌联想，可以为消费者营造一种熟悉的感觉，使其乐于购买新产品。

7.2.4　品牌忠诚

1）品牌忠诚度的定义和类型

顾客忠诚是企业核心竞争力的重要组成部分，也是品牌资产价值的集中体现。市场竞争，从某种意义上讲就是对顾客的竞争，争取和维持顾客是企业生存与发展的根本。然而，在企业经营实践中经常出现“漏桶”现象：一方面新顾客源源而来，另一方面许多现有顾客悄然而去。这种现象对企业的发展是不利的，因此，重视顾客忠诚度具有至关重要的意义，它可以留住老顾客，吸引新顾客，从而扩大未来的销售和利润。

品牌忠诚度是衡量品牌资产的一项重要指标，甚至是构成品牌资产的核心元素。作为消费者对品牌感情深浅的量度，品牌忠诚度反映出一个消费者转向另一品牌的可能程度。品牌忠诚度越低，消费者转向另一品牌的可能性就越大；品牌忠诚度越高，消费者转向另一品牌的可能性就越小。

消费者对品牌的忠诚度是有差别的，据此可以把消费者划分为以下几类：

（1）对品牌不忠诚的消费者。这部分消费者对品牌没有偏好或倾向性，他们对品牌漠不关心，只对价格敏感。

（2）习惯性消费者。这部分消费者习惯购买曾经使用过且感到满意或至少不反感的产品，他们对某一品牌有一定程度的忠诚。

（3）对品牌满意的消费者。这部分消费者对某一品牌有较高的忠诚度，但并不是一成不变的。

（4）对品牌喜欢的消费者。这部分消费者对品牌有更高的忠诚度，甚至产生情感依托。

（5）忠贞不二的消费者。这部分消费者对品牌的忠诚度最高，是最忠诚的消费者。他们是坚定购买该品牌的消费者，因成为这一品牌的使用者而自豪，并乐于向其他人推荐该品牌。拥有大量忠诚消费者的品牌是富有魅力的品牌。

2）品牌忠诚度的测量

（1）对购买行为的测量。这是指对购买的习惯性行为进行测量。可用于测量购买行为的指标有：①再次购买率，即购买同一品牌的顾客再购买比例；②购买百分比，即一位消费者在最近五次的购买行为中购买各种品牌所占的百分比；③不同品牌购买百分比，即就同一种产品而言，只买其中一种品牌的顾客和买其中两三种品牌的顾客各自所占的百分比。

（2）对品牌转换成本的测量。当消费者从选择一个产品或服务的提供者转向另一个提供者时，会发生品牌转换成本，而导致消费者无视品牌转换成本进行品牌转换的原因正是对原品牌的不满意甚至愤恨，所以，品牌经营者应提高消费者对现用品牌的满意度，加强消费者对其产品及售后服务的依赖性，增强消费者在品牌转换过程中的成本感知，这有助于其对消费者的品牌转换行为进行管理，降低顾客转换率。

（3）对品牌喜爱度的测量。对品牌的喜爱度可分为：①喜欢；②尊敬；③友好；④信任。消费者对品牌是否喜爱是一种情感因素，这种情感不完全取决于消费者的品牌认知。同类商品中，质量不相上下的品牌很多，有的消费者喜欢甲品牌，有的消费者则喜欢乙品牌，这只是消费者对品牌偏好的一种心理倾向。对品牌喜爱度的测量反映在附加价值上，附加价值是消费者为获得他们所喜爱的品牌而愿意付出的价格，它体现了消费者对该品牌的忠诚度。

（4）对许诺的测量。对消费者的许诺必须兑现，兑现程度越高，品牌忠诚度就越高。对于许诺是否全部及时兑现，很容易进行测量，尤其是品牌服务项目，如上门安装调试或定期保养维修等。许诺的圆满兑现能使该品牌拥有大批忠诚的消费者，他们不仅会购买该品牌，而且会向其他人推荐该品牌，这有助于提高该品牌的市场占有率，使该品牌成为最具影响力的品牌、最有价值的品牌。例如，海尔品牌的星级售后服务许诺全部及时兑现，形成了良好的口碑，大大提高了消费者对海尔品牌的忠诚度。

3）品牌忠诚的战略价值

品牌忠诚是一种战略性资产，对企业的生存和发展具有长期的潜在利益，挖掘品牌忠诚的价值潜力是企业管理的一项战略任务。其重要作用表现在：

（1）有利于留住老顾客，降低营销成本。为保持并提高现有顾客的品牌忠诚所花费的营销成本远远低于为获得新顾客而进行的投资。研究发现，吸引一名新顾客的成本是留住一名老顾客成本的5～6倍，原因是老顾客可能已经形成了某种品牌偏好或养成了某种习惯。所以，拥有一大批对品牌忠诚的消费者是企业的巨大财富，企业要尽最大努力让现有消费者满意，把他们留住。

（2）有利于吸引新顾客，增加利润来源。品牌忠诚强调留住老顾客，但并不排斥吸引新顾客。企业在优先考虑留住品牌忠诚的老顾客的同时，也应该尽量吸引新顾客，从而增加利润来源。一方面，企业可以通过广告或其他形式对新的消费者提供信息、施加影响，使之产生品牌认知；另一方面，企业可以利用老顾客向新顾客宣传品牌，推销产品。

（3）有利于争取货架空间。品牌忠诚度会影响商店的货架安排，商店会把消费者喜爱的品牌优先安排在醒目、宽敞的货架空间上，以便消费者购买该品牌。

网络原创女装品牌"裂帛"的品牌忠诚案例

（4）有利于缓解来自竞争对手的威胁，为企业增加响应时间。在竞争对手开发出更好的新产品之后，品牌忠诚的消费者往往会对他所忠诚的品牌抱有期待，并给拥有该品牌的企业留有必要的时间用于改进产品。但是，因为消费者的等待终究是有限度的，任何贻误时机或不思进取的做法最终都会导致品牌忠诚的消费者出现流失，所以企业应在尽可能短的时间内迎头赶上甚至超过竞争对手，给品牌忠诚者一个满意的答复。

7.3 品牌资产价值及其评估

7.3.1 品牌资产价值的含义

品牌资产作为一种无形资产，不像有形资产那样可以直接通过厂房、机器、设备、商场、现金、存款等实实在在的物质形式来表示，而只能以无形的方式存在。上面提到的品牌认知、品牌质量、品牌联想、品牌忠诚以及其他品牌资产要素，都不是以实物形式直接体现的，但又是客观存在的。品牌资产既然客观存在，就涉及价值核算问题，尤其是在企业并购、资产重组、资本营运过程中，计算品牌资产价值已经成为人们的共识，在实际工作中被越来越广泛地接受和运用。

品牌资产价值即品牌价值，是指品牌这种无形资产的货币表现。尽管品牌的含义比商标要宽泛，但是商标集中体现了品牌价值的基本要素，因此，品牌资产价值一般以集中体现品牌内涵的商标价值来反映。需要指出的是，商标价值并非反映制作商标所需的成本费用，而是反映商标所集中体现的品牌这一无形资产的价值。品牌资产价值有时会大大超过企业的有形资产价值。国际品牌咨询公司Interbrand在美国《商业周刊》上发布的全球顶级品牌排行榜，为衡量品牌这种无形资产提供了有效的价值评判尺度。在2021年全球最佳品牌排名中表现最好的100个品牌中，苹果以品牌价值4 082.51亿美元再次占据榜首，亚马逊以品牌价值2 492.49亿美元排名第二，微软以品牌价值2 101.91亿美元排名第三。前三大品牌价值占总榜价值的三分之一。排名进入前十的其他公司有：谷歌、三星、可口可乐、丰田、梅赛德斯-奔驰、麦当劳和迪士尼。中国上榜品牌仍然只有华为。上榜的100个品牌总价值已增长到26 675.24亿美元，2020年为23 264.91万亿美元，增长率接近15%，是Interbrand全球最佳品牌排行榜22年历史上的最大增长率。按平均品牌价值计算，科技类最高，其次是饮料和运动用品类。

7.3.2 品牌资产价值评估的特点

品牌作为无形资产，其价值评估与有形资产价值评估有着很大的不同，这集中体现在品牌资产价值的特点上。

1）品牌资产价值评估的相对性

品牌这一无形资产的形成不同于有形资产，它具有不确切性和可变动性，因而其主观色彩较浓厚。不同的品牌评估机构所运用的评估方法往往不同，对同一品牌资产进行评估所得出的结论可能存在差异，因此，品牌资产价值评估只是近似的计算，仅具有相对意义。

2）品牌资产价值评估的市场性

品牌资产价值的评估要以市场为基础，要在市场条件下对它的价格进行评估和确认，并且其评估结果也要直接面对市场的检验。尤其在资产重组、资本营运过程中，品牌资产价值应该作为无形资产进行评估和交易（或作价入股）。这种市场交易价格也是依据无形资产价值，充分考虑市场供求关系的状况来确定的。在品牌资产价值一定时，其价格根据品牌资产供求双方的实力和讨价还价的具体操作情况而定。一般来说，如果供给方（卖方）实力强，在讨价还价中处于优势地位，品牌资产价格就会高于其价值，因为卖方总是千方百计抬高价格；如果需求方（买方）实力强，品牌资产价格就会低于其价值，因为买方总是想尽量压低价格。

3）品牌资产价值评估的模拟性

品牌资产价值是基于品牌这一无形资产的市场地位及其预期收益，通过模拟市场运作的方式估算出来的。品牌资产价值既是无形的又是可变的，买卖双方很难达成一致，这就要求评估机构作为中介，按照法定的程序和科学的方法对品牌资产价值进行评估。评估机构的评估师应根据市场的动态变化，模拟市场运作，选定合理的参数，计算模拟价格。因此，品牌资产价值评估具有鲜明的模拟性。市场的多变性以及许多难以准确测定的因素，使得品牌资产价值评估比有形资产价值评估的难度要大得多，而准确性又低得多，所以允许误差较大。在一般情况下，误差在±20%左右被认为是可以接受的。需要再次强调的是，允许误差较大并不意味着完全由评估师主观意志来决定，恰恰相反，评估师必须根据各种客观因素进行计算，得出模拟价格，以便尽可能准确地反映品牌资产价值。

4）品牌资产价值评估的公正性

品牌资产价值评估只有具有公正性，才能具有权威性。公正性可以最大限度地降低品牌资产价值评估中的主观性，尽可能增加其客观性。这种公正性主要表现在：

（1）评估中介组织和人员的公正性。评估机构和评估师必须具有法定的资产评估资格，而且必须与被评估的品牌资产业务没有利害关系，能根据客观实际，公平、公正地开展评估业务。

（2）评估业务的规范性。品牌资产价值评估应当按照公认的行为规范和业务规范准则及程序进行。

（3）评估收费不与评估值发生对应关系。品牌资产价值评估的收费不与评估值挂钩，一般是按评估工作量收取固定评估费，这样可以避免因高估品牌资产而多收评估费的倾向。

拓展阅读7-1

低价甩卖鹰牌商标造成无形资产流失

一些国内企业在种种诱惑中甩卖自己的品牌甚至将其拱手相让，造成了无形资产的严重流失。鹰牌商标轮胎曾经是某橡胶厂的拳头产品，但是该厂为了摆脱暂时的资金困难，以215万美元的价格把鹰牌商标转让给美国固特异公司，不仅失去了多年努力创下的名牌，而且为“洋轮胎”进入中国市场打开了大门。这种因谋求眼前利益而放弃长远利益的做法所造成的无形资产流失是无法估量的。

资料来源：郭庆生，戴青森. 中国“老字号”你往何处去？[J]. 经济与法，1996（6）：34-35.有删改.

7.3.3 品牌资产价值评估的内容与方法

品牌资产价值评估是一项难度很大的工作。它是要根据各种不确定的因素计算出一个确定的数值，因此，无论采用什么评估方法都不可避免地存在一定的误差。尽管如此，品牌评估机构和评估师必须根据市场经济运行的实际需要，尽可能准确地对很难精确测定的品牌资产价值进行评估。

1）品牌资产价值评估的主要内容

（1）历史成本。这是对已经形成的品牌资产的基本估价，最直接的做法是计算企业对该品牌的投资额，如研究、开发、促销、分销等所花去的费用。历史成本的最大问题是无法反映现时价值，不能反映过去投资的质量和效果，容易导致对不成功甚至失败的品牌资产价值做出不切实际的高估。

（2）现时成本。现时成本是指第三方愿意出的钱，也称为取代成本。它相当于重新建立一个全新品牌所需的成本。困难的是，品牌很少被用来进行交易，更没有专门的品牌交易市场来提供供求信息和价格行情。比较实际的做法是以这个品牌过去几年所产生的利润来评定现在的品牌资产价值。

（3）市场价值。评估依据的数据主要有市场占有率、知名度、品牌形象等。由于对市场定义不同，评估这些数据也有操作上的困难。

（4）未来获利潜力。这是计算品牌的未来收益或现金流量。通常是根据现在的收益趋势估算未来的收益，再扣除现在的价值，计算出获利潜力。但是，品牌并不是唯一影响未来收益的因素，很难把品牌因素与生产、科技、管理、营销、渠道结构等其他因素剥离开来。

（5）额外价值。某品牌相对于一般品牌的额外价值，即以某品牌高于其他竞争品牌的价格作为该品牌的资产价值。

2）品牌资产价值评估的主要方法

在对品牌资产价值进行评估时可以采用各种方法，其中最为典型的是国际品牌咨询公司Interbrand所采用的以未来收益为基础的品牌资产价值评估方法。

鉴于成本法具有不可比这一无法克服的内在局限性，而溢价法的基本假定又是以获得溢价为目的，未考虑资产运用效率的提高，因而按成本法评估或按溢价法评估均不能全面反映品牌的真正价值，所以，Interbrand认为品牌价值在于可以使其所有者在未来获得较稳定的收益。品牌的未来收益是基于公司过去的业绩以及市场未来的可能变动而做出的估计。为确定品牌的未来收益，需要进行财务分析、市场分析和品牌强度分析。

（1）财务分析是为了估计某个产品或某项业务的沉淀收益，即产品或业务的未来收益扣除有形资产创造的收益后的余额。沉淀收益反映的是包括品牌在内的无形资产所创造的全部收益。在估计沉淀收益时，一要注意应当仅包括使用被评估品牌所创造的收益，二要注意合理确定有形资产所创造的收益，三要注意应用税后收益作为沉淀收益。

（2）市场分析是为了确定品牌对所评定产品或产品所在行业的作用，以此确定在沉淀收益中有多少应归功于品牌因素，又有多少应归功于非品牌因素。Interbrand采用“品牌作用指数”来确定品牌因素所创造的收益在沉淀收益中所占的比重，即从多个层面审视影响沉淀收益的各种因素，以及品牌在多大程度上促进了沉淀收益的形成。

（3）品牌强度分析是通过确定被评估品牌相较于同行业其他品牌的相对地位，衡量公司品牌在将其估计的未来收益变为现时收益过程中的风险。品牌强度越大，其估计的未来收益成为现时收益的可能性就越大。在将未来收益贴现时，对于强度大的品牌，应采用较低的贴现率；反之，则应采用较高的贴现率。结合品牌所创造的未来收益和依据品牌强度所确定的贴现率，就可计算出品牌的现时价值。具体来说，品牌强度主要从下列七个方面来评价：①市场性质，即处于成熟、稳定和具有较高市场壁垒的行业的公司品牌，强度得分较高；②稳定性，即早期进入市场的公司品牌比新进入市场的公司品牌拥有更多的忠诚消费者，应对其赋予更高的分值；③公司在同行业中的市场地位，即居于领导地位的公司品牌对市场具有更大的影响力，其得分高于其他公司；④行销范围，即公司的行销范围越广，其抵御竞争者的能力和扩张市场的能力就越强，得分也越高；⑤品牌趋势，即品牌越具有时代感，与消费者需求越趋于一致，就越具有价值；⑥品牌支持，即获得持续投资和重点支持的公司通常更具有价值；⑦商标保护，即经注册、享有商标专用权并受到商标法保护的商标，较未注册商标或注册地位受到挑战的商标，其价值更高，另外，受到特殊法律保护的品牌比受到一般法律保护的品牌具有更大的市场价值。

这种以未来收益为基础的品牌资产价值评估方法的优点是，在经审计的财务数据基础上进行财务分析，并结合市场分析和品牌强度分析，充分考虑了资产运用效率，具有较强的可比性。不过，该方法也存在一些局限性。首先，公司未来若干年销售、利润情况的预测存在较大的不确定性。公司未来的经济状况、市场环境、销量和成本结构等方面均可能发生急剧变化，过去和现在的销售态势在未来不一定能够延续，而该方法的评价基础恰恰是产品或业务的未来收益，而不确定的未来收益很可能导致评价基础的可靠性和精确度存在问题。其次，上述评定品牌强度所考虑的七个因素是否囊括了所有重要方面，以及各个方面的权重是否恰当，仍值得商榷。再次，公司品牌的价值可能与所有者及其使用目的关系密切，而该方法并未对此予以反映。最后，公司在不同阶段使用品牌的意图及品牌定位与品牌策略都影响公司品牌的价值，而且品牌价值能否从其他无形资产中分离出来也是颇具争议的。该评估方法尽管仍需寻求理论支持且应不断完善，但依然是国际公认的有效方法之一，也正被一些国家的评估机构所借鉴和采用。

学习与思考

1.什么是品牌资产？它包括哪些方面？

2.品牌资产的构成因素有哪些？

3.如何提高品牌认知程度？

4.影响品牌质量的因素有哪些？

5.谈谈你对品牌质量的认识。

6.论述品牌资产与品牌质量的关系。

7.品牌资产增加的方法有哪些？

8.简述品牌资产价值评估的特点。

案例分析

案例1　　　　英国大都会公司对休伯莱恩品牌的确认

英国大都会公司（Grand Metropolitan）是在食品、酒和零售百货行业中拥有国际声誉的公司，公司旗下的许多产品驰名世界。从市场占有率角度看，它位居英国十大公司之列，是欧洲30家大公司之一。该公司开创了将品牌价值记入资产负债表的先河。大都会公司于1987年购买了休伯莱恩（Heublein）这一美国重要的饮料公司品牌并确认其品牌价值，这是该公司实行改革的关键一步。

1785年，安德鲁·休伯莱恩和他的儿子创立了休伯莱恩公司。该公司从瓶装鸡尾酒起步，发展为既经营进口葡萄酒又出售各类产品的公司。1939年，该公司花费14 000美元收购了西蒙诺夫伏特加酒品牌，由此快速进入发展期。休伯莱恩公司的市场销售技巧使得伏特加酒尤其是西蒙诺夫伏特加酒成为美国人最喜爱的饮料。截至1987年，西蒙诺夫伏特加酒的年销售量约达1.4亿箱，在酒类中仅次于贝卡迪品牌，居世界第二位。除此之外，休伯莱恩公司还拥有自己的伏特加饮料、二等伏特加酒、白兰地、伏特加鸡尾酒等产品以及位于世界各地的代销处。

以传统的账目核算方式分析，休伯莱恩品牌对大都会公司而言是毫无用处的。流动资产、工厂和其他固定资产都有价值，唯独品牌一钱不值。1988年1月，大都会公司推出了第一套确认结果。因为休伯莱恩品牌没有价值，565 000英镑将作为商誉费用从800 000英镑的公司支出中被注销。大都会公司董事长面临的一个问题是：合并资产负债表究竟是否真实、公平地反映了集团的财务状况？虽然资产负债表的编制符合英国公司普遍采用的核算原则，但大都会公司董事长并不认为不包括品牌因素在内的账目是真实、公允的。大都会公司董事会也在思考这样一些问题：花费在休伯莱恩品牌上的资金全部浪费了或者不可收回吗？休伯莱恩的成本范围会偏离标准账目活动吗？在账目被列报之后，品牌价值会达到原有成本吗？最终得出的结论是，品牌应被体现在资产负债表中。1988年8月，大都会公司宣布要对其收购的休伯莱恩品牌以及其他主要品牌进行评估，并形成一套适用的主要原则，这成为人们关注的焦点。将休伯莱恩品牌连同已为大都会公司创造巨大利益的北美销售网和公司为此耗费的全部开支综合考虑的观点，不仅在公司内部获得一致赞成，就连美国《财政时报》（The Fiscal Times）也在此消息宣布后的不长时间内做了报道，并分析说对休伯莱恩品牌过去收支状况的确认将大大有利于大都会公司的发展。自此，在确定各个被收购品牌的价值时，大都会公司都会应用其独创的品牌价值评估模式。这个模式的关键是评估由品牌带给所有者的商业利益，这是额外利益，超出了由同等的非注册品牌带来的利益。

从商业视角审视，大都会公司确认休伯莱恩的品牌价值这一活动是合乎逻辑的。只要对公司的拳头产品稍作调查，人们就会明白品牌因素在生意成功中所处的重要地位，而经营和发展品牌的能力正是公司竞争优势的主要来源之一。很多有力的事实表明，拥有一个成功的品牌，就意味着拥有了在可预见的未来有保障的财源，拥有品牌可使公司在交易中获得比非名牌和新创名牌更多的利润。

【案例思考题】

1.大都会公司由最初不承认休伯莱恩的品牌价值到确认其品牌价值说明了什么？

2.品牌资产价值评估应该考虑哪些因素？有哪些难点？

3.品牌能为公司的利润增长起到什么作用？可否单独销售或收购？

4.品牌资产价值评估的法定形式是什么？与企业并购和企业投资有何关系？

案例2　品牌忠诚度使可口可乐在中国从容应对危机

1999年春天，比利时等北欧四国的肉、禽、蛋、乳及乳制品发生了对人体有害的“二恶英”污染事件，世界各国纷纷禁止进口北欧四国的肉、禽、蛋、乳及乳制品，中国卫生部也于6月9日急令禁销欧盟四国1999年1月15日以后生产的受“二恶英”污染的肉、禽、蛋、乳及乳制品和以此为原料的食品。一夜之间，中国各大商场已很少有人再选购雀巢、安怡、雅培这些洋品牌的奶粉。尽管这些乳制品公司一再声明它们的产品与“二恶英”没有任何关系，但消费者仍然拒绝选购这些产品，销售额纷纷跌至冰点。

“二恶英”事件余波未了，6月10日从比利时开始又爆发了可口可乐污染事件。6月15日，比利时的一些儿童在饮用可口可乐之后出现了种种不适症状，可口可乐公司未能及时加以处理。结果，可口可乐在比利时遭到了全面抵制。几个小时后，荷兰、卢森堡宣布从商店货架撤下所有可口可乐产品。不久，法国政府也宣布停止销售可口可乐。后来，可口可乐公司出面，先是查清楚了导致可乐出现问题的原因：在比利时是因为包装瓶出现问题，而在法国则是因为消毒剂被污染了。与此同时，令可口可乐公司感到幸运的是，在中国，尽管该公司也面临着与“二恶英”事件中若干国外名牌同样的处境，但其销售量并未受到大的影响。可口可乐北京罐装厂的销售报表显示，6月15日北京市场可口可乐系列产品的销售量为10万箱，16日的销售量为11.4万箱，创春节以来的最高水平。另据可口可乐中国有限公司相关人员提供的信息，公司没有收到一起产品质量投诉，也未发生任何退货现象，可口可乐在全国各地的23个工厂的生产和销售均正常。

面对类似的危机，为什么洋奶粉品牌一再发布声明却依然被消费者拒绝，市场销量全面滑坡，而可口可乐的市场销量却仍然保持正常甚至畅销呢？除了质量确实可靠外，消费者对不同品牌持有不同的忠诚度也是导致不同结果的直接原因。此次中国生产的可口可乐之所以能经受考验，与可口可乐公司长期以来通过种种活动培养消费者的忠诚度是分不开的。有资料显示，可口可乐公司在中国的投资20年来已达11亿美元，在保证产品质量方面下功夫最多，在消费者中具有极高的忠诚度。在此次危机中，可口可乐公司凭借其多年树立起来的品牌形象屹立于风浪之中不倒，产品并未受突发事件影响，安然渡过危机，充分显示出强势品牌的力量以及品牌忠诚度的巨大作用。该案例所带来的启示是，在质量保障的前提下，品牌忠诚度是名牌的基本要素之一，消费者对品牌的忠诚、喜爱、信赖和不动摇是名牌成功的根本；相反，缺乏忠诚度的品牌则是极其脆弱的，一旦遇到突发事件，消费者就会产生动摇甚至停止购买该品牌，从而导致其市场尽失。

资料来源：杨品略．可口可乐陷入困境，百年品牌续命还得靠中国［EB/OL］．［2021-10-19］．https：//www.pinlue.com/article/2020/10/2611/5811315884828.html.有删改．

【案例思考题】

1.品牌资产是如何形成的？

2.结合本案例讨论，维护品牌忠诚是否是使品牌永葆青春的唯一选择。

第8章/
品牌资产价值管理

学习目标：理解品牌资产运营的重要性；学会运用品牌资产运营的手段；熟知品牌运营的注意事项。

引导案例

迪士尼的文化产品品牌延伸

美国迪士尼公司是在文化产品延伸中做得最好的、最有代表性的公司之一，如今迪士尼的文化产品已经在世界范围内占有一席之地，迪士尼的文化产业链已经发展得相当成熟，已为迪士尼创造了巨大的财富。2003年11月《福布斯》公布了“全球十大虚拟人物财富榜”，米老鼠登上了荣誉榜榜首。

米老鼠已经扩展到众多领域中，如食品、玩具、服装、文具等。如今迪士尼在不断生产动画片、电影的同时，也在不断将这些文化产品进行延伸，迪士尼乐园与其他主题公园最大的不同就是迪士尼的品牌基础、鲜明的主题与独特的卡通资源。整个迪士尼乐园的建设都是以迪士尼动画或电影为基调的，它的理念就是让人们进入迪士尼乐园后就如同进入童话世界，进入迪士尼的动画片中。每当迪士尼推出一部成功的大片，迪士尼乐园里就会出现相应的游乐设施。每当一部新的迪士尼动画或电影成功后，与之相关的周边产品就会立即出现在迪士尼乐园或商场里的迪士尼店铺中。动画人物玩偶是最具代表性、最传统的一种周边产品。迪士尼在每一个游乐设施旁都会设置一家店铺，以加勒比海盗为例，走出加勒比海盗游乐区，就会进入一个商店，商店里的商品都是与该影片相关的产品，比如加勒比海盗里人物的服装、宝物、帽子、宝剑、鞋子、T恤衫、DVD、玩具、玩偶等，应有尽有。对电影喜爱并且在游玩的过程中有愉快体验的人很可能会从商店里买一些纪念品回去。

迪士尼乐园还会定期举办各种类型的主题活动，例如公主与海盗的化装舞会，而游客们需要购买比普通门票贵一些的门票入场，同时装扮成动画片中的公主或者海盗的样子在公园里参加各种各样的娱乐活动。门票仅是迪士尼的一部分收入，向游客出售大量相关商品也是其重要的收入来源，迪士尼的商店为游客提供了各式各样的服装与道具，如白雪公主和睡美人的裙子、加勒比海盗中杰克船长的衣服和帽子等，这些服装和道具与电影中的一模一样。一件公主的裙子或海盗的衣服至少100美元，而且几乎只能在迪士尼的商店中买到。迪士尼在这方面的产品延伸是非常巧妙的，鉴于这些服装在现实生活中不适合穿着，因此，为了创造机会让游客们穿着这些昂贵的衣服，迪士尼精心设计了主题舞会。

迪士尼对其文化产品的延伸并不局限于周边产品和迪士尼乐园的收入。迪士尼还会在其成功的电影或动画片的基础上推出各种新的衍生文化产品，以便再次进行销售。1992年，迪士尼推出了动画片《狮子王》。在《狮子王》大获成功后，迪士尼没有停留在原地，而是对其进一步开发，经过几年的时间，创造出经典的音乐剧《狮子王》，以音乐剧的形式将《狮子王》重新演绎，这种新的形式也极为成功。音乐剧《狮子王》使得动画片《狮子王》的生命力延续至今。继音乐剧《狮子王》取得成功后，迪士尼又推出了《小美人鱼》《歌舞青春》等与电影相对应的歌舞剧，并且在全世界巡演，票房都非常高。此类的产品延伸不仅使得文化产品的影响越来越广，产品的生命周期被延长数倍，而且给商家带来的额外收入也是巨大的。

由此可见，迪士尼文化产品的成功延伸使得迪士尼品牌价值大增。随着人们生活水平的逐步提高，人们在消费时越来越重视品牌，而企业推陈出新的速度也越来越快，在新产品进入市场时采用哪种策略能以最快的速度打开市场成为企业越来越关注的问题。

资料来源：杨扬. 迪斯尼——文化产品品牌延伸［J］. 中国商界，2009（8）：198.有删改.

8.1　品牌延伸与品牌资产增值

8.1.1　品牌延伸的含义

品牌延伸（brand extension），是指把现有的品牌使用到新类别的产品上。这里必须指出，品牌延伸并不只是借用品牌名称，而是对整个品牌资产的策略性使用。美国的万宝路，除了以前的香烟，还有现在的T恤、牛仔裤；法国名牌鳄鱼，从最早的衬衫延伸至T恤、儿童套装、网球拍、网球鞋、休闲鞋、运动包、太阳镜等。

如果对品牌延伸作广义的理解，那么它也包括产品线的延伸（line extension），即把现有的品牌使用到相同类别的新产品上，如海尔品牌从冰箱延伸到冷柜、空调，再到洗衣机、电视机，现在已扩展到电脑、热水器等产品。宝洁公司无疑是品牌延伸的成功范例。它的经营特点是产品种类与品牌繁多。从香皂、牙膏、漱口水、洗发精、护发素、柔软剂、洗涤剂，到咖啡、橙汁、烘焙油、蛋糕粉、土豆片，再到卫生纸、化妆纸、卫生棉、感冒药、胃药，宝洁横跨清洁用品、食品、纸制品、药品等多个领域。在品牌使用方面，香皂用的是舒肤佳，牙膏用的是佳洁仕，卫生巾用的是护舒宝，仅洗发精就有飘柔、潘婷、海飞丝等，而洗衣粉则有汰渍、洗好、欧喜朵、波特、世纪等。要问世界上哪个公司的品牌最多，恐怕非宝洁莫属。在流行时尚领域，苹果是创新品牌的代表。苹果曾经是计算机软硬件制造商，但如今早已超越计算机领域，其业务内容囊括数字媒体制造、屏幕触控手机制造、媒体储存及流行设计、在线储存与下载服务等。

8.1.2 品牌延伸的作用

1）加速新产品的开发决策

品牌延伸可以使新产品定位更加精准，从而加速新产品的开发决策。当新产品与原产品具有较强的关联性和互补性时，其消费群体与原产品基本一致，市场需求量很可能与原产品等比例增减，因此，企业就不需要对新产品进行长期的市场调研和论证，原产品的销售增长幅度就是最实际、最准确和最科学的验证。

2）减少新产品的市场风险

将新产品有效推向市场的前提是为消费者所认知、认同、接受和信任，这一过程就是新产品的品牌化。鉴于创立一个新品牌需要巨额费用，不仅在设计、测试、鉴别、注册、包装设计等方面需要较大的投资，而且对于新产品及其包装的保护更需要较大的投资，此外，还必须开展持续的广告宣传和一系列的促销活动。这种产品品牌化的活动旷日持久且耗资巨大，甚至达到直接生产成本的数倍、数十倍乃至数百倍。例如，在美国消费品市场，开创一个新品牌大约需要5 000万美元至1亿美元，这显然不是一笔小数目，如果没有巨大的财力支撑，新品牌很可能会面临着被扼杀的命运。采用品牌延伸的新产品一问世就已经品牌化，甚至获得了知名品牌，这可以大大缩短被消费者认知、认同、接受、信任的过程，极为有效地防范了新产品的市场风险，并且可以节省数以千万计的巨额开支，有效地降低了新产品的成本费用。海尔集团最初在空调、冰箱行业具有相当强的竞争优势，后来彩电、空调、电脑、手机等新产品在推出时借助海尔品牌的知名度、美誉度、信任度和追随度，迅速打开市场，得到了消费者的认可，成为后起之秀。

3）降低新产品的市场导入费用

在市场经济高度发达的今天，消费者对商标的选择体现在“认牌购物”上。这是因为，很多商品带有容器和包装，商品质量不易被看穿，品牌延伸使消费者对品牌原产品所抱有的高度信任感有意或无意地传递到相关新产品上，促进消费者与相关新产品之间建立起信任关系，大大缩短了市场接受时间，降低了广告宣传费用。

4）强化品牌效应

品牌原产品起初都是单一产品，品牌延伸可以使品牌从单一产品向多种产品领域辐射，更容易让消费者认知、认可、接受、信任，强化品牌自身的美誉度和知名度，这也就使得品牌这一无形资产不断增值。

5）增强核心品牌形象

当整体的营销投资达到理想的规模时，核心品牌和延伸品牌都因此而获益。例如，云南白药作为中国中成药的百年品牌之一，一直以来专注于止血疗伤用药市场，“伤科圣药、止血秘方”的消费者认知是其最宝贵的心智资源。在这个基础上，云南白药开创了“含药的创可贴”，除了止血功能外，额外添加了促进伤口愈合的功能，效果上优于其他产品。依靠其强大的品牌优势，云南白药又成功推出了牙膏产品。单价高达20多元的云南白药牙膏巧妙地定位为“守护口腔健康”，成为功能性牙膏的第一品牌。

品牌延伸的作用是多方面的，可以多角度、多视野地进行观察分析。总之，恰当且时机适当的品牌延伸，有助于企业实现营销战略，使品牌这一无形资产的内涵在产品销售市场不断扩大的过程中得以充实，增强品牌竞争实力，维系品牌的知名度、美誉度和忠诚度。

8.1.3　品牌延伸的风险

品牌延伸具有两面性：一方面，成功的品牌可以将现有品牌的优势注入新产品，使其凭借核心品牌的力量打开市场，吸引消费者，获取成功，并且再以成功的延伸品牌的某些特质强化核心品牌，使之更具有吸引力与竞争力；但另一方面，如果品牌延伸不当，出现失误，不仅影响到延伸产品的市场形象，而且会削弱核心品牌。因此，企业在进行品牌延伸时必须小心谨慎。品牌延伸“有利”也“有节”，正如美国营销专家艾·里斯所强调的，“品牌就像一根皮筋，越延伸，它就会变得越疲弱”。在品牌延伸实践中，既有成功的范例，也有失败的先例。

8.1.4　品牌延伸要素的分析

随着对品牌延伸策略认识的深入，人们对影响品牌延伸的关键要素做了进一步的探索和研究。品牌延伸成功与否主要取决于以下两个方面：

1）消费者对核心品牌的感知质量

消费者对核心品牌的感知质量（perceived quality）越好，越有利于品牌延伸。

2）延伸产品与核心品牌之间的相似性

延伸产品与核心品牌之间的相似性（similarity）是一个宽泛的概念，它包括产品物理特性、工艺、功能方面的相似程度和消费者群体、分销渠道以及销售程序的相同程度。

相似性对品牌延伸的作用体现在两个方面：（1）供方相似性效应（supply-side effects of similarity），是指延伸产品和核心品牌的原有产品之间能够共享分销渠道和分销队伍等市场资源；（2）需方相似性效应（demand-side effects of similarity），是指消费者能够从延伸产品中感受到核心品牌的共同优势。

相似性是企业用同一品牌进行延伸的必备条件之一。如果不顾核心品牌定位的兼容性，盲目地追求延伸，把同一品牌用在毫不相干的两个行业的产品上，当其产品的用途、特性产生矛盾或不相符时，就可能引起消费者因联想而产生的心理冲突。

复古品牌资产的激活——百雀羚

8.1.5　品牌延伸的价值评估

品牌延伸的价值评估对于制定正确的品牌延伸决策和指导品牌延伸实践具有十分重要的意义。Daniel、Smith和Park（1992）认为，品牌延伸的价值在于与独立品牌在新产品的市场导入期所产生的现金流的差异，并建立了以市场份额和广告效率为评估目标函数的统计分析模型。研究结果表明，采用品牌延伸策略推向市场的新产品比通过独立品牌推向市场的新产品所获得的平均市场份额多了8.3%以上，并使广告费用降低8.7%。Reddy、Holak和Bhat（1994）提出的基于品牌延伸各要素的数量经济学模型也可以被用来对品牌延伸价值进行计算和分析。从总体上来看，有关品牌延伸的价值评估研究尚处于探索阶段，人们更多的是根据统计分析结果对影响品牌延伸的各要素进行分析，尚未提出有效的品牌延伸决策模型和比较精准的品牌延伸价值评估模型。

8.2 品牌延伸的原则与步骤

8.2.1 品牌延伸的原则

由于品牌延伸具有优劣势的变数，因此，坚持品牌延伸原则对于提高品牌延伸成功率就显得格外重要。品牌延伸的原则归纳起来主要有以下方面：

1）核心识别要素相同

核心品牌与延伸品牌的产品应当有共同的核心识别要素，即具有相关性。如果核心品牌与延伸品牌在价值、档次、品牌定位、目标市场、产品属性等方面不具备相关性，消费者就不会理解两种不同的产品为何存在于同一品牌之下。这是因为，品牌的延伸性主要是由核心识别要素来决定的，而核心识别要素正是一个品牌永恒的精髓，其内容决定了品牌延伸的范围。以都彭（dupont）为例，品牌麾下有西装、衬衫、领带、T恤、休闲裤、皮鞋、皮包、皮带，甚至还有眼镜、手表、打火机、钢笔、香水等产品。这些跨度很大、关联度很低的产品之所以能共用一个品牌，是因为它们虽然物理属性、原始用途相差甚远，但都能提供一种共同的效用，即身份的象征，能让人获得高度的自尊和满足感。比如，购买都彭打火机的人所追求的不是点火的效用，而是感受顶级品牌带来的无上荣耀，买都彭皮包、领带等也是为了获得这份“感觉”而不是追求其原始功能。此类品牌的核心价值是文化与象征意义，因此其品牌资产价值可以在较大程度上转移给延伸产品，品牌可延伸性很强。

2）服务体系相同

企业应当使延伸使用于其他产品的品牌在售前、售中、售后的服务体系方面与核心品牌保持一致，这样才能在品牌延伸的过程中收效颇多。反之，品牌延伸则会有些牵强。例如，曾几何时的巨人集团从汉卡延伸到营养液巨人脑黄金，娃哈哈从儿童营养液延伸到白酒，在其服务体系上都很难找到共同点，这必然会使得核心品牌的原有定位变得模糊。

亚马逊作为“全球最大的书店”，一直试图给图书零售行业带来新的体验。亚马逊打破了图书零售的局限，不断提供广泛的选择、有用的服务，并以低廉的价格销售数百万种商品和服务。亚马逊经过多年的产品开发，推出了革命性的金读（Kindle）电子阅读器，消费者可以通过无线网络购买、下载和阅读电子书以及其他电子媒体。与亚马逊的战略保持一致，Kindle随着每一代产品的推出，价格也越来越低。后续的机型比以前的版本更轻薄，翻页更快，分辨率更清晰，可读性更强。当苹果在2010年推出Ipad的时候，许多人预测Kindle将消亡，然而实际上其销量在加速上升，2011年年底亚马逊的Kindle系列产品周销量超过100万件。亚马逊的电子书销售使得其精装书、平装书销售黯然失色。随着Kindle的成功，成熟的服务系统又为亚马逊进入竞争激烈的平板电脑市场铺平了道路，亚马逊“金读之光”（Kindle Fire）平板电脑成为亚马逊有史以来推出的最成功的新产品。

3）技术密切相关

核心品牌与延伸品牌的产品在技术上的相关度是影响品牌延伸成败的重要因素。比如，日本本田在发动机技术上非常优秀，可以将品牌成功地扩张到从普通摩托车到赛车、从家用汽车到比赛用车等多种产品线。然而，20世纪90年代春兰品牌被延伸到“春兰虎”

“春兰豹”摩托车时，则很难使人们因为对春兰空调技术的认可而将这种认可延伸到春兰摩托车上，这种品牌延伸在技术方面没有多大意义。

4）消费者群体相似

经营者在进行品牌延伸决策之前，必须对延伸品牌的目标市场进行调查分析，目标群体处在同一消费层面上也是品牌成功延伸的重要因素。比如，从三笑牙刷到三笑牙膏，从红豆衬衣到红豆西装，都是面对类似的消费群体，品牌延伸更易成功。再如，古驰（Gucci）、迪奥（Dior）和普拉达（Prada）等奢侈品品牌所推出的各类产品面向的都是高消费人群，也容易使品牌延伸获得成功。

5）质量、档次相同

质量是品牌的生命，是品牌存在和发展的关键，因而只有延伸品牌的产品质量与核心品牌的产品质量不相上下，才能得到广大消费者的认可，使人们容易产生联想，增加品牌延伸获得成功的可能性。比如，万宝路从香烟延伸到牛仔服、牛仔裤、鸭舌帽、腰带时，紧紧围绕高质量、高档次的定位，得到了消费者的认可，使其品牌延伸获得成功。

6）回避定位已高度固化的品牌延伸

如果一个品牌已经成为某类产品的代名词，在消费者心目中的定位固化，那么最好不要再为另一类产品冠以该品牌的名称。这是因为，当品牌定位已深入人心时，品牌就取代了产品，如若强求品牌价值外溢，则很有可能损害品牌力。比如，提起好莱坞，人人都知道是美国电影艺术工业的中心，如若唐突地把它扩张到汽车、卫生纸等方面，那么不仅不能延伸原有品牌资源，还有可能使原有品牌形象受到破坏，失去原有的消费群体。

7）品牌名称联想范围合理

要注意品牌延伸所产生的联想，即消费者由某一品牌能成功地联想到延伸品牌。比如，一提起李宁品牌，人们就会想到运动，因此在将该品牌从运动鞋延伸到运动服、体育器材、运动鞋、运动背包、运动帽等相关品目时不会使人误入陷阱。再如，“活力28”曾作为中国老百姓家喻户晓的品牌，能让人们首先想起洗衣粉，因此，若将其延伸至洗涤用品就十分恰当，而将其延伸至饮品则让人难以接受，这也是“活力28”矿泉水在推向市场后却败走麦城的重要原因之一。

总之，只有遵循品牌延伸的原则，才能使消费者乐于接受，避免品牌延伸走入误区，真正提高品牌力，赢得品牌延伸的优势。

8.2.2　品牌延伸的步骤

品牌延伸是一个复杂的过程，虽然没有确定的程序，但也有其基本的思路与框架。下面主要讨论品牌延伸的基本步骤。

1）确定品牌的联想

确定品牌的联想是品牌延伸的第一步。一个品牌可以产生许多联想，企业必须找到既与核心品牌联想度较强又与产品类别联结的主要联想，以此作为品牌延伸的方向。确定品牌联想的方法多种多样，比如名称联想法、品牌特质联想法和映射联想法等。

（1）名称联想法，即通过抽样调查的方式，确定由核心品牌名称而产生的联想。例如，一提起IBM，人们就会想到计算机而非复印机，因此，可以将该品牌延伸到与计算机相关的产品，如计算机的周边设备等。

（2）品牌特质联想法，即探询该品牌的价值、特性并据此进行延伸。例如，作为全球性护肤品与身体护理品品牌，妮维雅（NIVEA）以消费者关心的特性创造了强烈的差异点，并成为护肤品行业的领导者。其品牌名称“NIVEA”的灵感来自拉丁语“niveus（雪白）”，当消费者使用该品牌的洗面奶、防晒霜、止汗液等产品时，就很容易联想到其产品宣传点——“温和”“轻柔”“关爱”“保护”。

（3）映射联想法，即根据人们接触到某品牌后会想到什么来确定品牌延伸的方向。例如，人们在穿上香奈儿（CHANEL）品牌的服装后，能够感受到高贵的身份，由此将该品牌延伸到高端眼镜、手表、鞋、箱包、皮革制品、香水乃至化妆品等，并得到消费者的认可。

2）选择品牌延伸的产品

在确定品牌联想之后，企业可以根据联想的内容选择品牌延伸的产品，但必须注意以下两点：

（1）延伸品牌是否适应一系列的产品。如果消费者的答案是肯定的，就说明具有延伸的价值；如果消费者的答案是否定的，则要认真分析能否通过强化产品与品牌之间的联系来获取认同，如果不能，就说明品牌没有延伸价值。这是因为，无论采用品牌名称的延伸还是价值利益的延伸，企业都希望通过品牌延伸给消费者带来核心品牌良好印象的延续或强化，希望延伸品牌成为质量更好、附加值更高、功能更多、可靠性更强的品牌，而所有这些归根到底都要获取消费者的认同。比如，TCL在以品质优良的电视获得消费者的认可后，进军同样具有科技含量的手机领域以及冰箱、洗衣机、空调等家电领域，消费者认可了这些延伸品牌的产品同样具有高水准，使得这些产品也同样有了不俗的市场表现。

（2）延伸品牌是否具有相应的市场竞争环境。如果市场竞争不太激烈，品牌延伸就容易成功，反之则容易失败，这是因为在夹缝中求生存远比引导市场消费困难得多。联想品牌延伸的成功，除了其具备高科技的关联性、消费者的认同之外，很重要的一点就是始终走在市场前沿，在市场尚未出现同类产品或相关技术时就设计开发新产品，迅速占领市场，比如当初联想家用电脑和笔记本电脑的推出。当电脑刚开始进入家庭时，联想就推出了采用第三代软硬件一体化设计的“天蝎座”电脑，以友好的界面、丰富的功能克服了初学者操作电脑的技术障碍；1996年“联想昭阳”笔记本电脑的上市，则填补了国内不能自行生产笔记本电脑的空白，同年，联想集团便成为国内首家通过ISO 9001国际质量体系认证的计算机生产厂家。联想品牌由此俘获了众多消费者的芳心。

3）选择延伸品牌的名称

在确定品牌延伸的产品之后，就应为其选择恰当的品牌名称。在选择品牌名称时，应从以下两个方面考虑：

（1）确定沿用核心品牌的名称是否能使消费者在心理上接受延伸品牌。如果延伸品牌力求通过质量感受或强劲有力的品牌联想来延伸核心品牌，那么沿用核心品牌的名称就是可行的。例如，富士胶片公司曾经继核心品牌的产品富士胶片后，陆续推出富士数码相机、富士彩色相纸、富士冲印药水、富士胶卷扫描仪和冲印设备、富士Frontier数码冲印室、富士热敏式照片打印机等，覆盖影像、高性能材料、印刷系统、记录媒体等多个领域。因为富士的感光技术与材料一直被消费者高度认可，而其延伸领域的核心技术又大多属于此类，所以沿用富士品牌名称比较容易为消费者所接纳。如果消费者觉得将核心品牌的名称运用到延伸品牌上，会让他们感到概念混淆或不舒服，就必须为延伸品牌寻找一个新的名称。以日本丰田公司为例，丰田在进入美国市场之初主要以省油、廉价的形象向中低收入者推销，但当其开发高档轿车市场时却不断失败。据了解，这是因为丰田在美国人心目中是生产廉价车的。搞清原因后，为开发高档轿车市场，丰田将品牌名称转换为雷克萨斯（LEXUS），方才获得成功。

（2）选择的延伸品牌名称应当为产品提供有用的帮助。延伸品牌无论沿用核心品牌的名称（如从雅戈尔衬衫到雅戈尔西服、雅戈尔休闲服、雅戈尔领带等），还是另选品牌名称（如通用汽车从雪佛兰到别克、凯迪拉克、欧宝、五菱等），所选择的品牌名称都有助于其在竞争白热化的市场中独树一帜，提升消费者的品牌意识，从而增加产品销售。只有所选择的延伸品牌名称能够为产品提供有用的帮助，才会使品牌在某个已成熟的市场中具有更大的优势和竞争力，才能达到品牌延伸的目的。

4）品牌延伸的战略布局

品牌延伸作为品牌战略的重要内容之一，必须以战略的眼光来看待，而不能过分关注短期利益。各个行业的数字化、网络化为品牌的跨界延伸提供了无限可能，如全球最大的软件公司微软推出了手机和Surface平板电脑产品，做手机产品起家的小米发布了小米电视和小米净水器等，但品牌延伸绝不仅仅是技术和产品扩展，必须考虑品牌形象、商标定位等一系列问题。如果品牌延伸运用得当，可以使新产品借助成功品牌的市场信誉在节省促销费用的情况下顺利挤占市场，直接增强企业实力；倘若把握不准或运用不当，也可能损害原有产品的品牌资源，使企业利益受损。因此，企业必须从长远发展的战略高度审视品牌延伸，切不可只顾眼前利益或者不考虑延伸的可行性盲目进行品牌延伸。

思政课堂

用好品牌延伸，彰显文化魅力

品牌延伸，是企业发展的长久战略。日本的“熊本熊”IP的“卖萌经济学”是值得学习的范例。“熊本熊”是日本熊本县推出的官方吉祥物，给熊本县带来了数以亿计的经济收益。起初，为了庆祝日本九州新干线通车，以农业经济为主导的熊本县推出了“熊本熊”，形象可爱、呆萌，有性格，作为当地旅游纪念物为大家所熟知。在当地政府的推动下，“熊本熊”向海外企业开放形象使用权，逐渐走红于地铁、公交、广场等公共区域，进一步提高了知名度。上海的熊本熊KUMA Cafe店里还出现了专门播放日本熊本县风光的影片，无论店面装修，还是食物、餐具，全都印有代表“熊本熊”的徽标（logo）。除了主题商店，“熊本熊”还出演电影、上时装周等，以“熊本熊”为主角的动画片和动漫也火遍全球。

“熊本熊”IP的品牌延伸和营销策略能够给予我们很多灵感和智慧。影视剧是中国文化“走出去”的重点门类，它能通过一个个美轮美奂的故事令海外观众喜爱中国、理解中国文化。比如，《三生三世十里桃花》等影视作品不仅在国内好评如潮，而且在亚洲其他国家的收视率也很高。那么，如何应用影视IP实现品牌延伸？泸州老窖曾于2017年年初借《三生三世十里桃花》的热播推出“桃花醉”酒，旨在通过产品和气韵的结合实现销售创收，同时提升品牌影响力。虽然“桃花醉”酒在话题最热的时候因产能不足导致热度迅速褪去，但其品牌跨界延伸与国风流行相结合的动向彰显了文化魅力，增强了文化自信。

资料来源：殷雅雯，李光安. 动漫元素在公共艺术中的应用——以日本熊本县动漫IP熊本熊在城市公共空间中的应用为例［J］. 艺术评鉴，2018（12）：181-183.

8.3 品牌延伸的模式

8.3.1 单一品牌制和多品牌制

根据品牌名称的异同，品牌延伸可分为单一品牌制和多品牌制。

1）单一品牌制

单一品牌制是指品牌在其延伸过程中一直沿用原品牌（或核心品牌）的名称及其标识。这种方法主要是借用原品牌强大的品牌优势来推广品牌延伸的产品。原品牌只有信誉和形象上佳，才能成为延伸品牌的保护伞。

单一品牌制在管理、沟通、成本等多方面具有优势，这是因为所有品牌都沿用了原品牌名称及标识，便于通过宣传取得消费者的认同。单一品牌制也有不足，如风险集中。任何一个产品出现问题，都会对整个体系产生强大的影响。尽管如此，单一品牌制仍是品牌延伸的主要模式之一。例如，飞利浦公司生产的音响、电视、灯泡、计算机、电动剃须刀、小家电产品等均使用Philips品牌；佳能公司生产的照相机、传真机、打印机、复印机也使用同一品牌Canon；雅马哈公司生产的摩托车、钢琴、电子琴都以Yamaha品牌销售。这种品牌策略的最大优点是可以充分发挥单一品牌的作用，特别是名牌效应，有利于产品向不同市场扩张。

主副品牌制属于单一品牌制，也是现今十分流行的品牌延伸方式。采用主副品牌制的产品一般使用一主一副两个品牌，以主品牌彰显价值，以副品牌突出不同产品的个性形象。其优势在于副品牌可以借助主品牌的优势，而且通常不必额外增加广告费用。

2）多品牌制

多品牌制是指延伸品牌与原品牌在名称乃至品牌标识上各有不同，也被称为家族品牌制。这种模式的优劣势正好与单一品牌制相反。多品牌制拓宽了品牌的适应面，有利于品牌产品的多元发展，是现代企业品牌战略中品牌延伸的一种新趋势。

多品牌制并非适用于所有企业，其实施要有一定的前提：（1）企业实力强，多品牌制要求企业资产规模大、人才水平高，企业如果没有足够的实力是很难推行多品牌制的；（2）目标市场大，多品牌制要求有足够的市场空间来支持多品牌的生存发展，不可能长期由一个品牌来供养另一个品牌；（3）个性化突出，多品牌制要求各个品牌本身的个性独特，这样才能更好、更细地划分出各自的目标市场。

雀巢公司可以说是多品牌制的典范之一。其涉足的行业很广，品牌多达数百种，归纳起来主要分为以下四类：第一类是全球性公司品牌，即与公司名称密切相关并标识多种产品的品牌，如Nestle、Nescafe、Maggi、Buitoni、Carnation、Perrier等；第二类是全球性产品品牌，即与特定产品及其特性紧密相联的品牌，如Kitkat、Coffeemat、Crunch、Polo、Cerelac、Baci、Mighty Dog、Smarties、After Eight等；第三类是地区性公司品牌，如Findus、Stouffer's、Mackintonsh、Vittel、Contadina、Herta、Alpo等；第四类是地区性产品品牌，如Taster's、Choice、Eskimo、Texicana、Brigadeiro、Rocky、Solis等。不同类型品牌的产品特征各不相同，以满足不同消费者的消费需求和偏好。可见，雀巢所采用的多品牌制使其在产品延伸的功能性和心理等方面都存在明显的差别化，更突出了各品牌的个性特征，这有助于使其产品深受消费者欢迎，从而使雀巢成为全球规模最大的食品公司。

8.3.2　相关品牌延伸和非相关品牌延伸

根据品牌的相关性，品牌专家科普菲尔把品牌延伸分为相关品牌延伸和非相关品牌延伸。

1）相关品牌延伸

相关品牌延伸，也称持续品牌延伸，是指品牌的延伸方向是依据原品牌的核心技术进行的。这种品牌延伸的范围较窄，但力度较强，成功率较高。全球最大的家居零售企业宜家所采用的就是相关品牌延伸。日本熊本县的“熊本熊”IP也是非常成功的相关品牌延伸。IP（知识产权）运营在某种意义上也属于相关品牌延伸，比如金庸先生创造了具有个人风格的品牌原创IP，他将《天龙八部》《笑傲江湖》《神雕侠侣》等作品搭建成文、影、视、游、乐的跨行业生态结构体系，该体系对其后续的武侠文学、武侠影视甚至游戏都起到一定的带动作用。

2）非相关品牌延伸

非相关品牌延伸，也称间断品牌延伸，是指品牌延伸已超过原有品牌的核心技术，向非核心技术行业所进行的延伸。这种品牌延伸覆盖范围广、涉及领域多，可为企业带来更高的市场占有率和销售利润，但因其涉及内容多、不易管理，也容易引起品牌延伸的失误。

施乐（Xerox）曾是美国复印机行业中的领军品牌，强大的财务实力使时任CEO决定进行非相关品牌延伸，以实现其设定的“信息建筑”这一公司远景。1968年，施乐公司决定斥资9亿美元并购“科学数据系统公司”，进入以电脑为基础的信息产业，并将其更名为“施乐科学数据系统公司”。但是，因为科学数据系统公司的收入完全依赖于其与美国政府签订的太空计划合约，而美国政府当时已经开始削减太空计划的开支，所以该延伸品牌从一开始就赔钱，几经努力仍无法改变现状，在经历了6年的巨额亏损后，施乐关闭了这家公司。另外，施乐还尝试进入个人电脑这个在当时高速成长的新兴领域，但同样没有获得成功。施乐公司在经历失败的惨痛教训后，认为唯一能助其走出泥潭的仍是非相关品牌延伸。在认真分析各种品牌延伸的影响因素后，施乐决定进军金融业。1982年，施乐买下了业绩不错的“意外保险公司”，将其更名为“施乐理财服务公司”。随后，施乐又买下了两家投资银行，并分别将其更名为“施乐生活”和“施乐信贷”。后来，施乐又投资了“VMS不动产合伙企业”。这一系列品牌延伸终于使施乐收益颇丰，弥补了亏损，增强了公司实力。再加上施乐对主品牌复印机进行了质量和服务的改进，终于从日本企业手中夺回了以前丢失的市场，扭转了局面。由此可见，非相关品牌延伸绝非易事，一定要权衡再三、认真思考。

8.3.3 品牌组合延伸与产品线延伸

根据品牌是否在多条产品线上进行延伸，品牌延伸可分为品牌组合延伸与产品线延伸。

1）品牌组合延伸

品牌组合延伸是指企业提供给消费者一组含有多条产品线和产品品目的产品。品牌组合延伸可从多个角度进行，如添加品牌线以增加品牌组合宽度，加长品牌线以延长品牌组合长度，增加产品数以挖掘品牌组合深度，强化形象以提升品牌组合相关度等。

品牌组合宽度是指企业总共有多少个不同品牌的生产线，如雅芳公司的品牌组合宽度包括化妆品品牌、珠宝首饰品牌、日用品品牌等品牌线；品牌组合长度是指品牌组合中产品品目的总数，也就是企业所有产品的数目总和；品牌组合深度是指品牌组合中产品线上的每一产品数有多少，如雅芳公司化妆品品牌的深度可细分为口红品牌、护肤品牌、香水品牌；品牌组合相关度是指各品牌线在最终用途、生产技术、销售方式、传播途径等方面的综合相关度，如可口可乐公司的各种品牌均以广告传播为主，可见其传播途径的相关度较强。

2）产品线延伸

产品线延伸是品牌延伸中最常用的形式。在1991年美国食品市场上推出的6 125种新产品中，只有5%的新产品采用了新品牌，另外95%的新产品都是在充分利用老品牌辐射力的基础上以品牌延伸的方式推出的。大多数企业之所以采用产品线延伸，是因为一方面可以拓宽消费者的选择范围，另一方面可以争夺销售市场的展示空间。产品线延伸的主要形式有以下四种：

（1）向上延伸，这是把品牌推向比原品牌定位更高的延伸，是把产品推向高端的做法。这种延伸可以提高品牌档次、增加利润和消费者的心理自豪感。但是，此项延伸需要大量的投入，而且进入高端市场的风险更高。例如，小米手机给人的印象一般是性价比较高的千元手机，但是近年来小米集团也针对中高端手机市场推出了“小米12”“小米11”等多款手机。除手机外，小米集团还推出了智能家电、笔记本电脑等产品，力求打造“小米生态”。

（2）向下延伸，这是把品牌推向低于原品牌定位的延伸。这类延伸可以扩大市场份额，但容易引起消费者对原品牌内涵、档次的质疑，影响原品牌的定位和形象。因为这些品牌在消费者心目中被定位为高端名品，是身份的象征，所以通过降低质量标准或降低价格来进行延伸是危险的。虽然通过派生的中低档品牌吸引了一批购买力弱的消费者，但因其品牌资产价值已经自行贬低，也会失去很大一部分原有消费者，故此风险较大。以“五粮液”品牌为例，该公司在推出“五粮醇”“五粮春”等中端白酒后，虽然其子品牌十分火爆，但对“五粮液”高档品牌形象造成了一定的伤害。相比之下，行之有效的办法就是采用不同的品牌名，拉开与核心品牌的距离，保留核心品牌的核心价值。比如，劳力士用蒂陀（Tudor）品牌作为向下延伸的品牌就是成功的范例。

（3）平行延伸，这是把品牌向同级市场进行延伸。这类延伸不仅风险小，而且可以增加现有消费者的选择种类，维系忠诚度，但对扩大消费者群落作用不大。例如，宝洁公司的“玉兰油深润营养滋润霜”向“玉兰油保湿美白晚霜”的延伸，以及“潘婷洗发水”向

"潘婷修复润发精华素""潘婷营养水"的延伸，都属于平行延伸。

（4）双向延伸，这是把品牌同时向上或向下、向上或平行、平行或向下进行延伸。一般而言，采用此类延伸的原品牌定位都在中档，既便于增加高档产品，又便于增加低档产品，从而扩大市场阵容。但是，在此类延伸中，企业应注意品牌形象力的平衡，如若失衡就有可能前功尽弃。例如奇瑞汽车，最初向市场推出的是中档汽车"奇瑞风云""奇瑞琪云"，之后同时向市场推出低档汽车"QQ"和高档汽车"东方之子"。目前，奇瑞汽车的产品线已经日趋完善，拥有了"欧萌达（OMODA）""瑞虎（Tiggo）""艾瑞泽"等产品系列。

8.4 品牌资本运作

8.4.1 品牌资本运作的内涵

品牌资本运作是指企业通过兼并、收购、特许经营、重组、构建战略联盟、转让、上市等方式，实现品牌与资本的成功对接，使品牌财富呈现跳跃式发展。从国内外品牌创造财富的实践看，资本运作是品牌财富增长的关键因素。比如微软公司，1986年在纳斯达克上市时其净资产仅200万美元，2022年6月市值突破2万亿美元。再如，英特尔公司、海尔集团、中信集团、新浪公司等都是品牌资本成功运作的范例。

8.4.2 品牌兼并

品牌兼并就是使被兼并方的全部品牌资产成为兼并方品牌资产的一部分的过程。品牌兼并往往是出于企业业务协同的需要，通过兼并对方的品牌资产，巩固和提升自己的市场地位、市场份额，增强品牌实力，实现品牌扩张。

品牌兼并可以采用现金、股票、协议或上述多种方式。例如，当年康柏与惠普的合并就是采取股权置换方式进行的。品牌兼并的关键是物色好兼并对象，要对被兼并方品牌的价值、资源有清醒的认识，否则容易陷入经营困境。比如，2017年，锦泓集团以"蛇吞象"的方式花费44亿元收购甜维你（Teenie Weenie）品牌，巨额收购成本和商誉减值拖累了公司业绩，同时形成巨大债务风险。2021年，通过解决公司治理问题、开辟线上销售渠道，以及扩充资本金、降低负债率等举措，锦泓集团实现业绩触底反弹，恢复了市场信心。

8.4.3 品牌收购

品牌收购就是被收购方的一部分品牌资产成为收购方的一部分品牌资产的行为。收购的目的是吸收对方与品牌名称、象征相联系的资产及渠道网络，以获得对方的市场地位，提高企业的经营能力。例如，2016年，雅高酒店集团以27亿美元的价格收购了FRHI酒店集团旗下的三个豪华酒店品牌：费尔蒙（Fairmont）、莱佛士（Raffles）和瑞士酒店（Swissotel）。雅高酒店集团旨在通过品牌整合提高收入规模、取得成本协同效应、扩大客户资源、开拓销售及分销渠道。

8.4.4 品牌特许经营

1）品牌特许经营的含义

品牌特许经营是指特许人通过契约方式将品牌的使用权授权给被特许人，允许被特许人在一定时期内使用特许品牌进行经营的品牌延伸模式。它可以让特许人与被特许人共享品牌收益，使品牌在特许使用过程中得以增值。在品牌特许经营模式下，特许人可以借助被特许人的财务资源、人力资源实现品牌延伸，这种低成本、低风险的特点使得品牌特许经营成为品牌延伸的有效方式。据统计，美国的社会消费品零售总额中有半数是通过品牌特许经营方式实现的，平均每8分钟就有一个特许加盟店开业，现有的55.8万个特许经营店已渗透到75个行业的约4 800家公司。英国共有2.5万家特许权公司，通过特许经营投资扩充的直接资本多达25亿英镑。

2）品牌特许经营的基本原则

一个品牌能否经过特许经营实现品牌资产增值、维护和提高品牌形象，是特许人十分关注的问题，关系到特定品牌能否通过这一方式被他人使用。在一般情况下，特许人会慎重地考察欲使用品牌的企业或个人的经营理念是否符合以下要求：

（1）品牌经营理念的一致性要求。被特许人在经营特许品牌时首先要做到与原品牌的经营理念一致，以便从本质上保护原品牌的核心价值。

（2）品牌识别的一致性要求。特许品牌要求其品牌的形象识别系统与原品牌保持一致，使消费者不论在何时何地都能一眼认出。

（3）品牌服务的一致性要求。就品牌特许经营来讲，品牌服务要经过一致性的培训，让消费者无论进入哪一家特许店都能感受到与原品牌一样的服务。

（4）品牌经营管理的一致性要求。品牌特许经营在品牌战略、经营策略上采取集中管理的方式，由总部制定统一规则并对各分店授权，各分店严格执行。

知名品牌肯德基、麦当劳就是品牌特许经营的典范。截至2021年年底，快餐业巨头麦当劳在全世界119个国家和地区开设了约4万家门店。麦当劳在实行全球品牌特许经营时，要求所有门店从门面装潢到门口的清洁箱、营业用的包装袋、纸杯、纸盘、餐巾、揩布都是统一的，甚至将标识的颜料从美国运到各地餐厅，以保证色调的一致性。在经营过程中，麦当劳各门店都被要求坚持总公司的“八字”经营理念——“廉价、卫生、快捷、方便”，让消费者无论在世界的哪个地方，都能从笑容可掬的麦当劳叔叔、欢乐大门“M”之中体会到“开心无价麦当劳”的品牌核心理念。正因为麦当劳的所有门店都严格遵守品牌特许经营的基本原则，才使麦当劳获得了现今的成绩。当然，对一致性的要求并不排斥个性化，比如肯德基的异地个性化就做得非常好。开设在中国的肯德基餐厅就推出了“芙蓉荟蔬汤”“老北京鸡肉卷”“皮蛋瘦肉粥”等品种，使消费者既有了目标性又有了选择性。

8.4.5 品牌重组

品牌重组是指品牌通过企业并购的形式得以重新组建，形成以跨国公司为主体的品牌延伸模式。这种品牌经营模式可以实现品牌的优势互补，有助于取得品牌的市场效应和规模经济效益，但要求企业具有很强的经济实力和品牌管理能力。

在品牌重组中，最为引人注目的案例有：美国微波通信公司以1 290亿美元收购斯普林特公司，美国埃克森石油公司以830亿美元收购史必成公司，英国石油公司以560亿美元并购美国阿姆科石油公司，美国通用电气公司以450亿美元收购霍尼尔公司，英荷集团联合利华公司以243亿美元收购美国百仕福食品公司，美国福特汽车公司收购瑞典沃尔沃公司轿车部，德国戴姆勒-奔驰公司并购克莱斯勒公司，法国宝马汽车公司并购英国劳斯莱斯汽车公司，英国石油公司（BP）和阿莫科（Amoco）合并，英国通信公司沃达丰先后购并美国爱尔达机公司和法国曼尼斯缅因公司等。这些大规模的国际性并购所形成的品牌重组，不仅使原有品牌高度延伸，而且对世界各国品牌的竞争走势产生了深刻的影响。

8.4.6　品牌战略联盟

品牌战略联盟是指利用现有企业的品牌优势，与其他企业进行双边或多边合作，以达到品牌的延伸与扩张。美国商业专家詹姆斯把品牌战略联盟分为授权联盟、分销联盟、投资联盟、自有品牌联盟、买卖双方联盟等多种形式。

1）授权联盟

授权联盟是指一个公司将某种权利或技术授予另外一家公司，使后者能在某一特定时间或特定区域从事制造、销售某种产品或服务的活动。授权主体可以在不投入资金的情况下，使自己的产品向更为广阔的市场进军并弱化竞争对手；而接受授权的一方则可以利用先进的技术与方法，在市场上取得一席之地。例如，20世纪60年代初期，歌兰帝与飞利浦分别推出了互不兼容的盒式音响系统。飞利浦巧用授权联盟战略，把技术广泛地授权给那些不能成为竞争对手的制造商，使其产品很快得到普及，最后迫使歌兰帝也来争取获得飞利浦音响系统的授权。20世纪70年代中期，索尼公司曾推出更大的盒式音响系统，但未采取授权战略，结果销量一直平平。再如，英国利兰汽车公司正是因为接受了本田公司的授权，使用由本田公司提供的工程技术及零部件设备来制造艾克兰轿车，才显示出新的生机和活力。这种授权活动既能够提高授予方品牌的知名度，也能够提升被授予方品牌的知名度和影响力。

2）分销联盟

分销联盟是指由老公司负责新公司的产品及服务的销售管理，其联盟限于分销领域而不涉及技术与产品加工的授权。英国著名的连锁餐馆Harry Ramsden's意欲涉足零售业，并使其鱼片和精肉产品进入超市。但由于资金已经投入国际连锁餐馆业务，没有余力进行新的投资，因此它同英国主要的海产品品牌Young's合作，以联盟的形式打入市场，大获成功。分销联盟对于老公司来说，可以拓宽业务、取得利润，不必再花费更多的投资；对于新公司来说，则可以减少开辟新分销渠道的投资，消除进入新市场的障碍。这种方式有利于提高品牌在新市场的曝光度、知名度，逐渐扩大品牌的市场影响力。

3）投资联盟

投资联盟是指几家公司共同投资或合并建立综合性事业，有时涉及资本协议和所有权变更。投资联盟的核心是财力的汇集。例如，金龙鱼与苏泊尔曾推出过品牌联合推广活动，营销主题是“好锅、好油、健康美食”。双方投入费用达两千多万元，并在市场和品牌推广、销售渠道公用、媒体投放等方面展开深度合作。投资联盟是一个投资各方共同受益、共同提振企业及品牌影响力的多赢合作。

4）自有品牌联盟

自有品牌联盟是指某公司将其部分产品或全部产品交由其他公司生产，而后附以自有品牌进行销售。例如，中国第一汽车集团的一汽品牌携手德国大众汽车集团的大众品牌，在中国市场上推出“一汽-大众”的轿车联合品牌。实际上，这也是借用他人的力量来发展壮大自己的品牌。

5）买卖双方联盟

买卖双方联盟是指供货方与购货方达成的联盟，常见于大规模制造业，着眼点是双方互惠互利。例如，李宁体育用品公司曾与杜邦纺织结成品牌联盟，杜邦纺织将其开发的“莱卡”弹性纤维与李宁公司的“李宁”品牌联合，推出品牌为“李宁-莱卡”的运动服装。

无论联盟形式如何，其成功的基础都是各方寻求共同的利益，壮大品牌实力，实现品牌延伸增值的目标。

8.4.7 品牌资产运营的其他方式

1）品牌资产转让

品牌资产转让就是出售品牌资产，实现品牌资产化的过程。品牌转让的目的是多方面的，既可能是出于战略重组的考虑，优化核心品牌资产，变卖出售非核心品牌资产，又可能是盘活闲置的品牌资源，还可能是出于战略合作的需要，彼此向对方转让品牌资产，使合作伙伴享有品牌使用权。

2）企业在证券市场上发行股票或债券

企业可以在国内资本市场上市或国外资本市场上市，或者在国内外资本市场同时上市，还可以在债券市场上发行企业债券，借此扩大品牌的影响范围，提高品牌的市场覆盖面。比如，联想在美国上市，其目的除了融资以外，还为了获取“联想”品牌的国际声誉，从而向联想品牌的国际化迈出一大步。

学习与思考

1.简述品牌延伸的含义与作用。

2.简述品牌延伸的原则及具体步骤。

3.简要分析品牌延伸的模式。

4.品牌资产运营的方式有哪些？

5.什么是品牌特许经营？有哪些基本原则？

案例分析

案例1　　家居品牌延伸战开打

2014年上半年，大自然宣布进军大家居，将地板、木门、橱柜三大产品作为发展重心，同时也将“大自然地板”更名为“大自然家居”，现在已经逐渐延伸到瓷砖、墙纸、沙发等产业。

再通过观察从衣柜起家的索菲亚在中国的发展历程，我们发现，这家公司之所以始终处在市场前沿，与其审时度势下的战略转型密不可分。索菲亚自成立以来经历了若干发展阶段：2001年，公司基于消费者的需求，把SOGAL壁柜移门产品引入中国；2007—2011年，公司专心发展定制衣柜业务，成为行业龙头；2011年的IPO是转折点，公司开始切入其他定制家具的制造；2016年，公司推出“全屋定制”，开始实施“大家居”战略。

在楼市萎缩、行业产能过剩、环保政策压力等因素下，“大家居”的确可以解决行业困境。但是专注于垂直生产的企业，其占有的市场份额才是最大的。

品牌延伸要有关联度。是选择空间更广阔的“大家居”战略，还是专注于做垂直产品战略？品牌延伸战到底该不该打？可以打，但要看准了打。在两种战略的交替和品牌延伸中，企业需要考虑到自身行业与产品的关联性和品牌的核心定位，不能强行跨界。

地板企业在进行品牌延伸时，需要将同一品牌用在两种相容的产品中。只有在具备品牌延伸条件和明确品牌价值的情况下，企业才可以实施“大家居”战略。如果盲目“跟风”，结果就是对原品牌产生负面影响，这对品牌发展反而是极其不利的。

品牌延伸要保证新老产品之间具有较高的关联度，让消费者会因为同样或类似的理由认可并购买某品牌，新产品的方向最好是与主业相关的产业，或者向产业链的上下游延伸。

品牌延伸要保证品牌原有的核心价值与个性不能改变。如今“大家居”已经是建材行业公认的趋势，看清局势的品牌早已将枝头伸向其他领域，将产品线从单品类逐渐向多品类扩宽。

资料来源：张洁．大家居战略还是垂直产品战略，品牌延伸战该不该打？［EB/OL］．［2017-11-28］．https：//www.sohu.com/a/207115112_827662.有删改．

【案例思考题】

1.大自然家居品牌延伸是如何操作的？

2.通过上述案例，分析品牌延伸如何保证品牌原先的核心价值与个性。

案例2　吉利汽车的海外收购之路

吉利控股集团于2017年12月27日宣布，将收购欧洲基金公司Cevian Capital所持有的沃尔沃集团股权，自此成为拥有卡车、客车、船舶等多种工业设备生产和销售业务的沃尔沃集团的第一大股东，持股8.2%。如此大手笔的海外资本收购，令人吃惊之余，不得不让人重新审视这家土生土长的中国汽车企业——吉利。

其实，吉利的收购历程由来已久。最早可以追溯到1997年，那个时候吉利还没有取得生产乘用车的资质。四川一家生产小客车的企业濒临倒闭，李书福看到机会，投资1 400万元，成立了四川吉利波音汽车制造公司，顺利拿到了小客车、面包车的生产权。这算得上是吉利最早的收购案例，但从这件事情中能看到李书福不寻常的投资战略眼光。

当然，吉利最有轰动性的收购也是让全体中国人感到振奋的收购案发生在2010年，吉利豪掷15亿美元收购了沃尔沃的乘用车业务。当时很多人觉得不可能，形容这简直如同“蛇吞象”，况且沃尔沃数年经营不善，连续几年亏损10亿美元左右。吉利有能力重振沃尔沃品牌吗？为了此番收购，吉利负债100亿元人民币（吉利公布的财务状况显示），完成了“蛇吞象”这一不可能的任务。

2010年完成收购后，跟中国消费者期待的不同，李书福对沃尔沃品牌仍然保有敬意，并没有随意地把沃尔沃的相关技术直接用在吉利汽车上，而是保持沃尔沃作为豪华品牌的价值。沃尔沃在吉利手下第一年就扭亏为盈了，到2011年全年利润2.4亿美元，到了2017年，仅仅前3个月，沃尔沃汽车利润就已经达到12.6亿美元。

直到2017年，李书福才成立了吉利汽车和沃尔沃的合资公司，创办了自主高端品牌——领克，将沃尔沃的技术用在该品牌上。收购整整7年后才真正开始技术变现，我们可以看到吉利的冷静克制，再也没有人嘲讽李书福当年的收购壮举。从那次收购至今，吉利的收购步伐从未“松口气，歇歇脚”。我们来按时间顺序盘点一下。

2013年年初，吉利投资1 104万英镑收购了英国锰铜控股的业务与核心资产，其主要业务是生产伦敦经典黑色出租车。锰铜控股从此成为吉利的一家全资子公司，并改名为伦敦出租车公司。其实从这个时候开始就可以看得出，李书福已经不满足于仅仅做一个乘用车生产厂商，他还要涉足商用车和与汽车有关的其他相关产业链。另一个有力佐证就是两周前对沃尔沃集团股权的收购。

2017年5月，吉利集团收购了DRB旗下宝腾汽车49.9%的股份以及豪华跑车品牌路特斯（Lotus）51%的股份。熟悉汽车品牌的人们都知道，路特斯，也就是车迷们常说的莲花，那是与保时捷、法拉利齐名的世界著名跑车品牌。跟当年的沃尔沃一样，近年来也是销量极其低迷，吉利称要让路特斯重回一线品牌跑车的位置。

2017年11月，吉利控股宣布收购美国最大飞行汽车公司太力（Terrafugia）的全部业务和资产。该公司总部位于美国波士顿，一直专注于飞行汽车的设计与制造。

吉利自2018年12月27日收购沃尔沃集团股权以来，便成为沃尔沃集团的第一大股东。这也意味着，吉利的战略目标将远远不止于做一个汽车生产厂商。从李书福当初决定造汽车时众人的嘲笑，到今天如日中天的吉利，这中间的路必然是不容易的。这样的中国企业，值得我们点赞。

资料来源：HeyDrones.吉利汽车的海外收购之路［EB/OL］.［2018-01-12］. https：//www.sohu.com/a/216280911_100075340.有删改.

【案例思考题】

1.吉利汽车是如何一步步实现品牌资产扩张的？

2.吉利汽车品牌资产运营成功的案例对中国企业有何启示？

第9章/
品牌保护的管理策略

学习目标：理解品牌保护的内涵和意义；掌握品牌使用过程中的保护策略；熟悉品牌保护方面危机管理的思路与方法。

引导案例

品牌保护的是与非

“海底捞”成立于1994年，是一家以经营川味火锅为主、融汇各地火锅特色为一体的大型跨省直营餐饮品牌火锅店，全称是四川海底捞餐饮股份有限公司。“海底捞”在国内外拥有百余家直营连锁餐厅。

“河底捞”餐馆于2018年9月20日核准登记，经营范围为中餐服务，经营地址为湖南省长沙市雨花区人民路105号二楼西头，河底捞餐馆正门上方宣传招牌为“河底捞家常菜”，正门右侧宣传招牌为“河底捞，吃洞庭河鲜就到河底捞”，正门处的木制招牌则为“河底捞好味道”六个字。“河底捞”整体采用艺术字形式，其中“河”字的三点水呈现河流的艺术形态，“底”字下面的点则是由一个鱼形图像所代替。整个招牌上方有一个活蹦乱跳的鱼的图像。

“海底捞”认为“河底捞”餐馆擅自在其开设饭店的牌匾以及服务用品上使用“河底捞”标识，在企业名称中使用“河底捞”字号。河底捞餐馆使用的“河底捞”标识与海底捞公司核准注册的“海底捞”商标为近似商标，河底捞餐馆在其经营场所使用“河底捞”商标，属于饭店服务业中典型的商标使用行为，构成在相同服务上使用近似商标，侵犯了海底捞公司的“海底捞”商标专用权。

河底捞餐馆认为：第一，被告河底捞餐馆的“河底捞”的标识与原告海底捞公司的“海底捞”的商标不属于近似商标；第二，从双方提供的服务和推出的餐饮产品来看，两者唯一的共同之处就是餐饮。海底捞火锅有很高的社会认知度，熟悉海底捞火锅的人都知道海底捞是做川菜、火锅的餐饮企业；河底捞餐馆主要经营的是湘菜系列的河鲜，也有火锅，但是火锅并非其主要业务。

根据《最高人民法院关于审理商标民事纠纷案件适用法律若干问题的解释》第九条第二款规定，商标法第五十二条第（一）项规定的商标近似，是指被控侵权的商标与原告的注册商标相比较，其文字的字形、读音、含义或者图形的构图及颜色，或者其各要素组合后的整体结构相似，或者其立体形状、颜色组合近似，易使相关公众对商品的来源产生误认或者认为其来源与原告注册商标的商品有特定的联系。就文字商标而言是否近似，一般需要结合音、形、意等方面综合认定。

无论从字体的字形、读音、构图、颜色，还是从原告、被告经营的菜品等方面，均不会使一般的消费者对河底捞的餐饮服务内容产生误认或者认为其服务内容与原告注册商标海底捞之间有特定的联系，故被告河底捞餐馆不构成对原告海底捞公司的注册商标“海底捞”的商标权的侵犯。

长沙市天心区人民法院一审驳回了原告四川海底捞餐饮股份有限公司的诉讼请求。一审宣判后，原被告双方均未上诉。

资料来源：法治周末报，天心区人民法院．“海底捞”把“河底捞”告了！[EB/OL]．[2020-08-16]．https：//baijiahao.baidu.com/s？id=1675190165705733696&wfr=spider&for=pc.有删改．

9.1 品牌保护的意义

9.1.1 品牌保护的内涵

品牌保护，是品牌所有人、合法使用人为防范或制止他人对品牌权益人的权益侵害实施相应措施进行自我保护的行为。品牌保护贯穿品牌活动的全部过程，包括品牌设计中的自我保护、品牌经营活动过程中的自我保护和品牌法律保护三个方面。品牌保护的实质是对品牌所包含的知识产权进行保护，即对品牌的商标、专利、商业机密、域名等知识产权进行保护。

品牌保护的任务是防止品牌声誉由于侵权行为受到伤害，提高品牌的知名度和美誉度。品牌的知名度是保持品牌市场竞争力的重要条件。某品牌知名度高的企业运用法律武器保护自己的品牌，可以打击不法经营者造假仿冒，维护自己的合法权益。品牌美誉度是品牌保持旺盛生命力的关键，其核心是品牌质量高，技术创新以及对科技成果的转化是提高品牌质量的根本途径。有关科技成果必须获得《中华人民共和国专利法》的保护，否则很快就会因被他人仿冒而失去市场。由此可以看出，商标权、专利权、商业机密权、域名权等知识产权的保护是品牌保护的核心。品牌保护是品牌经营活动中的重要环节，企业必须给予高度重视。

9.1.2 品牌保护的原因

1）恶意抢注商标危害企业经营活动

商标恶意抢注已不再是国际商战中的新话题。早在中国加入世界贸易组织之初，一些国外企业便通过抢注竞争对手的商标筑起“市场壁垒”，使被抢注商标的企业难以使用原商标进军国际市场，为企业的国际化营销设置障碍。这一现象已经引起国内企业的高度警惕。

有多少内地商标被抢注

2）假冒商标侵权使消费者利益遭受损失

假冒商品已成为全球经济生活中的一大恶疾。从生产资料到生活用品，从一般商品到高档耐用消费品，从初级产品到工业制成品，从内销商品到外销商品，假冒商品几乎无处不在。假冒商标是由同类产品的某著名品牌的商标图案或文字稍加修饰、演变、改动而成，它在视觉上给人造成错觉，在宣传效果上以假乱真。其中尤以制作简单、利润丰厚、销售快捷的假冒名烟、名酒和药品问题最为严重，而且假冒商品还有向大宗商品和高科技产品领域发展的趋势。假冒货的身影无处不在，一些假冒商品甚至招摇过境，不仅使当地消费者深受其害，而且对假冒商品制售者所在国家的形象和信誉造成了严重的影响。

品牌是一项十分重要的无形资产，品牌的背后是市场，保护自己的品牌就是保护已经占领的市场。好的品牌特别是名牌、驰名商标具有极高的品牌价值，对企业而言是一笔巨大的财富，为使其不受侵犯，企业必须对自己的品牌实施有效的保护。

9.2　品牌自我保护

品牌成长需要细心呵护

9.2.1　品牌自我保护的内涵

品牌自我保护，就是品牌的所有人、合法使用人主动对品牌采取各种保护措施，以保护自身权益的行为。品牌经营者为提高企业效益，从容面对来自各个方面的竞争，必须努力打造高知名度品牌。然而，品牌知名度越高，品牌被侵权的威胁也就越大，技术失窃的可能性也就越高。品牌之间的竞争会使一些受利益驱动的投机者采取不正当的手段，恶意抢注合法使用人的品牌，或者故意注册与知名品牌相同或相似的商标，凡此种种必然严重侵蚀品牌经营者的正当利益。因此，品牌经营者为使品牌健康成长，必须提高品牌自我保护意识，加强对品牌的保护力度。

品牌自我保护涉及品牌所有人、合法使用者的所有商业活动和行为，贯穿企业经营活动的始终。因而，品牌自我保护不是独立的行为，它是由品牌设计、商标注册等活动构成的。

9.2.2　品牌设计时的自我保护

1）商标设计要有显著性

品牌的显著性，也称为品牌的区别性或识别性，即能够起到区别不同厂家产品作用的特性。品牌要得到法律的保护，就必须具备这一特性，这是因为，缺乏显著性的品牌在世界各国均不能作为商标得到注册和保护。

一般来说，品牌名称按其显著性程度不同可以分为四类：①臆造性品牌名称，如瑞士名牌“劳力士”凭借多项手表创新技术在业界独占鳌头，其品牌名称“Rolex”的后缀“-lex”也由此产生了“精确”的含义，这种由臆造词汇构成的品牌名称具有独创性，因此在商品和服务上都具有显著性。②任意性品牌名称，如“Apple”（苹果），它在被用作电脑或服装的品牌标记的情况下能起到区别的作用，但不能作为苹果这类商品本身的商标，因为它是该类商品的通用名，显然不能起到区别的作用，缺乏显著性。③暗示性品牌名称，如eBay常直接译作“易趣”，所传达的既是“交易的乐趣”，也是“乐趣的交换”。④描述性品牌名称，如用于计算机键盘的“104”，由于键盘上有104个按键，而该名称直接描述商品的特点，因而不具备显著性。描述性品牌名称虽然能一语道破产品的某一特性，但在许多国家是不允许注册的。不过，英美等国的商标法允许注册描述性品牌名称，但申请人必须证明其产品确实具有该特色。从受法律保护的程度和范围来讲，臆造性品牌名称的显著性最强，任意性和暗示性品牌名称的显著性次之，描述性品牌名称的显著性最差。

商标注册申请不予注册情形如下：①过于简单的文字或图形；②过于复杂的文字或图形；③品牌的各组成部分不能构成一个整体的文字、图形或者文字与图形组合；④本商品或本行业常用的词语或图形；⑤缺乏独特部分的企业名称。

例如，武汉的一家餐饮企业最初取名为“小南京”，在短短的几年内该企业迅速成为湖北地区有名的餐饮品牌。当餐饮者准备申请注册时才知道，我国《商标法》规定县级以上行政区划的地名或者公众知晓的外国地名不得作为商标。幸运的是，该企业运用了“南京”的谐音“蓝鲸”，将“小南京”改为“小蓝鲸”，加上一定程度的宣传，使消费者较快地认可了新的品牌名称。

2）品牌设计要有独创性

要提高品牌名称的新颖性和独特性，品牌设计就必须具有独创性。相对而言，具有独创性的品牌设计能够更好地受到法律保护。世界著名香水品牌“Poison”由法国克里斯汀·迪奥（Christian Dior）公司推出的，其中文译名是“百爱”，而“Poison”这个单词的英文原意是“毒药、毒液”，让人看了大吃一惊，然而正是这种奇特的构思，满足了众多消费者猎奇的心理，使“Poison”香水风靡世界。

在品牌设计过程中，除了考虑独创性要求以外，还要注意不得使用国家禁用的文字与图形，避免在品牌名称中出现行业术语，品牌文字的书写也要合乎规范。各国商标法规对品牌禁用文字、图形均有相应的规定且基本原则一致，但由于各国文化习俗和经济发展状况存在差别，因此，对于品牌禁用文字、图形的法律规定和审查标准不尽相同。

在品牌设计过程中要做好品牌保护，还需要重视运用防伪技术，如激光全息图像防伪、荧光磷光防伪、金属隐形防伪、特种制样印刷防伪等。从现实情况看，商标及包装的技术含量过低，伪造者可以轻而易举地进行仿制，这是造成品牌利益受损的重要原因。实践证明，合理运用防伪技术是实施品牌自我保护的有效做法。

9.2.3 商标注册与品牌自我保护

品牌最具凝聚力的核心要素是商标。我国《商标法》第三条规定：“经商标局核准注册的商标为注册商标，包括商品商标、服务商标和集体商标、证明商标；商标注册人享有商标专用权，受法律保护。”第四条规定：“自然人、法人或者其他组织在生产经营活动中，对其商品或者服务需要取得商标专用权的，应当向商标局申请商标注册。”因此，依靠法律保护品牌的重要途径之一是进行商标注册。

1）及时注册商标

及时注册商标是品牌保护的第一步。从品牌保护的角度出发，及时注册商标的重要性有以下两点：

（1）商标注册是获得商标专用权的主要手段。商标一旦注册成功，其他人就不能在相同或近似的商品上注册或使用与本企业相同或近似的商标，从而可以有效防止他人侵犯本企业商标的合法权益。否则，商标得不到法律保护，他人也可以使用，商标所有人的经济利益就会受到冒牌商品的冲击。

（2）及时注册商标是防止自己精心培育的品牌被他人抢注的最好办法。商标一旦被他人抢注，该商标即为他人所有，原商标所有人若继续使用，就会被认为是一种侵权行为。品牌知名度越高，商标被抢注的可能性就越大。

例如，云南省爱法焊料有限公司是云南省某企业和美国爱法公司合资创办的，专门生产“爱尔法”焊条。由于产品质量过硬，销售状况非常好，在消费群体中口碑上佳。然而好景不长，美方突然撤资，单方面解除合约，在深圳独资建了一家焊料厂，并且声明云南省这家企业以后不许再用“爱尔法”商标。美方的做法使得该企业陷入了进退两难的境地。虽然产品与美国公司生产的一样，技术工艺也一样，却无人认可。该厂厂长看着优质的产品卖不出去，叹息不已。

系统性商标注册避免类似商标侵权

2）重视商标在国外注册

商标专用权具有地域性和时间性。地域性是指注册商标专用权的保护只在注册所在国有效；时间性是指大部分国家采用注册在先原则，先注册者享有商标专用权。

在国外注册商标，获得外国法律的保护，是我国企业走向世界、创国际名牌必不可少的手段。由于我国企业早些时候品牌的自我保护意识不强，导致一些知名品牌在国外被他人抢注现象十分严重，如“青岛”啤酒在美国被抢注，“凤凰”牌自行车、“蝴蝶”牌缝纫机在印度尼西亚被抢注，“竹叶青”酒在韩国被抢注，“天坛”牌蚊香在马来西亚被抢注。最为典型的例子是云南“红塔山”牌香烟在菲律宾被一家企业抢注，菲方企业所抢注的品牌外观与云南“红塔山”品牌完全一样，在菲律宾的销量已接近中国市场。中方企业曾试图与菲方企业交涉，希望对方放弃使用“红塔山”品牌，但是，由于巨大的商业利益原因，菲方企业表示，无论中方企业出多少钱，都没有商量的余地。这就是说，云南“红塔山”品牌已没有进入菲律宾市场的可能，一旦进入就构成侵权。

因此，为避免商标被抢注，企业在制定营销战略时，应将市场战略与品牌战略结合起来。不要在市场占有率低的时候忽视商标注册。在企业国际化营销过程中，一旦确定了市场战略，就应该及早启动在海外市场的商标注册工作。尤其对于一些雄心勃勃、发展较好的自主品牌来说，海外商标注册工作可以说是“箭在弦上，不得不发”。

拓展阅读9-1

全方位注册商标的意义

对品牌的基本保护主要指对品牌的知识产权保护，包括商标、专利、著作权等。很多企业注册商标的时候只是注册其所涉及的单一类别，这种做法隐藏着一定的隐患。

较为周全的做法是纵向和横向全方位注册商标，不仅对相近商标进行注册，而且在相近行业甚至所有行业进行注册。

1.跨类别注册

比如一个做餐饮行业的品牌，就会涉及很多商标类别。如29个食品类，30个调味品、糕点类，31个水果、蔬菜类，32个饮料类，33个酒类，40个食品加工类，43个餐馆、饭店类，44个营养与饮食指导类。完成跨类别注册后，就不会在其他相关类别出现同名的品牌，品牌在进行延伸时也不会出现法律上的麻烦。

2.跨行业注册

（1）涉及“互联网”行业。在“互联网+”时代，任何一个行业都可能涉及互联网，品牌也应当在互联网行业进行商标注册，如9个计算机软件、程序类，35个公司经营、广告、连锁类，42个计算机软件相关服务类。

（2）涉及“运输”行业。以餐饮业为例，餐饮业务需要配送，就会涉及39个运输、包装、冷藏类等，如“390048运输”“390086商品打包”“390028货物贮存”“390043冷冻食品柜出租”“390020包裹投递”。

3.近似注册

针对与企业的商标名称近似的名称、图案，也要考虑注册，如娃哈哈对商标的注册不仅包括娃哈哈，还有娃哈娃、哈哈娃，哈娃哈等，仅防伪注册就有70多种，尽可能做到品牌保护的万无一失。

4.跨国注册

商标保护是有区域性的。企业想要让商标在哪个国家或地区得到保护，就必须在这个国家或地区进行商标注册。国际商标注册有三条渠道：

《商标国际注册马德里协定》的由来

（1）单一国家指定注册。申请人可以委托商标代理组织、国外代表人、律师事务所或者其在国外的分公司代为申请注册。

（2）欧盟商标注册。欧盟商标受所有欧盟成员国的保护。

（3）马德里商标国际注册。国际商标注册在某个成员国内得到保护称为商标国际注册的领土延伸。中国企业可以根据《商标国际注册马德里协定》和《商标国际注册马德里协定有关议定书》及其实施细则建立的马德里联盟成员国间的注册体系，通过商标局申请商标国际注册，再通过世界知识产权组织国际局延伸到马德里联盟所有成员国。如此一来，中国企业在进行商标国际注册申请时只需要使用一种语言、缴纳一次费用、填写一份表格，向商标局提交申请就可以获得马德里体系所有国家的商标承认，不再需要到国外聘请代理机构办理繁杂的申请手续。

5.副品牌注册

一家企业可能有多个品牌，如一个主品牌、若干副品牌。实施副品牌策略的企业有必要对各副品牌名称进行注册。比如，百胜餐饮集团有肯德基、必胜客等副品牌，需要分门别类地申请商标保护。

6.包装风格专利保护

企业应对独特的产品包装风格申请专利保护。专利又分为发明专利、外观专利和实用新型专利。

7.形象注册

形象物正在为越来越多的企业所使用，如腾讯QQ企鹅、麦当劳叔叔、肯德基上校等。作为品牌识别的标志之一，对这些形象进行注册保护，可以维护品牌识别的完整性。

资料来源：快帮集团．如何做好注册商标的全方位保护？［EB/OL］．［2019-02-14］．https：//www.kbyun.com/faq/detail/3914.html.有删改．

3）及时对到期商标进行续展

注册商标的使用权是有期限的。我国《商标法》规定："注册商标的有效期为十年，自核准注册之日起计算。注册商标有效期满，需要继续使用的，商标注册人应当在期满前十二个月内按照规定办理续展手续；在此期间未能办理的，可以给予六个月的宽展期。每次续展注册的有效期为十年，自该商标上一届有效期满次日起计算。期满未办理续展手续的，注销其注册商标。"

注册商标的时效性决定了企业要想永久占有自己的品牌，就必须不断展期以延续商标的所有权。不管商标是在国内注册的还是国际注册的，都必须依照有关规定办理展期。否则，即使是通过法律程序获得的合法的商标权益，也会因法律保护期届满未及时续展注册而丧失，意味着企业为培育品牌所付出的一切努力都将付诸东流。

4）实行多品牌的企业应对商标实施分类注册保护

理论上，采用多品牌策略且实施国际化经营的企业应在多个国家进行商标注册。然而，实际上却存在两大问题：一是注册费用较高；二是在一些国家，商标注册需要以商标使用为前提。因此，拥有众多品牌的企业可根据品牌的重要程度实行分类注册保护。例如，著名的马斯公司首先根据品牌的重要程度对所有商标进行分类，A类商标是最重要的，E类商标是最不重要的。然后，按此思路，将与公司有业务往来的企业所属国家按重要性进行分类，第Ⅰ类是最重要的国家，第Ⅱ、Ⅲ类的重要性依次递减。由此，将A类商标在所有国家注册；将B类商标在第Ⅰ、Ⅱ、Ⅲ类国家注册；将C类商标在第Ⅰ、Ⅱ类国家注册；将D类商标只在第Ⅰ类国家注册。马斯公司市场财产部每年都根据公司在各地的业务情况重新划分这些类别。

5）字、图多样化注册保护

字、图多样化注册是一种防御性商标注册的品牌保护手段。企业为了防止他人侵犯商标专用权，维护品牌整体性利益，进行近似商标注册的行为。在注册获准的多个近似商标中，一个为正商标，其他近似商标为防御商标。

防御商标基本上是主商标文字的不同组合或衍生词形成的，可以有效防止他人注册相似文字的商标，从而在一定程度上起到防护作用。防御商标的注册为主商标构筑起一道法律防线，进而保护了商标拥有者的利益不被他人侵犯。但是，防御商标的注册通常是有条件的，在主商标有一定知名度并且为广大消费者所喜爱时，注册防御商标才是被允许的。有些国家规定，只有驰名商标才有资格注册防御商标。

拓展阅读9-2

关联名称标识注册构筑品牌保护的防火墙

"娃哈哈"在注册"娃哈哈"商标的同时还注册了"娃娃哈""娃哈娃""哈哈娃"三个防御商标；双星将"双星""double star"及相应的一些标识都予以申请注册。

与"娃哈哈"这种商标防御形式不同，山东泰安酿酒总厂的白酒商标的防御做法是，以"泰山"为主体，连续注册了"泰山"系列商标，形成泰山族系列防御商标，如泰山崖、泰山峰、泰山雪、泰山云、泰山松、泰山溪、泰山虎、泰山鹰等，几乎垄断了“泰山”族商标。这是防御商标的第二种形式，即注册联合商标。

资料来源：李从选．商标防御［J］．销售与市场（管理版），1996（4）；企红网．商标注册自我保护［EB/OL］．［2020-07-01］．http：//www.tmhong.com/main/article/16523.有删改．

9.2.4 注册商标变更与品牌保护

1）注册商标变更

注册商标变更是指如果商标注册人的名称、地址等在企业经营过程中发生改变，应向商标局提交申请并获得核准的法定程序。我国《商标法》第四十一条规定：“注册商标需要变更注册人的名义、地址或者其他注册事项的，应当提出变更申请。”

（1）申请变更商标注册人名义的，应就每一个申请向商标局交送“变更商标注册人名义申请书”和变更证明各一份，并交回原“注册商标证”。“变更商标注册人名义申请书”上应将商标注册号、商标名称、原注册人名称以及变更后注册人名称填写清楚；变更证明为主管部门批准的证明文件。

（2）申请变更商标注册人地址或者其他注册事项的，应就每一个申请向商标局交送“变更商标注册人地址申请书”或者“变更商标其他注册事项申请书”以及变更证明各一份，并交回原“商标注册证”。

2）商标注册提出变更申请的注意事项

（1）变更申请，只能是商标注册人名义的变更、地址的变更或商标其他注册事项的变更。

（2）变更商标注册人名义或地址的，商标注册人必须将其全部注册商标一并办理。

（3）在提出变更申请时要交纳一定的费用，否则将退回变更申请。

（4）变更申请委托商标代理机构代理的，需交送“代理人委托书”一份。

（5）如果商标注册人的名义改变后不及时履行变更手续，改变后的商标注册人不再拥有这个商标的专用权，所以，商标注册人的名义改变后，应及时向商标局办理变更手续。

9.3 品牌使用过程中的保护策略

品牌是为所有者或被许可使用者的经营活动服务的，在品牌使用过程中也需要对其给予必要的保护。品牌使用过程中的保护，是指企业经营者在具体的营销活动中采取的一系列维护品牌形象、保持品牌市场地位的活动，首先表现在对商标权的维护上。

9.3.1 按照商标法规定合理使用注册商标

注册商标的经济意义在于保护正常经济活动中从事商品和劳务交换各主体的正当权益，这就排除了对非经济活动的注册商标的法律保护。为禁止注册大量商标而不开展经济活动的行为，各国商标法都明文规定，商标取得注册后，应当投入商业使用。但各国商标法对商标使用期限有不同的要求。例如，英国、法国、德国、泰国等国家规定为5年；日本、韩国、意大利、加拿大和澳大利亚等国家规定为3年；巴西、智利等国家规定为2年。也就是说，在无正当理由的情况下，若商标注册后连续2年、3年或5年不使用，商标主管部门就会主动或依第三方请求将注册商标注销。

有些国家对商标使用的规定更为严格。例如，美国法律规定，商标注册后第5年，注册人应当向商标管理部门递交一份使用声明，以宣告该商标已在美国实际使用。这种使用声明应当是真实的；如果没有实际使用却递交使用声明，一旦被发现，将以欺骗罪论处。还有些国家规定，在商标续展时，申请人应当提供3年或5年内的使用证据；如果证据不足，商标管理部门就会拒绝续展注册。

9.3.2　使用与注册商标一致的商标

企业经营活动中使用的商标，即商品标签上的商标、包装容器上的商标或商品包装上的商标，要与申请注册或已经获准注册的商标保持一致，不得有实质性的改变。有些国家规定，自行改变注册商标的文字、图形或者其组合的，其注册商标有被注销的可能。

针对商标颜色的使用也有相关规定。通常来说，如果注册的是黑白商标，将适用于所有颜色；如果注册的是彩色商标，那么，注册的是什么颜色，使用时就必须是什么颜色，改变颜色将被视为自行改变商标。因此，如果没有对颜色有非常明确的要求，最好注册黑白商标，方便灵活应用。

9.3.3　不得擅自扩大注册商标的使用范围

商标在注册时一般要明确使用范围。商标注册后，注册人应当将商标用于指定的商品或限于指定的商品范围，不能用于非指定的商品或超出指定的商品范围。如果擅自把注册商标用于注册时并未指定的其他商品上，即使是近似商品，该商标也有被撤销的可能。

扩大商标使用范围引起侵权之争

9.3.4　不轻易将注册商标许可他人使用

许可他人使用自己的品牌，实际上是允许他人使用自己的信誉。商标被许可人对注册商标的使用一般被视为商标注册人对注册商标的使用，使用许可备案将有利于商标权的维护。注册商标许可他人使用，应正式签订许可协议并在国家商标管理部门办理商标使用许可备案手续。此外，商标注册人还要加强对被许可人的商标使用管理，监督、检查被许可人使用其商标的商品、服务的品质状况，防止因为质量问题而影响商标信誉。

思政课堂

合规依法经营是品牌的护身符

2021年7月4日晚，国家互联网信息办公室发布关于下架“滴滴出行”App的通报。通告全文如下：根据举报，经检测核实，“滴滴出行”App存在严重违法违规收集使用个人信息问题。国家互联网信息办公室依据《中华人民共和国网络安全法》相关规定，通知应用商店下架“滴滴出行”App，要求滴滴出行科技有限公司严格按照法律要求，参照国家有关标准，认真整改存在的问题，切实保障广大用户个人信息安全。

为防范国家数据安全风险，维护国家安全，保障公共利益，依据《中华人民共和国国家安全法》《中华人民共和国网络安全法》，网络安全审查办公室按照《网络安全审查办法》，对滴滴出行实施网络安全审查。为配合网络安全审查工作，防范风险扩大，审查期间“滴滴出行”停止新用户注册。

网络安全审查办公室有关负责同志表示，按照网络安全审查工作安排，2021年7月16日，国家网信办会同公安部、国家安全部、自然资源部、交通运输部、税务总局、市场监管总局等部门联合进驻滴滴出行科技有限公司，开展网络安全审查。经查实，滴滴全球股份有限公司违反我国《网络安全法》《数据安全法》《个人信息保护法》的违法违规行为事实清楚、证据确凿、情节严重、性质恶劣，国家网信办依法对滴滴做出行政处罚。滴滴全球股份有限公司回应称："对此我们诚恳接受，坚决服从，严格按照处罚决定和相关法律法规要求，全面深入自查，积极配合监管，认真完成整改。"

曾几何时，滴滴的出现打破了出租车行业长期的市场垄断局面，使消费者的出行有了更多选择，既大大方便了出行，又节省了出行成本。但时至今日，用户面对滴滴的遭遇，大多冷言以对，甚至不乏拍手叫好者。因此，任何一家企业只有守好底线，合规依法经营，以服务用户为本，方能保住得来不易的市场声誉和品牌利益。

资料来源：①中国网信网．关于下架"滴滴出行"App的通报［EB/OL］．［2021-10-07］．http：//www.cac.gov.cn/2021-07/04/c_1627016782176163.htm.②中国网信网．网络安全审查办公室关于对"滴滴出行"启动网络安全审查的公告［EB/OL］．［2021-07-02］．http：//www.cac.gov.cn/2021-07/02/c_1626811521011934.htm.③中国网信网．国家互联网信息办公室等七部门进驻滴滴出行科技有限公司开展网络安全审查［EB/OL］．［2021-07-16］．http：//www.cac.gov.cn/2021-07/16/c_1628023601191804.htm.④猎云网．罚款80.26亿元！国家网信办依法对滴滴做出行政处罚［EB/OL］．［2022-07-21］．https：//www.163.com/dy/article/HCQDM7KE05118HJE.html.有删改．

9.3.5 品牌经营性保护策略

1）完善质量管理体系，保持高质量的品牌形象

质量是品牌的灵魂，高质量的品牌往往拥有较高的市场份额。倘若产品质量出现问题，即使是知名度很高的品牌，其品牌形象也会大大降低。对品牌经营者而言，维持高质量的品牌形象，需要长期做好以下几方面工作：

（1）建立有效的质量监控体系，时刻分析产品质量运行情况，经常检查企业的每一项活动是否严格按照本企业的生产质量管理体系进行，与国际质量认证体系是否还有差距，在品牌组合中是否被消费者认为质量较低。

（2）依据顾客的实际需要研发、设计产品，只有受市场欢迎的产品才是好产品。海尔从顾客的实际需求出发，针对不同地区、不同国家推出的每一款新产品都颇受消费者的青睐。无独有偶，东京麦肯锡顾问公司对电动咖啡壶的设计改进也是从顾客的实际需要出发的。经过调查得知，咖啡爱好者对味道香醇的咖啡感兴趣。于是，设计人员进一步分析了哪些因素会影响咖啡的味道。设计小组的研究结果表明，咖啡豆的品质和新鲜度、研磨方式、加水方式和水质等都会影响咖啡的味道，其中水质是最关键的因素。最终，该企业设计了一个去除水中氮化物、具有研磨功能的咖啡壶，消费者只需要加水和放咖啡豆，就可以得到浓香纯正的咖啡。实践证明，改进后的电动咖啡壶受到了广大消费者的欢迎。

（3）实施低成本战略。低成本优势是企业品牌保护的一大法宝。成功企业的品牌运作

经验表明，企业应当加强资金管理、劳动管理、设备管理、原材料管理和其他非生产性支出，努力把成本降到最低水平，以争取更大的竞争优势，方能有效抵御品牌竞争者的挑战。

（4）随时掌握消费者功能诉求及变化趋势，永葆品牌活力。以汽车为例，20世纪50年代，人们看重的是经济型汽车的低廉价格和实用性；60年代，人们在经济实惠的基础上开始追求时尚；70年代，因为油价骤升，经济省油、可靠耐用的汽车更受欢迎；80年代，驾驶平稳且装载空间较大的小型厢式旅行车开启了新的发展方向；90年代，采用多项豪华汽车配置、宽敞舒适的SUV开拓出了一片空间；21世纪初，降低车辆燃耗和尾气排放的环保型汽车刚好与人们的环保意识提升相吻合；近年来，面对越发严苛的环境压力，新能源汽车无疑成为人们关注的重点。

2）品牌宣传时的自我保护

只有进行品牌宣传，才能使消费者认知、了解品牌及其产品，进而提高品牌知名度。品牌宣传时的自我保护主要包括以下几个方面：

（1）宣传推广要适度。品牌宣传力度不够或宣传过度都不利于品牌形象的树立。品牌宣传时要注意保守品牌秘密，切忌为了让中间商和消费者接受企业品牌，过于详细地介绍品牌设计的细节、产品生产过程中使用的工艺等。若商业秘密为国外竞争者或需要此信息的人获取地位，就会在品牌竞争中陷入被动。日本精工集团之所以能长期稳居手表零件市场上最大的供应商地位，其成功秘诀之一就是守口如瓶。因此，企业应当加强市场竞争保护意识，时刻注意宣传适度性。

（2）切忌互相诋毁。第一，市场运行的监控机制不允许竞争性企业使用不正当的竞争手段；第二，消费者对违反职业道德、违背公平竞争原则的做法也是不能接受的，这必将导致违规者的品牌形象严重受损；第三，攻击竞争对手的做法可能使企业反而遭到竞争对手更为猛烈的反击，结果只能是两败俱伤。所以，为了保护品牌，企业要正确处理与竞争对手之间的关系，以合乎社会公德的方式开展正常的商业竞争。

（3）慎用降价策略。企业在塑造品牌形象的过程中还应注意慎用降价策略，以免引起企业间竞相降价，最终导致品牌形象受损。

（4）巧用热门话题进行宣传推广。结合品牌的价值、定位、产品概念，借用或制造热门话题，聚焦企业的品牌，提高品牌关注度和辨识度。

拓展阅读9-3

借用热点话题助力品牌传播

要想将话题营销的作用发挥到极致，实现流量与声量上的突破，就需要去寻找那些能够抢占营销先机的特点。安踏作为东京奥运会合作品牌，在此次的话题营销中，就有两大鲜明特点：一是反应迅速，比如，在苏炳添闯入奥运会100米决赛后，安踏将运动的拼搏精神融入品牌营销的内容中，带给人们视觉盛宴与文案洗礼，其借势营销被评价为“最快与最佳”；二是“预告+”，吸引更多人关注品牌，比如，在话题“#明天看TA！#”的单元中，安踏预告了三次站上奥运会的81公斤级举重选手吕小军的参赛，一句“军神，懂的都懂”，将用户的注意力转移到了次日的这场赛事中，也成功勾起了那些不了解吕小军的用户的好奇心，增加了整个内容的吸引力。此外，为了在这场体育营销中实现流量最大化，安踏除了提出与热点相契合的话题，还设计了“#爱运动中国有安踏#”的口号，至少实现了5.8亿次阅读与155.4万次讨论，在与奥运会这一热点建立起更深层次的联系之余，更是深化了安踏的品牌符号，实现了品牌与热点事件的自然关联与捆绑。安踏在奥运会期间快速揭示热点，采用全程跟踪预告等方式，展现了话题营销的可延伸性、趣味性与情感性。

资料来源：华姐．从“蹭”热点到“成”热点，安踏带来了哪些新玩法？[EB/OL]．[2021-08-03]．https：//www.shangyexinzhi.com/article/4078625.html.有删改．

3）整合品牌营销手段，塑造优质的品牌形象

知名品牌在消费者心目中大多具有“品位高雅”“质量可靠”“设计时尚”等形象，而这种认知源于企业合理运用多种品牌营销手段的结果。随着市场竞争的持续进行，“酒香不怕巷子深”的时代一去不复返，茅台、五粮液等老字号品牌也需要宣传推广。海尔作为国内外驰名品牌，十分重视品牌建设，通过各种媒介持续向消费者宣传企业重视产品质量的各种举措，其用心为用户服务的各种事例赢得了消费者的信任，在消费者心中树立起“海尔产品信得过”的品牌形象，扩大了企业知名度，使海尔品牌成为销售终端竞相经营的产品。

4）适时调整品牌定位，制造品牌“差异化”特质

不管品牌最初的市场定位恰当与否，每经过一段时间，企业都要重新审视品牌定位，对原来的品牌定位进行必要的调整。品牌重新定位往往是由于消费趋势变化、消费者兴趣变化或者原来的市场定位不够准确所致。

面对可口可乐、百事可乐品牌在碳酸饮料市场上长期占据霸主地位，椰树集团凭借独一无二的椰子汁填补了市场空白。农夫山泉刚刚上市的时候，前有娃哈哈和乐百氏等一线品牌的阻截，后有各地区二线品牌的追击。在这种不利的市场环境中，农夫山泉提出了“天然健康”的新概念，宣传推广“来自千岛湖水下80米的天然水”，成功运用了概念差异，实现了品牌的差异化定位，使得农夫山泉在很短的时间内迅速崛起，成为国内瓶装水市场的后起之秀。椰树集团和农夫山泉的异曲同工之处就在于依靠制造差异实施品牌定位意图。

5）不断创新，激发企业活力

创新是品牌的灵魂，是企业的活力之源。只有不断创新，才能让品牌具有无限生命力和永不枯竭的内在动力。品牌创新是一项系统工程，包括观念创新、技术创新、质量创新、管理创新、服务创新、市场创新、组织创新、制度创新等。

9.4 运用法律手段保护品牌权益

9.4.1 运用法律程序保护商标专用权

1）设立专门机构负责品牌维护工作

国际知名企业通常设有专门的机构（如联合利华集团商标部、马斯公司市场财产部）

负责本企业所有商标在全球范围内的日常保护工作，例如关注各国的商标公告，对与其商标图形或文字相似的商标提出异议，及时发现并制止他人注册与本企业商标近似的商标。

2）建立商标档案制度，对企业商标原始数据、证据逐一存档

建立健全商标档案对于保护商标起着重要作用。商标从创立之初到使用过程中的所有重要文件，不仅在商标申请过程中对于商标能否注册有重要作用，而且对解决商标异议、制止侵权行为、索回商标权利的作用也非同小可。这是因为，在商标异议、争议侵权案件中，企业往往需要通过证据证明自己的商标与他人商标的区别，证明本企业享有商标专用权或长期使用商标的权利。

要保存的档案资料主要包括：商标设计原稿；在本国及其他国家或地区的注册证件；商标使用证据，如销售合同、展览、广告实样等；有关该商标在各国遭受异议、侵权时的裁定结果等。

特别要注意的是，在商标使用证据（如销售合同、发货单等）上一定要确切地标注商标，无商标的使用证据不具备法律效力。

3）聘请商标代理

商标保护是一项专业性很强的工作，因此，许多大公司不仅在企业内部设立专门的负责机构，而且聘请商标律师或商标代理机构负责其商标的保护事宜。例如，联合利华集团在英国伦敦聘请了5名商标律师配合企业在全球进行跟踪调查，一旦发现有其他企业使用本企业的商标，就会立即采取行动。

商标代理不但可以代理商标注册申请，还可以代理注册商标的续展、撤销、转让、变更等事务，代理商标异议、不当商标撤销申请等，更重要的是，商标代理要对商标事务提出专业化建议。比如，如何对现有商标进行有序化管理；如何签订商标许可合同；哪些商标需要续展、变更；如何建立监测网络，以便及时发现他人的商标侵权或假冒行为；采取何种救济手段解决与他人的商标纠纷等。

9.4.2　申请认定驰名商标

1）对驰名商标的保护

（1）国际社会对驰名商标的保护

随着国际社会对驰名商标的保护呼声日益增高，世界知识产权组织、国际保护工业产权协会认为，对驰名商标的保护范围应当进一步扩展。在巴黎公约成员国有关保护驰名商标的司法实践中，对驰名商标的扩大保护主要体现在以下四个方面：

第一，将保护范围扩展到相关产品。相关产品的内涵主要包括：商品属于同一类或者具有同样的描述特征；商品具有相同的自然特征或在形式、组成、结构、质量方面具有同样的本质特征；商品的使用价值相同；商品的销售地点相似。

第二，将保护范围扩展到有产销关系的商品上。有产销关系的商品是相关商品的进一步延伸和精确化。因为相同或近似的商标在不相竞争的行业同时使用，容易使人认为原商标所有人已扩展业务，或者使人认为后继商标所有人与原商标所有人有某种产销关系，这便不可避免地分散和弱化了原有商标的声誉和形象。

第三，实行反淡化保护。这是目前国际社会比较流行的保护驰名商标的做法。反淡化保护的实质是对那些驰名商标在非相同、非近似的商品上实行保护。例如，不得将“全聚

德”商标用于体育器材，不得将“可口可乐”商标用于口红、服装等商品。

第四，对超级驰名商标予以绝对保护。国际保护工业产权协会的决议中规定，对于超级驰名商标，其保护范围应扩展到所有的商品和服务，理论上称为绝对保护。不过，这种超级驰名商标数量极少，在全世界范围内仅有20～30个，且这种商标必须具有独创性。

（2）国内法律法规对驰名商标的保护

为了制止他人对驰名商标的非法侵害，法律法规对驰名商标的保护比对普通商标的保护力度要大得多。根据《商标法》的规定，对驰名商标的保护主要体现在以下几个方面：

第一，为相关公众所熟知的商标，持有人认为其权利受到侵害时，可以依照《商标法》规定请求驰名商标保护。就相同或者类似商品申请注册的商标是复制、摹仿或者翻译他人未在中国注册的驰名商标，容易导致混淆的，不予注册并禁止使用；就不相同或者不相类似商品申请注册的商标是复制、摹仿或者翻译他人已经在中国注册的驰名商标，误导公众，致使该驰名商标注册人的利益可能受到损害的，不予注册并禁止使用。

第二，已经注册的商标，违反《商标法》第十三条第二款和第三款、第十五条、第十六条第一款、第三十条、第三十一条、第三十二条规定的，自商标注册之日起五年内，在先权利人或者利害关系人可以请求商标评审委员会宣告该注册商标无效。对恶意注册的，驰名商标所有人不受五年的时间限制。

第三，将他人注册商标、未注册的驰名商标作为企业名称中的字号使用，误导公众，构成不正当竞争行为的，依照《中华人民共和国反不正当竞争法》处理。

2）驰名商标的界定

驰名商标是一个法律概念，是中国商标领域约定俗成的用以同英文“well-known mark”一词相对应的概念。1925年，《巴黎公约》在其修订版本中加入第六条第二款，正式引入“驰名商标”概念。其目的在于，当商标法规定的保护制度无法合理保护某一商标时，运用驰名商标保护方法对其实施保护，以便使商标权人得到超越其依据商标法取得的权利，阻止其他人以商标法允许的方式使用与其商标相同或者近似的商标。

《驰名商标认定和保护规定》规定，驰名商标是在中国为相关公众所熟知的商标。相关公众包括与使用商标所标示的某类商品或者服务有关的消费者，生产前述商品或者提供服务的其他经营者以及经销渠道中所涉及的销售者和相关人员等。在我国，要请求驰名商标保护，必须向商标局提出驰名商标保护的书面请求并提交其商标构成驰名商标的证据材料，在被认定为驰名商标后，才能获得高于其他商标的法律保护水平。凡未获得这种认定者，不论其本身的市场信誉如何，也不管被指控是以何种方式使用相关商标的，更不管此种使用是否造成了消费者的误认和混淆，均只能以普通商标权加以保护。因此，作为一种特别保护，驰名商标的认定是以商标权人的请求为必要前提的。企业应在条件成熟的情况下，适时向商标管理机关申请认定驰名商标，要求得到特别保护。需要注意的是，国际惯例在这一点上有所不同，国际社会对驰名商标的保护更倾向于驰名商标遭受侵权后，由主管机关依据相关条款加以纠正，是一种事后认定。

3）驰名商标的认定标准

世界知识产权组织承担着在国际范围内对驰名商标的保护工作，经过有关专家的多次讨论，就驰名商标的认定标准达成以下共识：

（1）地域范围。世界知识产权组织规定，对某一商标是否驰名进行考查时，应在该商标寻求保护的地域内进行认定。只要在该地域内驰名即可，不得要求商标在寻求保护以外的地域驰名。

（2）人群因素。世界知识产权组织规定，在确定某一商标是否应享受驰名商标保护时，不应要求该商标“广为人知”，仅要求其在“相关公众领域”内被人熟知即可，即商标的驰名应该是指在相关公众中驰名，而不是指在一般公众中驰名。

（3）商标使用方面的因素。世界知识产权组织规定，在确认某一商标是否驰名时需要重点考虑以下因素：该商标使用的时间、程度及地理区域；对该商标加以宣传的时间、程度及地理区域，包括对使用该商标的商品所做的广告或在博览会、展销会上的展示与展销情况；该商标注册的时间及地理区域；成功实现商标权的记录，尤其是该商标被法院或其他权力机构认定为驰名的记录；该商标所附带的经济价值。

4）我国对驰名商标的认定原则及标准

我国参照国际通用做法，结合我国实际情况，对驰名商标的认定做了具体规定。企业应当提交下列用以证明商标驰名的证据材料：

（1）证明相关公众对该商标知晓程度的材料。

（2）证明该商标使用持续时间的材料，如该商标使用、注册的历史和范围的有关材料。该商标为未注册商标的，应当提供证明其使用持续时间不少于五年的材料。该商标为注册商标的，应当提供证明其注册时间不少于三年或者持续使用时间不少于五年的材料。

（3）证明该商标的任何宣传工作的持续时间、程度和地理范围的有关材料，如近三年广告宣传和促销活动的方式、地域范围、宣传媒体的种类以及广告投放量等材料。

（4）证明该商标曾在中国或者其他国家和地区作为驰名商标受保护的有关材料。

（5）证明该商标驰名的其他证据材料，如使用该商标的主要商品近三年的销售收入、市场占有率、净利润、纳税额、销售区域等材料。

总之，驰名商标的认定只是一种手段，其根本目的在于寻求法律对驰名商标的扩大保护，有助于企业以驰名商标为武器，有力地保护自己的商标权益。

国际上对于驰名商标的保护还体现在《巴黎公约》所规定的各国间相互保护上。《巴黎公约》第六条第二款规定了成员国保护驰名商标的义务。世界上大多数国家是《巴黎公约》成员国，我国商标主管机关一直依据该条约对我国驰名商标实行保护，并有权要求《巴黎公约》成员国对我国商标主管机关认定的驰名商标予以保护。德国博西公司在欧洲抢注“Hisense”商标后又能以金额合理的转让费将其归还海信，正是得益于国际驰名商标的法律保护，并且这两家企业还将在相关业务领域寻求合作机会。

9.5 品牌危机管理

随着市场环境日渐复杂，不确定性因素有时会干扰企业正常的经营活动。无论是多么优秀的企业，都可能在不经意间陷入突发性的困境。面对危机事件，企业必须采取行动，消除不利影响。

9.5.1 建立品牌危机预警系统

1）品牌危机预警

危机预警着眼于品牌危机的事先预防，即密切跟踪品牌的市场动态，及时捕捉有关信息，发现企业危机征兆，为制止危机发生、缓解危机的作用程度、制定应对措施提供必要的准备。

企业在收集信息时要注意以下几点：（1）确保信息渠道的畅通；（2）确保信息筛选机制有效，不要忽视不良信息，时刻保持警惕；（3）确保企业内部与企业外部共同努力收集信息。

2）品牌危机预警系统

完善的品牌危机预警系统主要包括以下四个部分：

（1）组建具有较高专业素质的品牌危机管理小组，事先制定危机处理预案。一旦危机发生，就可以按照该预案行动，以缓解危机对品牌乃至整个企业的危害。

（2）建立高度灵敏、准确的信息检测系统，及时收集相关信息并加以分析和处理，以便全面、清晰地预测可能发生的各种情况，捕捉危机征兆，对各种潜在危机制定对策、方案，最大限度地避免危机的发生。

（3）建立品牌自我诊断制度，从不同层面、不同角度进行检查、剖析和评价，找出薄弱环节，及时采取必要措施，防微杜渐，从根本上减少乃至消除诱导品牌危机发生的潜在因素。

（4）开展员工危机管理教育和培训，增强员工危机管理的意识和技能。即使危机发生，企业员工也会临危不乱、沉着应对。

9.5.2 开展品牌危机介入活动

面对品牌危机，企业应及时做出反应，包括消除影响、恢复形象，争取在最短的时间内运用各种资源防止事态的进一步恶化，这就是危机介入。品牌危机介入活动包括三个阶段：

1）品牌危机介入的准备期

企业遇到危机时，应立即组织有关人员成立危机介入小组，以便对危机的影响进行评估，制订相应计划，控制事态发展。在这一阶段，企业应当做到以下几点：

（1）迅速反应。随着信息技术的普及，品牌危机的负面影响会在极短的时间内迅速扩散，形成极为不利的舆论影响。因此，企业必须在第一时间介入危机，表现出真诚的态度。

（2）确定危机级别。企业应当确定危机级别，以便对不同级别的危机给予不同程度的重视，确定为妥善处理危机而必须投入的资源，保证物资投入、人力配置，尤其是企业高管人员与专家的参与，以满足解决危机的需要。

（3）企业内部要确定统一的发言人。在发生品牌危机时，企业首先要做的就是明确怎么说、说什么、谁来说、跟谁说。设想一下，如果董事长做出一种表态，而总经理做出另一种表态，那么事情只会越来越糟。

2）品牌危机的处理期

危机处理的目标是力求减少或扭转危机对品牌的冲击，消除危机给企业带来的危害。

在处理危机时，企业应坚持以下原则：

（1）主动性原则。任何危机发生后，企业都不应回避或被动应付，而应直面危机。主动回应是企业进行危机处理时必须坚持的首要原则。

（2）快捷性原则。企业对危机的反应必须快捷，无论对受害者还是对新闻媒体都应以迅速、简洁的方式回应，以消除社会公众对品牌的疑虑。如果在危机发生后24小时内，企业不能将处理结果公之于众，就会产生各种猜测，危机的危害将会进一步扩大。

（3）诚实性原则。减少受害者的损失，保护消费者的利益，是品牌危机处理的重要任务，切不可推诿，对利益相关者漠视。企业如果在发生危机事件时没有与受害者沟通，没有将企业的态度和危机应对措施告知社会公众，最终伤害的无疑是企业的信誉。

（4）统一性原则。危机处理必须冷静、有序、果断，做到指挥协调统一、宣传解释统一、行动步调统一，否则，只能使危机形势更加复杂。

（5）全员性原则。企业员工不应是危机处理的旁观者，而应是参与者。让员工参与危机处理，不仅可以减轻企业的震荡，缓解企业的内外部压力，而且可以使员工重新树立对企业的信心。

（6）创新性原则。企业在进行品牌危机处理时，既要充分借鉴成功经验，也要根据危机的实际情况，借助新技术、新信息和新思维大胆创新。

3）品牌形象的恢复期

品牌形象恢复是指企业在做好有关危机处理工作的基础上，恢复公司信誉与商业形象，重新取得客户、政府部门以及社会信任的活动。对于因重大责任事故导致社会公众利益受损的，企业也必须承担责任，给予公众一定的精神补偿和物质补偿。在进行危机善后的过程中，只要顾客或社会公众由于使用本企业生产的产品而受到了伤害，企业就应该在第一时间向社会公众公开道歉以示诚意，并且给予受害者相应的物质补偿。对于那些确实存在问题的产品，企业应该不惜一切代价迅速召回，并做出立即改进产品或服务的承诺，以表明企业解决危机、杜绝类似问题发生的决心。

学习与思考

1.简述品牌保护的内涵及意义。

2.简述品牌自我保护策略的具体内容。

3.在品牌使用过程中应当采取哪些保护策略？

4.简述品牌危机的处理原则。

5.查阅相关资料，分析加多宝与王老吉之争所体现的品牌保护思想。

案例分析

哪些汽车品牌正面临退市危机

大浪淘沙沉者为金，风卷残云胜者为王。中国汽车工业发展至今，各路汽车品牌的竞争越发白热化，特别是伴随着BBA等老品牌的不断创新发展，以及WEY、领克等新品牌的问世并广受消费者青睐，一场市场生死战正在上演。

优胜劣汰，是万物生存之法则，汽车品牌也不例外，纵观中国汽车市场，有几大品牌可谓身处险境，前途岌岌可危。

2018年6月中旬，北汽昌河官网发布公告称，经股东各方友好协商，日方股东将所持有的昌河铃木全部股权转让给江西昌河汽车有限责任公司。随后有坊间传闻：长安铃木也将步昌河铃木后尘，铃木品牌将彻底离开中国市场。虽然后来长安铃木出面辟谣，但其逐年下滑的销量也是不容回避的现实，铃木在中国市场的生存困境可见一斑。

除了铃木品牌外，还有几大品牌同样前途渺茫，有的甚至现状比铃木还要惨。

如菲亚特品牌，1999年进入中国市场，先是与南汽合资，而后2007年退出中国市场，2010年又与广汽合资，本以为从此会顺风顺水，可谁知依然是一蹶不振。统计数据显示，其2017年销量仅为2 276辆，2018年1—5月销量仅为101辆。如此惨淡的销量数据，也难怪其将退出中国市场的消息近半年来不绝于耳。

在中国汽车市场上，不仅铃木、菲亚特这样的老品牌处境岌岌可危，一些次新品牌同样挣扎在生死线上。比如，长安PSA的DS品牌，2012年正式登陆中国市场以来，多年来仍严重“水土不服”，市场表现惨淡。2017年DS销量仅6 088辆，今年虽有DS7的风光上市，但也未能扭转一直以来的颓势，原有的DS6、DS5等车型销量亦是大幅下滑。新车型救不了市，经销商也开始大幅减少。对于DS品牌的前景如何，难免让人为它捏一把冷汗。

此外，那些曾一度高调亮相的合资自主品牌也悄然泯灭。比如，广汽本田2008年发布的理念、东风本田2011年推出的思铭，作为“鸡肋”产品，在其惨淡的市场销量后，是来自经销商的抵制，接下来便在市场上销声匿迹了。

综合分析前述品牌市场萧条的原因，或是产品力不足，或是营销力不行，归根结底都是没有顺应中国市场发展，而这里所述的只是未来岌岌可危的品牌的一小部分。伴随着市场竞争的持续加剧，我们或将听到更多品牌退市的“噩耗”。

资料来源：邓英英. 哪些汽车品牌正面临退市危机？[EB/OL].[2018-07-18]. https：//www.sohu.com/a/241900459_129654.有删改.

【案例思考题】

1.汽车品牌危机产生的根本原因是什么？

2.为什么说伴随着市场竞争的持续加剧，市场或将听到更多品牌退市的“噩耗”？

3.如何保持汽车品牌的长盛不衰？

第10章/ 品牌国际化营销管理

学习目标：领会品牌国际化的战略意义；认知品牌国际化的相关因素和实现方式；熟悉品牌国际化营销组合；探究中国品牌国际化的有效途径。

引导案例

华为品牌国际化的坎坷历程

1997年是华为国际化的起步阶段。华为通过代理商，在俄罗斯实现了第一单38美元的国际贸易。为了建立与地方政府的关系，华为还在当地建厂，可惜俄罗斯市场一直起色不大。华为不得不将视线转移到南非，继续寻找机会，然而几乎所有市场早已被西方公司抢占一空。直到2012年，华为仍然在为产品进入南非核心城市而对当地电信运营商开展大量的营销工作。巴西市场的高关税，使华为直到2014年才实现盈利。印度市场看似很大，但超低成本的要求、政府的低效率和政治因素，使大多数公司一直在赔本赚吆喝。

在这一阶段，华为品牌的国际化环境相当复杂。屡战屡败之后，华为重新思考战略方向，非洲（含中东）、东南亚等成为华为的主要市场。经过几年的闯荡，海外市场分析能力、营销方式和一线“铁三角”组织逐渐成形，完成了第一阶段“抢滩”任务，基本实现了营销体系的国际化。由此可见，企业在品牌国际化的早期，选择适合自身情况的国际化路径及区域市场最为重要。

华为国际化的第二阶段是瞄准发达国家市场和战略客户主动布局。为了有效利用全球资源，华为在美国、法国和英国等商业聚集区建立了行政中心，提高了全球运营效率；在新加坡、中国香港等地建立了供应链中心，提高了全球交付和服务水平。经过十几年的筹划布局，华为在世界各地建立了多个运营中心和资源中心。华为的商业实践将“全球化公司”和“本地化公司”这两个过去经常被分离的概念结合在一起，整合全球最优资源，打造全球价值链。

时至今日，华为在国际化的道路上越走越清晰，正继续朝着中国企业的世界级梦想稳步前进。

资料来源：程东升，刘丽丽．华为三十年［M］．贵阳：贵州人民出版社，2016.有删改．

10.1 品牌国际化及其战略意义

10.1.1 品牌国际化的内涵

1）品牌国际化的定义

品牌国际化，是指企业从全球经营的视角出发审视国际市场，制定企业品牌战略，并通过相应的品牌营销活动，树立企业全球性品牌形象的活动及其过程。品牌国际化要求企业在品牌名称、标识、包装、广告策划、品牌定位、产品等方面保持全球市场的一致性，以实现信息传递的标准化，最大限度地节约品牌经营成本，提高品牌的国际竞争力。

2）品牌国际化的实质

品牌国际化实质上是品牌国际化与本地化的统一，其目标是创造国际名牌。只有走向世界，为世界各国人民所喜爱、接受的品牌才是国际名牌。但是，国际名牌首先是世界某一国别市场的知名品牌，然后经过多个国别市场的培育而成。由于不同国家和地区在语言、文化、风俗习惯等方面存在差异，因此，一个品牌要想真正占领市场，被消费者认可，就必须适应当地消费者的需要，这就决定了品牌国际化的过程必然是与当地消费者沟通的过程。品牌国际化改变的是品牌的营销方式，不变的是品牌的核心价值。比如，最初的“海尔”只是一个用来说明产品生产厂家的商标名称，发展至今，“海尔”已经成为内涵十分丰富的品牌，在国内外市场上均享有较高的知名度。海尔集团在进入全球化品牌发展阶段后，坚持实施以创国际名牌为导向的国际化战略，其海外市场的发展驶入快车道，国际声誉日益提高。

10.1.2 国际名牌具备的特征

国际名牌是指在国际市场上表现突出、深受顾客欢迎和喜爱、能产生巨大经济效益、为企业带来强大竞争优势的品牌。国际名牌具有以下特征：

1）品牌知名度很高

品牌知名度，就是目标消费者对某一品牌的知晓程度。消费者仅仅知道品牌名称还远远不够，只有当消费者能将品牌名称与其所属产品类别联系在一起时才算品牌知晓。如华为、海尔、可口可乐、苹果等，可谓世人皆知的品牌。

2）品牌信誉度很高

面对日益成熟的消费者，高质量的服务已成为品牌赢得消费者信任的主要工具。比如，海尔推行的24小时服务，就体现了国际名牌的这一特质。

3）品牌价值很高

2022年7月26日，世界品牌实验室发布了2022年《中国500最具价值品牌》分析报告。报告显示，2022年《中国500最具价值品牌》的总价值为309 728.07亿元，比去年增加30 774.87亿元，增加幅度为11.03%，一些品牌已经迈进世界级品牌阵营。榜单中具有全国范围影响力的品牌有438个，占87.60%；具有世界性影响力的品牌数为62个，占12.40%。其中，国家电网以6 015.16亿元的品牌价值位居本年度最具价值品牌榜首。其他品牌的品牌价值依次为：中国工商银行5 369.32亿元，海尔4 739.65亿元，腾讯4 572.36亿元，中国人寿4 525.39亿元，中国石油4 516.81亿元，中化4 129.78亿元，华润4 086.29

亿元，中国一汽40 75.39亿元，华为4 055.17亿元。

4）国际市场占有率较高

市场调查显示，品牌知名度越高，其市场占有率也越高。国际名牌正在以世界市场为舞台，利用众多国家的资源，在大多数国家开展市场营销活动。例如，可口可乐在200个国家拥有160种饮料品牌，大约拥有全球48%的市场占用率。

5）国际影响力极大

国际名牌在世界范围内引导消费观念，影响消费行为，培育消费文化。以麦当劳为例，它用统一的产品、形象、理念、文化、服务向世界众多国家的消费者传播“清洁、方便、美味、家庭氛围”的消费文化。正如日本学者木村尚三郎所说，“企业不能像过去那样光是生产东西，而是要出售生活的智慧和快乐”。

10.1.3　品牌国际化的重要意义

实施品牌国际化可以使企业获得以下好处：

1）获得生产和分销的规模经济

生产和销售全球标准化产品，不仅可以大大降低总生产成本和单位产品应分摊的研发成本、管理成本，而且可以使企业减少很多重复性工作，在广告、促销、包装、分销上大大降低营销成本。因此，知名的国际品牌能使企业从国际市场上获得卓越的销售业绩和丰厚的利润，从而在国际竞争中保持竞争优势。

2）获得品牌质量保证

品牌国际化向消费者传递了这样一个信号：既然这个产品在世界上那么多国家出售，产品质量必然得到各国消费者的广泛认同和信任，该产品的制造商一定具有竞争优势。尤其是对于价值高的工业产品和耐用消费品，品牌国际化的作用更为突出。国际品牌意味着购买风险较低，吸引力强。

3）通过保持品牌形象的一致性增加销售

在品牌国际化的过程中保持品牌形象的一致性，在顾客流动性较大和媒体比较发达的国家或地区特别重要，因为统一的品牌形象可以使顾客无论身在何处都能购买到熟悉的产品或服务。例如，埃克森石油公司曾制作5个小时的广告内容，用来测试100个国家的市场，以确保广告向这些国家传递同样的形象；该公司还雇用了6组不同的演员拍摄同样内容的广告片，并制作了25种不同语言的版本，以适应不同细分市场的需要。

4）引发有益于品牌的联想

品牌国际化往往能引起人们对原产国文化的联想，这种联想本身就是品牌资产的一部分。比如，李维斯牛仔裤能让人体味到美国文化中的开拓精神，奔驰汽车可以让人联想到德国式的严谨、理性。

5）扩大创新成果的应用范围

创新已经成为现代企业生存和发展的关键，在品牌国际化的过程中，企业自主研发的新技术、新产品能够得到更大范围的应用，成功的市场开发经验和品牌推广经验也能得以迅速推广。

6）提高营销的执行效率

标准化的全球营销计划可以简化协调工作，从而更有效地提升品牌营销效率。例如，高露洁公司作为一家成功的跨国公司，十分注重营销战略的制定和执行过程。高露洁的品牌工作手册十分详细，包括产品的品质、配方、市场调研、定价、广告、公共关系、销售辅助材料等，每一项都有详尽的说明和工作标准。有了这个手册，分散在206个国家中的任何一位地区经理都可以分毫不差地执行品牌推广工作。

7）削弱当地零售商的控制力

在零售商力量越来越强大的今天，即使是一些强势品牌也或多或少地受控于当地零售商，而采取国际化策略的品牌能够实现分销渠道的国际化，从国际零售商的国际化服务中获取更大利润。换言之，国际名牌通过国际化的形式突破了当地零售商的限制。

尽管越来越多的公司通过实施品牌国际化战略获得了诸多好处，但品牌国际化的缺点也是存在的，尤其是在各地执行全球统一的营销计划时会遇到这样或那样的障碍。而且在所有国家把已经存在的品牌形象统一起来也是很困难的。以欧莱雅为例，在亚洲的很多市场美宝莲是最畅销的品牌，而东欧的消费者更喜欢欧莱雅的法国品牌，在欧洲的非洲移民则更偏爱欧莱雅的美国品牌Dark和Lovely。欧莱雅通过在不同的国家和地区设立独立的部门来确保其产品线在一个国家或地区处于领先地位。因此，基于品牌的国际化定位对营销组合进行适用性调整是必要的。在开发和导入新产品的时候，全球化经营的公司应当就采取国际标准化还是本土化以及目标市场的选择与进入方式等做出决策。

经济全球化使得各国市场的相互依存度不断提高。我国企业要进入世界市场，参与国际竞争，首先要苦练内功，学习并掌握制定、实施品牌国际化战略的技能与技巧，其次要在实施品牌国际化的过程中充分利用品牌国际化带来的优势，兼顾各方面利益，提升企业的核心竞争力。“一带一路”倡议始终秉承开放包容原则，倡导共商共建共享理念，开展跨国互联互通，提高贸易和投资合作水平，推动国际产能和装备制造合作，促进经济要素有序自由流动、资源高效配置和市场深度融合，共同打造开放、包容、均衡、普惠的区域经济合作架构，以高标准、惠民生、可持续为目标，推动沿线国家企业的共建合作与高质量发展，从而使区域合作范围更广、水平更高、层次更深。

10.2 品牌国际化的相关因素

10.2.1 品牌国际化优先选择的标准

1）科技含量较高的品牌

高科技产品是科学技术的产物，是人类共同的财富，它们摆脱了当地文化对品牌全球营销的束缚，因此，手机、电视、计算机、汽车等科技含量较高的品牌更容易迅速实现国际化。

2）彰显身份的品牌

全世界的消费者在通过购买和使用某些品牌来彰显身份这一点上是相通的，所以，化妆品、服装、珠宝、酒类等与身份、地位、财富密切相关的品牌更易于走上国际化的道路。

3）体现原产地文化的品牌

如果某品牌的原产地文化拥有较强的吸引力，那么该品牌比较容易实施国际化。比如，西门子、奔驰、宝马是以德国制造所蕴含的匠人精神驰骋全球市场的；可口可乐则是以美国文化中鲜活、开放、兴奋、充满活力的元素来吸引全世界消费者的。

4）以创始人的名字命名的品牌

以创始人的名字命名的品牌之所以能实现国际化，得益于人们对其创始人的创新精神、价值理念及个人魅力的高度认同。例如，皮尔·卡丹运用精湛的设计和大胆突破的理念所创立的“皮尔·卡丹”品牌快速打开了巴黎市场，并以其拥有的600多种产品成为闻名全球的品牌；加布里埃尔·香奈儿创建的香奈儿品牌是一个有着百年历史的著名品牌，香奈儿在创造“时尚帝国”的同时追求自己想要的生活，香奈儿品牌至今推出的每一季新品仍然都以香奈儿精神为设计理念。

5）独立使用的产品品牌

在使用时与辅助设备关联很少、可以独立实现特定功能的产品品牌较易国际化，如手表式血压计、电子体温计等产品品牌。

6）服务领域和工业品（零部件、辅件）领域的品牌

航空、宾馆、银行等服务领域的品牌较容易利用人们的消费趋同性实现国际化；对于工业品，因为人们普遍重视的是质量、性能、规格、技术标准及操作便利性，而品牌恰恰能够提供相关的保障，所以易于实现国际化。

7）满足青少年需求的品牌

如果把全球消费市场看作一个大市场，在根据年龄划分的各个细分市场中，各国间青少年市场的差异是最小的。年轻一代容易被潮流和无所不在的互联网所影响，他们追求的生活方式几乎是一致的，他们共同的特点是好奇、对外来文化的接受速度快、追求个性，所以，那些能够吸引青少年的品牌更容易全球化。

10.2.2　品牌国际化过程中的不利因素

尽管品牌国际化具有诸多好处，但是，品牌国际化的道路并非坦途，存在着种种阻碍因素：

1）消费者对产品的需求及使用方式存在差异

由于各国的社会价值观念、经济发展水平、历史文化传统和其他内部因素（如分销渠道）不同，因此消费者行为存在差异，这就导致在一国适用的产品策略在另一个国家也许是行不通的。例如，特百惠（Tupperware）每年有超过70%的销售额来自海外市场，为了适应不同国家的消费者行为，公司必须认真遴选重点产品。像配有勺子的塑料容器，适合作为中国和印度家庭的调料瓶；具有防污功能的密封罐，在韩国被视为理想的泡菜发酵工具；而在日本，大箱子更受欢迎，因为便于和服的收纳。

2）消费者对营销刺激的反应不同

除了产品本身以外，各个细分市场的消费者对价格、促销、广告、渠道的态度和反应是不同的甚至差异巨大，这种差异不可避免地反映在消费者的购买行为上。以广告场景为例，家庭、集体等在中国企业的广告中频频涌现，而在美国企业的广告中则极少出现；在以年轻人恋爱为主题的广告中，美国企业的广告侧重对性感模特的展示，而中国企业的广告则重点渲染浪漫的爱情意境。

3）品牌在不同市场上所处的生命周期不同

在不同的市场上，品牌所处的生命周期不同，人们对品牌的知觉和定位也有所不同。如果不加区分地使用相同的品牌国际化策略，就有可能导致失败。例如，1988年，宝丽来（Polaroid）决定将在美国市场流行的、定价低于20美元的Swinger相机拓展到法国市场时，参照在美国推广Swinger相机时的广告，仅将广告词中的价格做了修改——“宝丽来相机仅售99法郎”，但是，该广告并没有帮助宝丽来打开市场。这是因为宝丽来品牌在美国市场上知名度较高，已经进入成长期，而在法国市场却处于导入期，宝丽来应该先让法国消费者了解该品牌，再来强调产品的价格。

4）各国政治、法律环境不同

品牌在国际化推广过程中，也会受到政治、法律因素的制约。政治因素的干扰，导致经济全球化进程面临新问题，也会打乱一些企业品牌国际化的步伐。另外，品牌在各国进行广告宣传时需要考虑该国法律法规的限制。例如，委内瑞拉、加拿大和澳大利亚的法律一度规定，商业广告必须在本国境内制作；加拿大禁止在电视上播放药品广告；新加坡禁止播出比较广告；波兰要求广告片中的插曲必须以波兰语演唱；瑞典、奥地利对儿童参与广告拍摄做出限制；德国禁止在公共电视频道播出植入式广告。

5）各国营销支持系统存在差异

营销支持系统在各个国家之间存在差异，如分销渠道的构成和工作效率、媒体的发展水平、通信工具的普及程度、中介服务机构的数量与质量等可能相差悬殊，这不利于企业进行品牌推广、打造统一的品牌形象。比如，日本严密的分销体系对于外国公司来说往往是一项挑战。

6）内部管理的难度和阻力不一

如果总公司力推品牌国际化，在全球范围内实施标准化的营销方案，子公司就有可能发现其中存在一些不符合当地情况的问题，还可能感到自主权被削弱，影响工作积极性甚至产生抵触情绪，致使管理难度增加，管理成本提高。

由于品牌国际化存在上述诸多障碍，许多跨国公司逐渐认识到，采用一种完全一致的全球标准化品牌策略有时是行不通的。企业在实施全球标准化品牌策略的同时，还应保持足够的弹性以使策略中的某些因素能够根据当地的具体情况进行调整，也就是“从全球角度出发思考问题，从当地情况着手采取行动”。

拓展阅读10-1

中国企业品牌国际化的脚步

回顾中国企业全球化，1995年进入世界500强的只有1家（中粮集团），2019年达到129家。但是，2018年全球最大100家企业的跨国指数平均为66%，中国企业为15%，差距还非常大。按照2019年Interbrand全球品牌排名，进入前100强的中国品牌只有一家，就是华为。可以说，中国企业全球化，从无到有，从少到多，行稳致远，但其品牌建设也任重道远。

2020年新冠肺炎疫情发生，全球供应链受到冲击，我国疫情防控措施得力、成效显著，很多国家对中国企业生产的产品包括医疗物资的需求有所增加。中国制度的优越性以及中国企业产品品质的可靠性，既改变了很多人对中国制造的看法，也改变了很多人崇拜欧美企业品牌的心态。我国国产品牌地位上升，替代国外品牌的能力增强，未来中国品牌国际化空间更为宽广。

资料来源：书享界．华为全球化之路［EB/OL］．［2020-06-06］．https：//www.sohu.com/a/400160572_661663.有删改．

10.3 品牌国际化的实现方式

10.3.1 非投资经营实现方式

1）出口

出口包括以下两种方式：（1）间接出口，即企业通过国内中间商出口本企业产品。（2）直接出口，即企业不通过国内中间商，直接将产品销往国外市场。直接出口又分为两种形式：一是企业通过国外中间商将产品销售到国外市场；二是企业在国外自设销售分支机构，直接将产品出售给当地消费者。

出口方式的优点是风险小，开展出口活动的公司在国外不投入固定资产，因此当国外经济或政治情况不稳定时所遭受的损失较少。此外，采用出口方式还有助于试探国外市场的需求量，便于企业进一步做出经营决策。

出口方式的缺点主要是公司对国外市场的营销组合要素缺乏控制能力。例如，公司无法改变关税税负，不能控制产品在国外市场上的最终价格（因为批发商、零售商的价格加成不受公司控制），而就价格弹性较大的产品来说，价格的失控意味着销量的失控。

2）合同生产

合同生产是指生产厂商按照与跨国公司所签订的合同中要求的质量、规格和数量生产贴有跨国公司商标的产品。合同生产在服装、鞋帽等劳动密集型行业中使用得非常普遍。

OEM（Original Equipment Manufacturer）原意为原始设备生产商。一些著名的品牌产品生产商常常因为自己的厂房、设备不能达到大批量生产的要求，或者需要某些特定的、自己不能或不愿生产的零部件而向其他国家的厂商求助，这些伸出援助之手的厂商就被称为OEM。随着国际贸易方式日益多样化，OEM已成为一种新的出口形式，通常称为贴牌生产。

ODM（Original Design Manufacturer）原意为原始设计制造商。OEM与ODM两者的区别不单单是在名称上。OEM是生产者为品牌厂商量身定做，生产后只能使用该品牌的名称，绝不能冠上生产者的名称再进行生产；ODM则要看品牌企业有没有买断该产品的版权，如果没有的话，制造商有权自己组织生产，只要没有使用原公司的设计标识就可以。

合同生产的优点有以下三个方面：首先，跨国公司可以利用国外的廉价劳动力降低生产成本；其次，生产厂商所生产的部分产品可以在当地销售，便于绕过关税壁垒；最后，一些标准化的零部件可以通过这种方式在国际上分工生产。

合同生产的缺点主要在于扶植了潜在的竞争对手，这是因为，一般来说，当地的生产厂商以其固有的设备和技术是无法生产出符合跨国公司所要求的产品的，一旦这些厂商掌握了生产技术，就意味着跨国公司的潜在竞争对手增加。

3）特许经营

特许经营是企业将自己的某项权利以合同的形式准许外国企业使用的经营方式。这种权利涉及多个方面，包括专利、技术秘密、商标与品牌、组装加工、管理诀窍等。受许方对这种权利的使用往往受到特许方规定的时间和区域的限制，与此同时，特许方向受许方收取一定的费用作为回报。

特许经营属于双赢的市场进入方式。对于特许方来说，企业不必投入大量资金就可以很快进入国际市场。如果特许协议要求受许方必须使用授许方提供的零部件和机器设备，则对特许方的出口有利。随着特许方在国外市场知名度的提高，特许方其他非特许产品的销售额也会增加。此外，在有些国家，企业还可以通过特许经营方式注册商标或专有技术，使其无形资产获得当地国的法律保护，免遭盗用或仿冒。对于受许方来说，企业同样不必投入大量资金就可以获得国外的先进技术或著名商标，从而增强了企业的竞争力。

很多跨国公司都曾采用过特许经营的方式，如今，形式多样的特许经营已经进入各个行业。例如，快餐业中的麦当劳就是通过采用特许经营的连锁方式造就了享誉全球的品牌；可口可乐公司以“特约代营瓶装业务”的特许方式，确保在不泄露原糖浆配方的前提下成功地向世界市场不断扩张。

4）合作经营

合作经营是指不同国籍的合作双方以合同的形式明确各自的权利与义务，对某一实体机构实行共同经营与管理。与合资经营不同，在合作经营中，合作各方的责任、权利和义务是各方协商决定的，不一定以投资的数额为依据。

10.3.2 投资经营实现方式

投资经营是指以直接向国外市场投入资金的形式实际拥有或者控制某一国外企业。与其他经营方式相比，投资经营方式的收益率高，但投资跨国经营的风险也大。一般来说，投资比例与控制力、回报率、风险率都成正比。合资经营与独资经营是其中最常见的两种投资经营方式。

1）合资经营

合资经营是指企业在国外市场上通过与一家企业或几家企业签订合同，按一定比例共同投资经营一家企业。合资企业大多是股份制企业，具有当地的法人资格，一般可享受当地的国民待遇。

从投资者角度来看，合资经营有以下几点好处：①可利用合资对象的销售渠道进入特定地区市场或国际市场；②合资经营各方可以在资本、技术、经营能力等方面相互补充，增强合资企业自身的竞争力；③有利于获得当地的重要原料、资源或生产基地；④可以吸收对方的经营管理技能，获得有经验的技术人员、管理人员和销售人员；⑤有助于投资者进入某一新的业务领域，取得新技术；⑥可以扩大企业的生产规模，迅速了解国外市场信息，满足国外市场的需求变化；⑦可以获取税收减免等优惠待遇；⑧有利于企业分散或减少国际投资所带来的风险；⑨可以更好地了解东道国的经济、政治、社会和文化，有助于投资者制定正确的决策；⑩因为有当地资本投入，所以有可能规避被征收或被排挤的风险，减少差别待遇，突破法律障碍；⑪有助于克服企业文化与当地文化的差异。

当然，合资经营也存在一些不利因素，主要表现为：①投资各方的目标不一定相同；②经营决策和管理方法不一定一致；③市场开发方向和销售意向可能产生分歧；④投资的长短期利益难以协调等。由于这些不利因素可能导致投资者之间出现摩擦，所以，成功的合资经营往往取决于投资者各方的共同意愿和共同努力。

2）独资经营

独资经营是指企业对某一外国公司拥有完全的管理权和独立的控股权。独资经营的风险较高，但企业的获利水平较高。企业可以通过收购当地现有企业或者创建新企业的方式达到独资经营的目的。

（1）收购方式

收购方式的优点在于：①投资者能以最快的速度进入目标市场，特别是对制造业而言，这一优势更为明显，可以节省建厂时间，迅速获得现成的管理人员、技术人员和生产设备。②有利于投资者得到公开市场上不易获取的经营资源。例如，纵观迪士尼发展史，在其从单一的动画公司发展至全球传媒巨头的过程中，收购扮演了功不可没的角色。通过收购美国广播公司ABC，迪士尼拥有了传播渠道，有助于其优质内容得到更广泛的传播；通过收购福克斯家庭频道，迪士尼在传媒业的地位得到了进一步的巩固；通过收购皮克斯动画，迪士尼增加了顶级IP，如玩具总动员、海底总动员、超人总动员。③可以廉价购买资产。在下列三种情况下投资者能以较低的投入买到现成的企业：一是收购企业比目标企业更知道后者所拥有的某项资产的实际价值，如已计提折旧或减值的不动产实际价值；二是低价购买不盈利或亏损的企业，利用对方的困境压低价格；三是利用股票价格暴跌乘机收购企业。④可以迅速扩大产品种类。如果潜在收购对象与收购企业的产品种类差别很大，那么采取收购方式可以迅速增加收购企业的产品种类。⑤收购方式给经营带来的不确定性和风险相对于创建新企业要小，并且能较快地取得收益乃至收回投资。

收购方式的不足表现在：①价值评估困难，因为各国会计准则存在差异，所以有关国外市场的信息难以收集且可靠性存在差别；②被收购企业与收购企业在经营思想、管理制度和方法上可能存在较大差异，当收购企业缺乏合格的管理人员时，可能无法对被收购企业实行真正的经营控制，甚至导致失败；③被收购企业的产品、工艺、技术乃至规模和地理位置等，可能与收购企业的战略意图、管理经验不完全匹配，如果收购企业缺乏经营调整能力，则被收购企业可能会妨碍其长期发展。

（2）创建方式

创建方式的优点在于：①企业可选择适当的地理位置进行投资，并按照自己所希望的规模筹建新企业，妥善设置工厂布局，严格控制资本投入和支出；②组织管控风险较低，新创建的企业可以实施一套切实有效的科学管理制度，同时避免收购方式下原有管理人员、员工对外来管理方式的抵制；③企业可以利用机器设备、原材料、技术、工业产权等进行投资，这样既能带动投资企业的商品输出，又能使市场转让风险较大的物资、技术得以充分利用。

创建方式的不足表现在：①由于创建方式周期长，新企业进入目标市场速度缓慢，在此过程中产品的市场需求和品质要求可能会发生新的变化，致使企业蒙受损失；②新创建的企业要想在市场上占有一席之地，就要挤占其他企业的市场空间，由此导致竞争加剧，经营风险加大。

总之，创建新企业会促使企业生产能力、产出和就业增长，而收购只是改变一家企业的所有权。一般而言，收购方式的优点往往是创建方式的缺点，而收购方式的缺点恰恰是创建方式的优点，因此，企业在跨国经营时可以交替使用收购和创建两种方式。

10.4 品牌国际化营销组合

10.4.1 品牌全球化

品牌全球化是企业在进行跨国生产经营的活动中推出全球化的品牌并占领世界市场的过程，即企业在全球性的营销活动中，树立自己的品牌形象，达到全球化的目标。典型的例子是，在过去几十年，可口可乐公司凭借其在世界各地建立的独立瓶装厂组成的庞大网络，运用同一品牌提供标准化的产品，让世界各地的消费者对可口可乐的感觉和认知达到空前一致，帮助可口可乐快速成为全球知名品牌。那么，企业如何进行品牌全球化运作呢？

1）品牌名称与标识全球化

尽管不同时期全球100强品牌榜单中的企业不尽相同，但是这些上榜企业的品牌名称与标识具有以下一些共同的特征：

（1）品牌名称具有显著性以及语言的可转换性。臆造词构成的商标或品牌名称由于是凭主观臆想杜撰的词语，没有固有的、特定的含义，因而更具有显著性。当作为品牌使用时，臆造词如果不妥帖，就会使公众脑海中呈现的信息比较杂乱甚至引起歧义。在国际市场营销活动中，企业必须缜密思考品牌名称在各目标市场间的语言转换问题。每一个品牌名称都会给消费者带来有关信息，而且长期影响人们的消费行为。

（2）品牌英文名称必不可少。由于英文是当今世界的通用语言，因此在国际经济贸易中，英语享有优先地位，故以英文名称作为品牌名称的构成元素之一，传播难度相对较小。

（3）品牌名称简洁优美，易于记忆。为了便于消费者认知、记忆和传播，品牌名称宜简洁明快，易懂易记，不要把过长的或难以拼读的字符串起来作为品牌名称。

（4）品牌标识中的非文字部分应当既美观又较好地适应了国际市场的文化要求。调查结果表明，在人们接收到的外界信息中，83%通过视觉，11%借助听觉，3.5%依赖触觉，其余源于味觉和嗅觉。因而，美观的标签、符号、图案等能够给消费者留下较深的印象。但是，非文字部分有时也难免遇到与文化有关的问题。例如在马来西亚，绿色象征着疾病，如果某家公司的产品在广告、包装上使用绿色作为底色，就是自找麻烦。因此，注意颜色、符号等非文字所带有的文化影响，在品牌国际化的过程中是有必要的。

2）品牌核心价值全球化

品牌的核心价值不仅要在时间上保持连贯性，在空间上也要保持一致性。如今，信息技术、通信手段、交通工具迅猛发展，使得信息、人员在全球的流动更方便、更快捷。因此，品牌在全球销售时其核心价值和品牌定位不能随意变化，否则会令各地消费者感到困惑。例如，劳斯莱斯、奔驰代表了性能卓越的轿车，海尔、IBM代表了优质的售后服务，苹果、华为代表了先进的移动通信技术，百度代表了优质的搜索体验。

3）全球一致的产品质量标准

随着科学技术的不断发展和技术力量的不断增强，全球工业正在向标准化方向发展。国际标准，通常是指国际标准化组织（ISO）、国际电工委员会（IEC）以及其他权威的国际组织制定并颁布的标准。世界各地的人们不管身处何地都渴望得到品质如一的产品，因而企业应当建立高水平的技术体系，采用先进的管理手段，严格遵照国际标准，确保产品质量的一致性。

4）注重利用国际市场进行资源的有效运用

在全球经济一体化时代，按照最经济的方式把采购、研发机构、生产与产品组装基地分布在不同国家，最后把产品销售到全球市场，是一些著名品牌的显著特征。这样做的目的在于充分、合理地运用内部资源和外部资源。

内部资源包括研发、核心技术能力、营销能力以及其他能力，包含位于世界各地的子公司在内的整个公司范围内可共享的资源。比如，可口可乐公司内部实现了充分的资源共享，其在世界各地开发成功的产品都可以互相引进，并根据当地市场需求和消费习惯进行调整，使其与全世界的消费者共同分享，可口可乐把它称作“本土品牌国际化”。

外部资源是指企业可以利用的品牌知名度以及当地消费者、竞争者的合作和支持。合作的重要方式之一是建立战略联盟。在国际市场上，品牌强强合作往往会取得双赢的效果。海尔集团与通用电气以新产品开发和品牌管理为战略目标的合作就是一个品牌强强合作的典范。通用电气忠诚的中高端用户群体、经验丰富的管理团队、优良的企业文化、阵容强大的产品系列、北美市场自有的物流和分销网络、先进的生产设备、成熟的质量控制体系能够帮助海尔集团在美国扩大制造规模，深化投资；海尔集团也为通用电气提供了进入中国市场的机会，助其进一步提升全球业务增长。这一全面战略合作使得海尔品牌和通用电气品牌在协同中增值，在创新中成长。

10.4.2　经营本土化

跨国经营的公司在开发国际市场、导入新产品时大多采取全球化和本土化相结合的经营策略。据调查，跨国公司中只有9%采用完全的全球化策略，37%采用完全的当地化策略，一半以上（54%）采用两者结合的策略。这些跨国公司的成功经验是“全球化思维，本土化操作（think global，act local）”，即在战略决策（如选择目标市场、产品定位、确定广告目标和主题等）上采取全球化，在战术决策（如广告表现形式、媒体选择、产品特征等）上采取本土化。根据实际情况对营销组合采取适应性的调整，不仅不会损害品牌国际化的形象，反而能壮大品牌的市场影响力。雀巢公司的子公司在其各自的目标市场上有很大的自主权，包括产品开发、品牌活动、广告和促销开展、分销渠道建设，是典型的“行动本土化”。

1）采用本土化产品策略

全球性品牌的本土化产品策略是指在核心产品标准化的同时，根据特定市场的需求特征实施定制营销，从而在满足不同地区消费者需求的基础上提高企业的经营效益。因此，本土化产品策略的实质在于确定哪些方面需要按照目标市场的需求进行改变以及在多大程度上按照标准生产产品。

随着对全球市场认识的深入，企业在进行品牌国际化经营时的基本共识是能标准化的就标准化，该调整适应的就调整适应，既要从标准化中获益，又要借助本土化满足当地的需求。一些全球性品牌正是秉承这种观点，以关键技术为平台，在此基础上生产不同的产品。以拥有标志物金色拱门的麦当劳为例，作为一个随处可见的全球性品牌，麦当劳在印度提供鸡肉巨无霸，在沙特阿拉伯提供阿拉伯麦香三明治，在意大利提供潘妮朵尼圣诞糕点。企业无论预算是否充足，是否有条件在更多的市场调整其产品或服务，只要想在全球范围内有效开展营销活动，就需要对当地市场有灵敏的感知。

2）采用本土化广告策略

同本土化产品策略一样，全球性品牌的本土化广告策略，是指在向全球传递标准化的基本信息的同时，根据当地情况对改革的内容和形式进行适当改变。企业既可以在一定程度上获得标准化带来的成本节约，又能适应不同需求之间的差异。

作为全球性品牌，宝洁和可口可乐都在宣传时采用了本土化广告策略。宝洁自进入中国市场后在品牌本土化方面一直不遗余力，在铺天盖地的广告中看不到“美国”的字样，广告模特无一人是西方人，而且就宝洁所推出的每一个品牌而言，其名称都是经过广泛调研、充分论证提炼出来的。

拓展阅读10-2

可口可乐中国化市场营销策略

在“让全世界人都喝可口可乐”的全球营销活动影响下，可口可乐在世界各地的市场不断得到拓展。相较于碳酸饮料，我国消费者更喜欢果汁、茶等饮料，可口可乐公司据此对产品作了相应调整，相继推出酷儿、美汁源等一系列非碳酸饮料，深受中国消费者欢迎。可口可乐公司还根据中国消费者喜欢聚会、庆祝的特点，推出可口可乐大瓶装产品，“大瓶共分享”充分体现了中国文化特点，满足了消费者的需求。此外，各种材质、容量的包装也更能满足中国人多样的消费需求。

可口可乐公司在中国市场的成功很大程度上得益于其品牌的本土化策略。可口可乐公司依据中国市场特点，制定适合的营销组合，进行本土化的传播。可口可乐的本土化策略极为丰富，从确定产品名称、改变产品包装模式到聘请本土形象代言人、充分利用节点营销等，在中国市场产生了广泛的影响。现在，可口可乐几乎成为碳酸饮料的代名词。

可口可乐早先的中文品牌名称为“蝌蝌啃蜡”，由于名字难读难记且没有特点，不被人们接受，公司业绩持续下滑，后来公司顺应本土文化，更名为“可口可乐”，不仅朗朗上口、容易记忆，而且暗喻饮料口感良好，使人快乐舒心，由此打开中国市场大门，销量有了质的飞跃。

可口可乐面向中国市场推出的广告片采用中国元素，宣传内容“入乡随俗”，在中国市场获得较高的市场份额。在广告素材的选取上，可口可乐公司充分利用中国的传统节日风俗营造喜庆的氛围，吸引更多的中国消费者；在广告演员的选择上，可口可乐公司迎合现代年轻人的口味，选择当红明星进行广告宣传，旨在影响目标消费人群对产品的态度及购买行为，增加他们对产品的忠诚度及满意度。可口可乐公司在产品包装上也大做文章，例如采用十二生肖贺岁、春节剪纸等具有中国传统文化色彩的包装，深受消费者欢迎。

资料来源：师杰. 可口可乐本土化市场营销策略探究［EB/OL］.［2019-10-30］. http://www.xueshut.com/biyelunwen/scyingxiao/146879.html.有删改.

10.4.3 建立国际化品牌的管理体系

1）建立资源分享机制

建立有关品牌国际化经营的心得、方法与最优实践经验的跨国沟通与分享机制，是品牌国际化管理最基本的要求。资源分享机制可以使品牌国际化经营的企业获得以下好处：(1) 发现并捕捉最优实践经验的第一手观察资料；(2) 将最优实践经验传递给可能受益的人；(3) 减少品牌国际化成本。

建立资源分享机制的方法如下：(1) 在公司内部培育有利于自由交流实践经验的文化环境，采取激励措施鼓励人们互相分享知识；(2) 召开正式或非正式的定期会议，创造交流思想和实践经验的有效平台；(3) 建立畅通的企业局域网，使其成为员工之间交流观念和最优实践经验的重要形式；(4) 多进行实地走访，深刻了解最优实践经验和体会。例如，本田公司曾派出品牌工作小组深入了解最优实践经验是如何发挥作用的，还曾委派首席执行官级别的人员和品牌管理人员交流最优实践经验并为各国品牌工作小组提供支持。

2）设计国际化品牌的规划体系

在国际化品牌方面做得成功的公司，都有在全球各地市场通行的国际品牌规划体系。这是企业在全球市场上进行协作和平衡的基石。尽管不同公司采取的规划体系可能不尽相同，但一些基本要素是必不可少的，如战略分析、品牌策略、品牌塑造的说明、对目标及衡量标准的描述。在这些方面采用固定的规范词汇，能够确保品牌在所有国家对旗下所有产品的表述都是一致的，都会基于同样的战略规划对投入与产出进行分析。

3）建立国际化品牌的组织管理体系

要想有效地实施国际化品牌策略，首先要建立品牌管理体系，提供组织保障。换言之，如果没有一个有推动能力的人员或组织负责这项工作，就不能产生品牌跨国协作效应，国际化品牌的组织管理体系也将陷入无序状态。企业可以根据自己的情况选择下列四类国际化品牌的组织管理体系：

(1) 企业管理小组。如果高层管理者是那些视品牌为企业主要财富的品牌管理人员，采用这种方法最合适。20世纪90年代的宝洁公司是运用企业管理小组的典范。宝洁公司11类产品的每一类别均由一个全球小组负责，每一个小组由4位经理组成，对该产品在其工作地区内的研发、生产及市场管理负有连续性的直线型责任。每一类别产品的小组由一位同时担任二级工作的执行副总裁领导，例如，主管欧洲所有健康美容产品的人担任护发品类别产品小组的主任。小组间经常联系，一年正式碰面5～6次。由于小组成员包括高层管理人员，因此在开展工作时阻力较小。

（2）品牌团队领导者。品牌团队领导者应该是负责推动品牌培育工作的高层管理者，包括执行总裁。这种机制适用于那些拥有热衷于品牌策略且有才华的高层管理者的公司，如汉高、索尼等。雀巢公司的多个战略品牌各有一位品牌团队领导者，每一位品牌团队领导者还担任公司内的另一项工作，同时负责该品牌在全球范围内的总体营销规划。

（3）国际化品牌经理。在一些公司，尤其是高科技和服务行业的公司，国际化品牌经理是位居高层管理者之下，负责制定品牌全球协作策略的人员。大多数国际化品牌经理需要在没有命令或授权的情况下彼此协作，制定国际化品牌策略。国际化品牌经理的工作收效显著的关键因素之一是取得高层管理者的支持。

（4）国际化品牌小组。美孚、惠普等公司使用国际化品牌小组机制，其成员通常来自世界各地。国际化品牌小组的职责和国际化品牌经理一样，在全球范围内管理品牌，负责广告、市场调查、赞助活动和促销等工作。与国际化品牌经理一样，国际化品牌小组的工作收效显著的关键因素之一也是取得高层管理者的支持。

4）建立优秀品牌创建活动的推广机制

把在一个市场上取得成效的品牌创建活动推广到其他市场，这是保证国际化品牌创建的连贯性、一致性、快捷性的重要方法。

拓展阅读10-3

伊利品牌焕新升级　加速国际化布局

最初的伊利品牌标识以红色的“伊利”文字和右上角的蓝绿曲线，向全国市场宣告伊利来自草原的品质初心。一步一个脚印，凭借着高品质的产品和齐全的产品线，在经历了服务2008年奥运会和2010年世博会后，伊利快速积累经验，迅速成长为中国乳业翘楚。

2010年年底，伊利决定再次升级品牌，用蓝绿色的椭圆围绕红色的“伊利”文字，象征着蓝天绿地中伊利为消费者提供健康食品，倡导健康的生活方式。

2018年年底，伊利又一次升级品牌形象，发布了最新的logo和更丰富的品牌内涵。新logo在传承既有经典配色的基础上，用扁平化的设计点亮中国品牌的特色。升级logo中蓝绿红三色元素的设计，在传承伊利品质精神的同时更是被赋予了全新的内涵。带有科技感的蓝色，象征着伊利用全球创新开启智慧未来，致力于为消费者带去更好更专业的营养；寓意健康的绿色，印证着伊利集团近年来布局健康食品的战略，传递着天然营养与共享健康的企业目标；充满活力的红色，书写着“伊利即品质”的企业信条，彰显着伊利逐梦世界级品质的初心。“超越不息，兼容并蓄”的新内涵，向全球消费者传递中国品牌的内生力量。

伴随着品牌强国的脚步，伊利以亚洲乳业品牌的身份入围全球乳业阵营。截至

2018年第三季度，伊利集团实现营业总收入613.27亿元，较上年同期增长16.88%，净利润达到50.56亿元，持续稳居国内行业龙头地位。发展喜人、实力雄厚，是伊利着力打磨产品的必然成果。百尺竿头更进一步，伊利正在向“成为全球最值得信赖的健康食品提供者”的愿景大步迈进。

作为一家坚持创新战略的企业，伊利在亚洲、欧洲、大洋洲和美洲建立起了全产业链的创新，为行业树立了创新榜样。2014年2月，伊利与欧洲顶尖的生命科学研究机构瓦赫宁根大学共同创立了伊利欧洲研发中心。在创下中国乳业规格最高的海外研发中心这一纪录后，伊利又在2018年将研发中心升级为欧洲创新中心，更有效地广纳全球智慧。在美洲，伊利在2015年集聚整合了众多全美顶尖的常青藤联盟名校、科研院所和机构，打造中美食品智慧谷，用最先进的创新资源反哺全球消费者。

伊利坚持选择全球最优质的奶源打造世界级品质。作为智能化的代表，伊利大洋洲乳业基地使用欧洲Tetra Pak、PLF等品牌的一流设备，落实一流管理水准。仅一年时间，该基地一期的收奶量和产量增长了近30%，成为世界级品质的领航者。

为了早日实现全球共享健康的目标，伊利的国际化市场拓展步伐从未停止。2018年，伊利在印度尼西亚发布了Joyday冰淇淋，冰爽的口感、多样的选择，让这个有着上亿人口的市场刮起了“中国旋风”。2018年11月底，伊利又在泰国收购了该国最大的冰淇淋和冷冻食品分销企业Chomthana，在全球让更多的货架上有了中国品牌的产品。

从引入全球创新智慧到擦亮“中国品质”名片，从领跑亚洲乳制品行业到为全球消费者提供值得信赖的健康食品，伊利始终肩负着建设“中国品牌”的强国使命。实干兴邦，实业兴国，用更好的品质服务消费者，让“中国品质”屹立于全球品牌之林，最终实现全球共享健康，这正是伊利品牌升级的终极目的。

资料来源：人民网产经频道. 伊利品牌焕新升级 国际化战略加速全球布局［EB/OL］.［2018-12-18］. http://industry.people.com.cn/n1/2018/1218/c413883-30474725.html.有删改.

10.5 中国品牌国际化的模式与策略

海尔品牌国际化的新步伐

10.5.1 品牌国际化的模式

1）间接出口

大多数品牌初次进入国际市场时，最省事且能够减少国际化经营风险的办法是通过专门的贸易公司把产品出口到海外。运用间接出口方式，企业无须在销售渠道上占用过多的资金，也无须花费大量人力、物力和财力到国际市场进行调查，只需要集中精力，专注生产，充分利用好与中间商的销售网络和信誉，使自己的产品迅速进入国际市场。这是一种灵活性极强、风险最小的国际化营销模式。

2）国际合作生产

国际合作生产是指两个以上当事人（自然人、法人及其他经济主体）共同提供生产条件（资金、设备、机器、原材料、技术等），在经营和生产中共同合作，共同制造产品或共同完成工程项目，共同享受盈利的合作方式。按照广义的概念，加工装配、补偿贸易、许可证贸易、举办合资经营企业、承包工程以及共同研制等各种国际经济合作的方式都可以视为国际合作生产。可以借助不同的国际经济合作方式，扩大生产要素的交换和利用空间，在合作中提升品牌的国际影响力。

3）直接出口

企业可以在海外设立商务机构，直接同当地中间商洽谈，逐步建立起自己的销售网络。采取直接出口的形式，企业可以充分了解当地市场的需求特点，向用户提供更好的服务，从而逐渐地扩大品牌影响，提高品牌声誉，积累更多的海外市场营销经验。

4）建立国际战略联盟

由于一些国家资金、技术和管理比较匮乏，因此当地政府更愿意接受投资而不是直接从国外进口商品。为了保护国内产业，当地政府还可能对本国以外的投资做出一些限制。在这种条件下，企业可以结合自身的资金、技术及综合优势，寻求与当地企业建立战略联盟，利用当地企业的公共关系和对当地市场的了解，占领当地市场。建立国际战略联盟有利于缩短新产品开发时间，有利于分摊高昂的开发投资费用，有利于形成规模经济效益，有利于避免经营风险。但是，国际战略联盟往往具有不稳定性。合作者之间由于实力、管理思想以及文化背景的差异，可能在投资决策、经营管理方法或市场开发等方面有着不同的意见和看法，这可能会影响双方的进一步合作。随着当地政府对外资管制的放松以及当地企业自身的成长，国际战略联盟可能会逐渐失去存在的基础，或者由当地企业接管，或者被外资收购。

5）海外收购或独资经营

采用海外独资经营方式，企业可以完全按照自己制定的国际品牌战略规划开展相关工作。在某些国家市场上，跨国企业可以通过收购既有的民族品牌获取地区市场优势，也可以使用自己的品牌进行推广。总之，凡有可能，就推广使用自己的品牌；凡有必要，就收购使用当地品牌。这就是跨国企业海外收购迅速占领全球市场的重要策略。

10.5.2 品牌国际化的经验与启示

品牌国际化是一项系统工程，企业不仅要有强大的经济实力、技术实力、管理实力和文化实力等做后盾，而且要制定良好的品牌国际化经营战略并且坚定不移地执行，只有这样才能在国际市场上获得长期的品牌收益。

1）积极进行商标的国际注册

品牌国际化的必备条件是拥有一个可以在全球畅行无阻、受人喜爱并得到法律保护的品牌标识，这是众多品牌在国际化过程中用巨大代价换来的教训。

2）树立长期的品牌投资意识

要使非国际性品牌成长为知名国际品牌，需要品牌经营者熟悉当地消费者的消费偏好、文化习惯、购买心理。国际市场的消费者对非知名国际品牌需要有一个认知、了解、认同的过程，这是所有品牌成长的必经之路。品牌知名度、美誉度不是短时间内能够培养起来的，所有的国际性品牌都是几年、几十年甚至上百年积累的结果。所以，中国企业在进行品牌国际化时要树立长期的品牌投资意识。

3）加强风险意识

由于国际市场受不确定因素的影响很大，品牌国际化过程中可能面临着较高的风险，因此，国内企业在开拓国际市场时应提升风险意识。

4）注重对国际人力资源的利用

成功的企业不仅善于利用国际市场上的资金、自然资源、技术资源，而且重视利用国际人力资源，具体包括聘请国外技术专家、管理专家等。

5）加快本土化进程

（1）员工的本土化。这有利于企业了解当地文化和消费习惯，为企业拓展国际业务积累经验，有利于品牌迅速适应当地环境。

（2）研发的本土化。为满足当地消费者的需求，研发的本土化是必要的。在开拓各个国家的市场时，企业都必须重视当地的风俗民情、生活习惯、消费方式等文化差异，只有尊重这些差异，充分了解消费者对公司产品的需求，才可能赢得消费者的信赖与推崇。

6）重视品牌国际化模式的创新

总体来看，品牌国际化模式可以分成欧美模式（并购品牌）和日韩模式（推广自有品牌），但是，企业自身资源与战略的不同决定了其品牌国际化的具体模式选择又有所不同。因此，企业应当在国际化经营中不断探索与创新。以TCL品牌国际化模式创新为例，TCL首先发展自主品牌，开拓东南亚市场，然后通过跨国并购进入欧美市场，虽然未达预期，但为TCL构建全球化布局打下基础，此后稳步拓展全球化业务，使品牌全球化成为TCL增长的主要动力。

10.5.3 中国品牌国际化的主要模式

1）单一自主品牌全球化

以海尔品牌国际化为例，海尔集团最初开拓国际市场时采取3个1/3战略，即1/3国内生产、国内销售，1/3国内生产、海外销售，1/3海外生产、海外销售。自1990年开始，海尔集团瞄准发达国家市场，经过10年的不懈努力，2000年在美国南卡罗来纳州建成海尔工业园并正式投产，将设计中心落户洛杉矶，将营销中心落户纽约，继而在当地融资、融智、融文化，形成了设计、生产、销售三位一体的本土化经营模式。截至2022年，海尔集团在全球建立了10个研发中心、30个工业园、122个制造中心、108个营销中心。在全球性经营平台上，海尔集团有针对性地设计满足当地消费者需求的产品，为实现“全球定制”提供可能。海尔品牌国际化历程已经从早期的品牌随产品向国际市场输出的初级阶段，发展到直接进行海外投资从而在海外实现本土化设计、本土化制造、本土化营销的中级阶段。

2）通过收购国际知名品牌强化本民族品牌

通过收购国际知名品牌快速拓展国际市场，或者出于资源互补的考量，用市场换技术与管理的方式实现快速提升，是一些逐渐发展起来的中国企业的选择。例如，吉利收购沃尔沃汽车就是一场双赢，不但沃尔沃汽车扭转了局面，而且吉利汽车的技术、品质和品牌力都得到持续提升，成为中国品牌走向全球的标杆。通过收购国际知名品牌强化本民族品牌的过程中最为关键的是收购之后的整合问题，吉利对于沃尔沃汽车的管理体现了灵活性与创新性：一是将中国作为沃尔沃的“第二本土市场”来建设和发展；二是吉利对沃尔沃的管理实行“放虎归山”的策略。用战略管理教授Felix Oberholzer-Gee的话说，“沃尔沃拥有品牌，并且掌握技术，看似万事俱备，但却没有一个好老板，沃尔沃就是因为此问题陷入困境的，而吉利带来了资本，带来了融资，这是沃尔沃的救命稻草。吉利拯救了沃尔沃并让沃尔沃运转起来。”在全球化进程中，吉利融入全球价值链体系，实现了制造、研发、采购、销售的全球布局，并强化与全球合作伙伴的协同合作，推动旗下各品牌服务各自细分市场，相互尊重、协同发展、占领技术制高点。

3）“独自行走”与“结伴行走”，以多品牌进入国际市场

“独自行走”，意指在国际化过程中实施独立的品牌策略；“结伴行走”，意指以合作的方式与其他企业一起进行国际市场开发。

以TCL品牌国际化为例，在新兴市场上，TCL坚持“独自行走”的策略，推广自有品牌。TCL首先进军越南，于1999年成立越南分公司，一年半后即开始实现盈利。到2005年年底，海外运营机构增设到20个，TCL基本完成了在新兴市场的战略布局。在越南、新加坡、菲律宾、印度尼西亚等多个国家，TCL的市场占有率稳居前三名，成为当地最有影响力的中国彩电品牌。经过多年积累，TCL在新兴市场实现了产品的本土化制造，拥有稳定的供应链、日趋成熟的销售网络和客户资源。

在发达国家市场上，TCL坚持“结伴行走”的品牌国际化策略。2002年，TCL完成了对德国老牌家电企业施耐德的收购，成为在当地的第一家中国企业。随后，TCL在美国收购了C.O-VIDEO。2004年，TCL收购了法国汤姆逊公司彩电业务，在成立的新公司TTE中，TCL控股67%，汤姆逊公司持股33%。依据双方的合作协议，TCL、THOMSON及汤姆逊公司的子品牌RCA归新公司所有，THOMSON在欧洲市场占有8%的份额，而RCA在美国市场的占有率也达到了12%。此次并购之后，其销售的彩电在北美以“RCA”品牌为主，而在欧洲则以“THOMSON”品牌为主，这两个品牌在欧美市场都被评为A级品牌。

由此可见，TCL品牌国际化的发展轨迹十分清晰，即在国内市场和新兴市场使用TCL品牌，在欧美市场通过并购当地有影响力的品牌进行经营。“独自行走”与“结伴行走”模式使TCL的海外业绩表现出色，2020年海外业务营收达到804亿元，可以说，全球化为TCL的发展注入了强劲的动力。

10.5.4 中国企业品牌国际化的不同观点

1）选择先易后难还是先难后易

品牌国际化的关键是提高品牌的知名度和美誉度。

一种观点是一步一步来，先在新兴市场建立市场信誉，树立品牌形象，再将品牌推广到其他国家和地区市场。比如，TCL短时间内就在越南市场见到了成效，增强了企业创建国际性品牌的信心和决心。

持相反观点的人认为，品牌越容易进入的国家和地区，其市场容量越有限，即使建立了信誉，也不容易使品牌推广到其他国家和地区。比如，TCL在越南市场上的成功，并不

意味着获得了新加坡、马来西亚、泰国等国家的消费者的认可，要想进入这些国家的市场并建立信誉，还得从头做起。换言之，越南市场上的品牌信誉不能有效传播到其他国家市场。因此，通过先易后难的方式建立品牌国际信誉，既费力又费时，结果往往还不易见效。所以，品牌国际化走先难后易之路更可取。比如，海尔品牌之所以能够驰名国际市场，不是因为它打进了东南亚市场和南美市场，而是因为它一开始就在美国市场上站稳了脚跟，在美国市场上的成功意味着海外消费者对其品质和信誉的高度认可，因而海尔能在短期内迅速覆盖100多个国家。松下、索尼、丰田等品牌也是先攻下美国市场，然后进军欧洲、拉丁美洲和非洲等地区的市场。因此，先难后易，初看确实难，但一旦找准了市场空白点，就能化难为易。

究竟选择先易后难还是先难后易，企业应当结合自身情况和市场需求进行定夺，不可一概而论。

2）选择出口还是当地化

中国品牌国际化中的另一个问题是在国内生产、国外销售，还是适时地进行当地生产。对此，同样存在两种截然相反的观点：

一种观点是反对到国外办厂。这种观点认为，相对于发达国家而言，我国劳动力价格较低，生产成本相对低廉，早已成为世界家电、服装、电子产品的生产加工基地。如果我国企业再到欧美等发达国家去办厂，就等于放弃优势。所以，持这种观点的人认为应该在国内生产，再将产品以中国品牌到国外销售。

另一种观点则认为，品牌要做到彻底的国际化，就必须首先实现生产基地的国际化。中国企业应在时机成熟时把生产基地转移到国外。这样做，一方面可以更好地了解市场信息，获取海外投资建厂的利益，另一方面也是向顾客展示一种姿态，告诉顾客我们就在您的身边，可以随时解决您的问题，满足您的需要。

中国品牌国际化不是一时之需，而是长期性的战略规划，因此，中国企业必须走出去，择机进行海外直接投资。

3）要不要做贴牌生产

主张做贴牌生产的人认为，贴牌是为了更好地了解国外市场的需要，是为自己的品牌走向国际市场做准备。做贴牌生产可以掌握产品的生产技术，提高企业的管理水平，更好地了解国外市场的需要。

反对者则认为，做贴牌生产不可能真正让中国企业了解国际市场。国际市场的需要是动态变化的，需要亲自去感受和识别，只有走出去并且充分利用当地的人力资源才能真正把握得住。做贴牌生产的企业大多埋头生产，无法快速对市场需求的变化做出反应。而且做贴牌生产的企业并不掌握产品的设计开发技术，不掌握市场营销网络，更不掌握消费者所信任的品牌。

需要再次明确的是，品牌国际化与产品国际化是两个完全不同的概念。产品国际化只能说明厂家所生产的产品销往多个国家，但相对于生产厂家而言，消费者更关心产品的信誉和质量保证，这是由品牌来体现的。可以说，贴牌生产对品牌国际化影响甚微，因此必须坚守自有品牌。

拓展阅读10-4

海信国际化战略推动品牌全球发展

2006年，海信集团海外的自主品牌收入占比尚不足10%，海外销售中贴牌占比较高。也是那一年，海信集团董事长周厚健正式确立“海信未来发展，大头在海外”的全新国际化战略。

此后，海信集团放弃代工贴牌，成立国际营销公司，把科龙的冰箱、空调海外业务并入，构建海外销售平台，并开始在欧美和南非布局研发生产基地。2012年，海信集团海外的自主品牌收入占比突破40%。

此后，海信集团开始密集启动海外并购：2015年，收购夏普墨西哥工厂；2018年，重组日本东芝映像公司；同年，收购欧洲高端白电品牌古洛尼；2021年，控股日本三电控股株式会社，海信集团持有其约75%表决权，意在拓展汽车空调业务。

在营销上，海信集团选择了全球顶级体育赛事作为赞助对象，先是2016年以顶级赞助商的身份赞助法国欧洲杯，后又陆续赞助了俄罗斯世界杯、澳网公开赛、NASCAR汽车赛、F1红牛车队等。

“要想持续发展壮大，只有选择最难的那条路——做自主品牌，自己造船出海。今天我们可以非常自信地说：海信已经是一家跨国公司，Hisense已经是一个国际化品牌。”海信集团总裁贾少谦表示，如今，海信集团在全球设计的制造基地和研发中心已经超过30个，拥有海信、容声、科龙、东芝电视、Gorenje、ASKO等多个品牌，并拥有日立、约克在商用空调方面的品牌使用权，国际化版图不断扩张。

2021年5月10日，国际知名三方机构凯度与谷歌联合发布全球知名品牌排行榜《BrandZ™中国全球化品牌50强》，海信位列第七，排名家电行业第一，这也是其连续第五年入围该榜单十强。

全球公认的衡量国际化企业的标准是海外收入占比是否超过30%。来自海信集团的数据显示，2020年海信集团营业收入1409亿元，其中海外收入548亿元，占集团总收入的比重已接近40%。纵使海外市场依然面临着持续严峻的疫情影响，今年一季度海信集团的海外收入仍同比增长46.7%。贾少谦预计，海信集团海外的自主品牌收入占比，今年将突破80%。

显然，海信集团借助国际化经营战略，形成“大头在海外”的多业务单元、多品牌格局，国际化战略正在加速其在国际市场上前行的步伐。

资料来源：丁一凡．从10%到80%，折射出海信怎样的国际化战略？[EB/OL]．[2021-05-12]．http：//caijing.subaoxw.com/cjyw/2021/0512/12065.html.有删改．

学习与思考

1.简述品牌国际化的内涵。

2.国际化品牌具备哪些特点？

3.品牌国际化的有利因素和不利因素有哪些？

4.品牌国际化的实现方式有哪些？

5.怎么协调品牌国际化过程中品牌全球化与经营本土化的关系？

案例分析

格力电器国际化经营战略分析

一、格力电器公司发展状况

珠海格力电器股份有限公司是一家多元化、科技型的全球工业集团，拥有格力、TOSOT、晶弘三大品牌，产业覆盖空调、生活电器、高端装备、通信设备等四大领域，即以家用空调、商用空调、冷冻冷藏设备、核电空调、轨道交通空调、光伏空调等为主的空调领域，以智能装备、数控机床、精密模具、机器人、精密铸造设备等为主的高端装备领域，以厨房电器、健康家电、环境家电、洗衣机、冰箱等为主的生活电器领域，以物联网设备、手机、芯片、大数据等为主的通信设备领域。目前，格力产品远销160多个国家和地区，仅空调领域已累计为全球超过4亿用户服务。

二、格力电器国际化发展历程

1.品牌国际化发展历程

（1）品牌创立，初步发展（1991—1993年）。1991年，珠海格力电器股份有限公司成立。成立初期，企业研发了许多符合市场需求的空调产品，为抢占空调市场先机奠定基础。但是，其营销模式还是传统的销售模式：生产商—经销商—用户。在此阶段，格力在空调市场中初步树立了品牌形象。

（2）营销转型，战略升级阶段（1994—1997年）。1994年，格力电器在国内外市场开始统一使用“GREE”商标。1995年，格力空调产销量首次跃居全国首位，从这一年起，格力连续13年产销量、销售额、市场占有率稳居行业前列。1996年11月，格力在深交所挂牌上市。1997年，格力实现银行贷款为零，创造性地建立了以资产为纽带、以品牌为旗帜的区域性销售公司模式，打破了传统家电企业依靠国美、苏宁等大卖场进行产品销售的渠道模式。

（3）放眼国际，迈向世界（1998—2012年）。1998年，格力决心向国际化企业迈进。同年，格力开始进入巴西市场。2001年，格力电器（巴西）有限公司投产，格力电器的国际化之路迈出了关键性的一步。2003年，格力电器成为全球最大的专业化空调生产基地。2005年，格力电器率先推行全球最高标准的6年免费保修政策，格力家用空调产销量跃居全球第一。2006年，格力电器被国家质检总局授予当时空调行业唯一的“世界名牌”。在此阶段，格力正式从中国品牌走向世界品牌，品牌的全球化布局及战略形成。

（4）智能制造，产业延伸（2013年至今）。2013年，格力成为中国首家突破千亿的家电上市企业。此后，格力相继进军智能装备、通信设备、模具等领域，已经从专业的空调生产延伸至多元化的高端技术产业。

2.企业国际化经营历程

（1）OEM代工生产，产品出口（1991—1997年）。在此阶段，格力凭借着高质量产品和低成本优势，为松下和大金等国际知名品牌进行代工生产，积累和吸纳必备的产品、技术和管理经验，使其初步进入国际市场并有所拓展。

（2）联合销售，进驻海外市场（1998—2000年）。在此阶段，格力开始以自有品牌进入海外市场。格力大多采取与巴西当地的家电公司、超市和经销商合作的方式进行联合销售，将巴西作为撬动南美市场的第一步，从而逐步占据海外市场，节约了其建立销售渠道的费用，降低了资金风险。

（3）建立海外工厂，扩大经营范围（2001—2008年）。在此阶段，格力先后建立了巴西、巴基斯坦、越南三大海外生产基地，形成“海外生产—宣传—销售”三位一体的发展模式。与此同时，格力以自有品牌在欧洲、北美等发达国家的市场范围开始逐步扩大。

（4）加强服务，提升核心科技（2009年至今）。在此阶段，格力全球化进程不断加快，逐步完善服务体系，率先对消费者承诺六年免费保修政策，提升关键核心技术，形成系统的技术研发体系。

三、格力全球品牌影响力

从“好空调，格力造”到“格力，掌握核心科技”到“让天空更蓝，大地更绿”，再到“让世界爱上中国造”，格力电器始终坚持以卓越的品质和国际领先的科技来打造品牌、树立品牌。成立至今，经过28年的风雨兼程，格力已拥有享誉全球的行业影响力，凭借国际领先的核心技术和产品质量，格力也获得了全世界的认可和肯定。

2006年，在中国名牌战略推进委员会公布的中国世界名牌产品名单中，全国仅有4个产品进入，珠海格力电器股份公司生产的GREE格力牌空调器首次进入“中国世界名牌产品”名单，格力电器也由此成为空调行业唯一进入该名单的企业。据产业在线数据，格力家用空调产销量自1995年起连续24年位居中国空调行业第一，自2005年起连续14年领跑全球；在第二届中国品牌发展论坛上，“2018年中国品牌价值百强榜”发布，格力以687.53亿元的品牌价值位列家电行业首位。

发展至今，格力不仅获得了享誉全球的行业影响力，而且不断创建和积累品牌资产，与消费者建立了紧密的情感连接。2018年，在中国质量协会用户委员会组织开展的中国家电行业用户满意度测评结果中，格力空调以80.7分的满意度指数高居第一，这也是格力空调连续第七年蝉联用户满意度第一名。由此可见，格力已在消费者心目中占据极高的位置。

2019年3月28日，中国标准化研究院顾客满意度测评中心联合清华大学中国企业研究中心、中标兴质科技（北京）有限公司共同发布了21个行业的顾客满意度调查结果。本次顾客满意度调查内容涵盖品牌形象、预期质量、感知质量、感知价值、满意度和忠诚度等六个方面，涉及性价比、产品可靠性、服务质量、顾客忠诚等十几项具体指标。

调查结果显示，格力电器在空调品类中的顾客满意度综合评分和各项指标均位居行业第一，连续八年蝉联顾客满意度榜首。其中在6个主要空调品牌的调查中，格力综合得分82分，排名第一，是唯一一个80分以上的品牌；具体到各指标，格力在品牌形象、性价比、满足需求程度、产品可靠性、服务质量五大主要维度上的表现都十分突出，是唯一一个全部获得五颗星的品牌。

本次调查还对品牌的知名度和美誉度进行了测评。其中，知名度依据顾客对品牌的知晓程度指标评价结果计算得出，格力获得95分，位列空调行业第一，且为全部10个品类的调查报告中单项最高分；美誉度则依据顾客对品牌的偏好、信任和认同程度指标评价结果计算得出，格力位居空调行业第一。

资料来源：段淳林．格力国际化经营战略分析（上篇）[EB/OL]．[2021-03-02]．https：//www.sohu.com/a/453672226_120057219.有删改．

【案例思考题】

1.企业国际化经营要解决哪些问题？

2.民族品牌该如何国际化？

3.企业品牌的国际化和企业经营的国际化有什么关系？

4.品牌国际化需要构建哪些有力的支持体系？

主要参考文献

［1］黄合水，王霏．品牌学概论［M］．2版．北京：高等教育出版社，2022.

［2］何佳讯．战略品牌管理［M］．北京：中国人民大学出版社，2021.

［3］王新刚．品牌管理［M］．北京：机械工业出版社，2020.

［4］阿克，王宁子．品牌大师：塑造成功品牌的20条法则［M］．陈倩，译．北京：中信出版社，2015.

［5］余鑫炎．品牌战略与决策［M］．3版．大连：东北财经大学出版社，2015.

［6］卡恩．沃顿商学院品牌课：凭借品牌影响力获得长期增长［M］．崔明香，王宇杰，译．北京：中国青年出版社，2014.

［7］王海忠．品牌管理［M］．北京：清华大学出版社，2014.

［8］阿克．管理品牌资产［M］．吴进操，常小虹，译．北京：机械工业出版社，2012.

［9］卫海英．品牌危机管理：基于品牌关系视角的研究［M］．广州：暨南大学出版社，2011.

［10］何志毅．北大案例经典［M］．北京：中信出版社，2008.

［11］邵一明．品牌延伸战略研究［M］．北京：经济管理出版社，2008.

［12］韦明．品牌营销：中国人的品牌课堂［M］．北京：中国致公出版社，2008.

［13］薛可．品牌扩张：路径与传播［M］．上海：复旦大学出版社，2008.

［14］周玫．企业品牌运营模式研究［M］．北京：中国社会科学出版社，2008.

［15］丁邦清．品牌成功链［M］．北京：机械工业出版社，2007.

［16］杜鹏飞．品牌中国［M］．青岛：青岛出版社，2006.

［17］冯丽云．品牌营销［M］．北京：经济管理出版社，2006.

［18］姜玉洁，宗清辉，陈静宇．促销策划［M］．北京：北京大学出版社，2005.

［19］薛可．品牌扩张：延伸与创新［M］．北京：北京大学出版社，2004.

［20］贝尔齐，贝尔齐．广告与促销：整合营销传播展望［M］．张红霞，李志宏，主译．大连：东北财经大学出版社，2000.

［21］刘晓君．视觉传达设计在企业品牌建设中的作用［J］．北京印刷学院学报，2021，29（S1）：41-43.

［22］牟鑫．跨境电商用户体验对品牌忠诚度的影响分析［J］．老字号品牌营销，2021（2）：35-36．

［23］曾艳梅，王磊芸．消费升级背景下“国潮”品牌传播策略研究［J］．商场现代化，2021（24）：4-6．

［24］侯瑞芬．品牌命名与语言文字规范［J］．辞书研究，2020（6）：18-25，125．

［25］白石，彭心勤．企业转型升级过程中的强势品牌建设策略［J］．枣庄学院学报，2017，34（1）：71-75．

［26］付欣媚．信息化背景下的企业品牌管理提升策略研究［J］．商场现代化，2017（1）：59-60．

［27］李佳原．民族品牌全球化战略的实现要素分析［J］．中国市场，2017（27）：99-101．

［28］杨小凤．中西商品品牌命名的跨文化研究［J］．现代商业，2016（6）：170-171．

［29］韦明，许燕．青岛市城市品牌竞争力研究［J］．经济研究导刊，2015（23）：70-72．

［30］阙娜．基于6C模型的国际化品牌战略研究［J］．中国商贸，2012（34）：114-116．

［31］王正忠．品牌个性的形成及发展［J］．当代经济，2011（16）：132-135．

［32］吴水龙，卢泰宏，苏雯．老字号品牌命名研究——基于商务部首批老字号名单的分析［J］．管理学报，2010，7（12）：1799-1804．

［33］郭斌．以消费信息构建品牌延伸策略［J］．企业管理，2008（1）：94-95．

［34］张金海，段淳林．整合品牌传播的理论与实务探析［J］．黑龙江社会科学，2008（5）：99-102．

［35］王寒，陈通，唐建生．企业多品牌战略决策模式研究［J］．现代财经（天津财经大学学报），2007（11）：41-43．

［36］韦明，李淑明．中国企业入世后的品牌全球战略［J］．当代财经，2002（7）：69-71．

［37］杨爱义，韦明．品牌延伸策略的分析与应用［J］．企业经济，2002（3）：99-100．